GÖTTINGER ORIENTFORSCHUNGEN

VERÖFFENTLICHUNGEN
DES SONDERFORSCHUNGSBEREICHES ORIENTALISTIK
AN DER GEORG-AUGUST-UNIVERSITÄT GÖTTINGEN

III. REIHE: IRANICA

Band 1

Walther Hinz

NEUE WEGE IM ALTPERSISCHEN

1973

OTTO HARRASSOWITZ · WIESBADEN

Walther Hinz

NEUE WEGE IM ALTPERSISCHEN

1973

OTTO HARRASSOWITZ · WIESBADEN

Diese Arbeit ist im Sonderforschungsbereich 13
— Orientalistik mit besonderer Berücksichtigung der Religions-
und Kulturgeschichte des Vorderen und Mittleren Orients —
Universität Göttingen, entstanden und wurde auf seine Veranlassung
unter Verwendung der ihm von der Deutschen Forschungsgemeinschaft
zur Verfügung gestellten Mittel gedruckt.

Gesamtherstellung: Hubert & Co., Göttingen

Printed in Germany

ISBN 3 447 01487 3

Wolfgang Lentz

zum 70. Geburtstag

zugeeignet

INHALT

Vorwort 9

Abkürzungen 11

I. Kapitel: Zur altpersischen Keilschrift 15

    1. Entstehung der persischen Keilschrift 15

    2. Eigenheiten der persischen Keilschrift 21

    3. Schreibsünden der Aramäer 24

    4. Schreibsünden der Elamer 26

    5. Medismen 34

II. Kapitel: Altpersisches Sprachgut der Nebenüberlieferungen 39

    1. Aramaica aus Ägypten 39

    2. Aramaica aus Persepolis 45

    3. Elamica der Achämeniden-Inschriften 52

    4. Elamica der Schatztäfelchen 70

    5. Elamica der Hofkammertäfelchen 77

III. Kapitel: Zum iranischen Namengut der Hofkammertäfelchen 105

IV. Kapitel: Der Wortschatz der altpersischen Inschriften in neuer Umschrift 119

    Anhang: Altpersische Wörter in elamischen Inschriften 159

Indices 161

VORWORT

Die aus Anlaß seines 70. Geburtstages am 23. Februar 1970 für Wolfgang Lentz geplante Festschrift konnte nicht fristgerecht erscheinen. Um die wissenschaftliche Erörterung meines Beitrages „Neue Wege im Altpersischen" in Gang zu bringen, habe ich diesen im Herbst 1970 in Göttingen als privaten Vorabdruck von 55 Seiten herausgebracht. Auf Grund der Äußerungen von Fachgenossen konnte ich vieles daran verbessern, Irriges weglassen. Da sich inzwischen neuer Stoff bot, das Erscheinen der Festschrift jedoch weiterhin auf sich warten ließ, veröffentliche ich nun meinen stark erweiterten Beitrag unter demselben Titel in Buchform als Festgabe für Wolfgang Lentz.

„Der Derwisch kann nur ein grünes Blatt schenken", sagen die Perser. Möge der Jubilar dieses 'Blatt' entgegennehmen als Bekräftigung der Freundschaft, die uns seit vierzig Jahren verbindet.

*

Die altpersischen Studien haben in der Zeit seit Erscheinen meines *Altpersischen Wortschatzes* [Leipzig 1942] einen erfreulichen Aufschwung genommen. Sämtliche bibliographische Belege dieser Entfaltung finden sich im *Altpersischen Handbuch* von Wilhelm Brandenstein und Manfred Mayrhofer [Wiesbaden 1964] sowie in den von M. Mayrhofer veröffentlichten Rechenschaftsberichten „Das Altpersische seit 1964" (*W. B. Henning Memorial Volume* [London 1970] 276–298) und „Neuere Forschungen zum Altpersischen" (*Donum Indogermanicum* [Festgabe für Anton Scherer, Heidelberg 1971] 41–66).

Gleichwohl sind auf diesem Gebiet der Iranistik jetzt *neue Wege* zu beschreiten. Zum einen muß das Altpersische aus der Zwangsjacke befreit werden, welche ihm die fremden 'Erfinder' der persischen Keilschrift übergezogen haben. Zum andern bedarf es neuer, verfeinerter Verfahren, um das altpersische Sprachgut genauer zu erfassen, das in *aramäischem*, vor allem aber in *elamischem* Gewand überliefert ist. Dieses Buch versucht, zur Lösung beider Aufgaben einen Beitrag zu leisten.

Manfred Mayrhofer (Wien) danke ich herzlich für den Freundschaftsdienst, den er mir durch Mitlesen der Druckfahnen erwiesen hat.

Göttingen   Walther Hinz

ABKÜRZUNGEN

AfO	=	*Archiv für Orientforschung.*
ai.	=	altindisch.
AiFF	=	Walther Hinz, *Altiranische Funde und Forschungen* [Berlin 1969].
AirWb.	=	Christian Bartholomae, *Altiranisches Wörterbuch* [Straßburg 1904].
akk.	=	akkadisch (babylonisch).
'Amber'	=	Ilya Gershevitch, „Amber at Persepolis", in: Fs. Antonino Pagliaro II [Rom 1969] 167–251.
AMI. N. F.	=	*Archäologische Mitteilungen aus Iran*, Neue Folge [Berlin, seit 1968].
ap.	=	altpersisch.
ApI	=	Ernst Herzfeld, *Altpersische Inschriften* [Berlin 1938].
Ar.Or.	=	*Archiv Orientální.*
aw.	=	awestisch.
Beamtennamen	=	Wilhelm Eilers, *Iranische Beamtennamen in der keilschriftlichen Überlieferung* [Leipzig 1940].
BiOr.	=	*Bibliotheca Orientalis.*
Bowman	=	Raymond A. Bowman, *Aramaic Ritual Texts from Persepolis* [Chicago 1970].
BSL	=	*Bulletin de la Société de Linguistique de Paris.*
BSOAS	=	*Bulletin of the School of Oriental and African Studies* [London].
CAD	=	*The Assyrian Dictionary . . . of Chicago.*
Cowley	=	A. Cowley, *Aramaic Papyri of the Fifth Century B.C.* [Oxford 1923].
DB	=	Darius, Behistan[-Inschrift].
DN*a*	=	Darius, Naqš-e Rostam, obere Grabinschrift.
DN*b*	=	Darius, Naqš-e Rostam, untere Grabinschrift.
DP*e*	=	Darius, Persepolis, Inschrift *e*.
DS*f*	=	Darius, Susa, Inschrift *f* (Burgbauinschrift).
Driver	=	G. R. Driver, *Aramaic Documents of the Fifth Century B.C.* [Oxford 1965].
el.	=	elamisch.

Fs.	=	Festschrift.
'Garb'	=	Ilya Gershevitch, "Iranian Nouns and Names in Elamite Garb", in: TPhS 1969, 165–200 [1970 erschienen].
Grammar	=	Franz Rosenthal, *A Grammar of Biblical Aramaic* [3. Auflage, Wiesbaden 1968].
Gs.	=	Gedächtnisschrift.
Handbuch	=	Wilhelm Brandenstein und Manfred Mayrhofer, *Handbuch des Altpersischen* [Wiesbaden 1964].
IF	=	*Indogermanische Forschungen.*
IIJ	=	*Indo-Iranian Journal.*
JA	=	*Journal Asiatique.*
JAOS	=	*Journal of the American Oriental Society.*
JNES	=	*Journal of Near Eastern Studies.*
JRAS	=	*Journal of the Royal Asiatic Society.*
Justi	=	Ferdinand Justi, *Iranisches Namenbuch* [Marburg 1895].
KA	=	F. H. Weißbach, *Die Keilinschriften der Achämeniden* [Leipzig 1911].
Kent	=	Roland G. Gent, *Old Persian—Grammar, Texts, Lexicon* [2. Auflage, New Haven 1953].
Kraeling	=	Emil G. Kraeling, *The Brooklyn Museum Aramaic Papyri* [New Haven 1953].
KZ	=	*Zeitschrift für vergleichende Sprachforschung.*
'Lion'	=	Ilya Gershevitch, "Island-Bay and the lion", in: BSOAS 33 [London 1970] 82–91.
MacKenzie	=	D. N. MacKenzie, *A Concise Pahlavi Dictionary* [London 1971].
Mém.	=	*Mémoires de la Délégation en Perse*, mit wechselndem Titel, gegenwärtig *Mémoires de la Délégation Archéologique en Iran* [Paris, sei 1900].
MSS	=	*Münchener Studien zur Sprachwissenschaft.*
OLZ	=	*Orientalistische Literatur-Zeitung.*
Or.	=	*Orientalia N. S.*
PF	=	*Fortification Persepolis*, Bezeichnung für die elamischen Hofkammertäfelchen aus Persepolis, siehe PFT.
PFT	=	Richard T. Hallock, *Persepolis Fortification Tablets* [Chicago 1969].
PT	=	*Persepolis Treasury*, Bezeichnung für die elamischen Schatzhaustäfelchen aus Persepolis, siehe PTT.

PTT   =   George G. Cameron, *Persepolis Treasury Tablets* [Chicago 1948].

RA   =   *Revue d'Assyriologie.*

Titres   =   E. Benveniste, *Titres et noms propres en iranien ancien* [Paris 1966].

TPhS   =   *Transactions of the Philological Society* [London].

VDI   =   *Vestnik Drevnej Istorii.*

WdO   =   *Die Welt des Orients.*

XDN*b*   =   Xerxes' Abschrift der unteren Grabinschrift seines Vaters Darius, in: W. Hinz, *Altiranische Funde und Forschungen* [Berlin 1969], Kap. II.

XP*h*   =   Die sogenannte *Daiva*-Inschrift des Xerxes aus Persepolis.

ZA   =   *Zeitschrift für Assyriologie.*

ZDMG   =   *Zeitschrift der Deutschen Morgenländischen Gesellschaft.*

ZII   =   *Zeitschrift für Indologie und Iranistik.*

I

ZUR ALTPERSISCHEN KEILSCHRIFT

1. *Entstehung der persischen Keilschrift*

Jede Erforschung des Altpersischen hat, das versteht sich von selbst, von den *Urkunden* in altpersischer Keilschrift auszugehen. Wirkliches Verständnis der Sprache der alten Perser setzt aber eine genaue Kenntnis ihrer *Schrift* voraus. Deren Entstehung war lange umstritten, und sie ist es teilweise noch immer.

Schon 1911 hatte F. H. Weißbach geschrieben: „Wahrscheinlich ist mir, daß Darius von sich selbst behauptet, zuerst Inschriften in arischer Schrift und Sprache geschaffen zu haben, und daß die altpersische Schrift demgemäß von diesem König eingeführt worden ist" (KA S. lxix). Ich habe für diese Auffassung weitere Argumente beigebracht in meinen Aufsätzen „Das erste Jahr des Großkönigs Dareios" (ZDMG 1938, 163–170), „Die Einführung der altpersischen Schrift" (ZDMG 1952, 28–38) und — gemeinsam mit meinem Göttinger assyriologischen Kollegen Rykle Borger — „Eine Dareios-Inschrift aus Pasargadae" (ZDMG 1959, 117–127).

Aber noch immer zweifelten nicht wenige Forscher an den so erzielten Ergebnissen, hauptsächlich deswegen, weil die gewichtigste Aussage, nämlich Absatz 70 der Behistan-Inschrift des Darius, nur auf elamisch vollständig erhalten, in der persischen Fassung aber stark beschädigt und eine akkadische nicht vorhanden ist. Wer eine fremde Sprache nicht beherrscht, wird unwillkürlich zögern, Beweisführungen anzuerkennen, die auf Zeugnissen in dieser unbekannten Sprache fußen. Dies ist bei DB Abs. 70 um so mehr der Fall, als dem Elamischen der nicht unbegründete Argwohn entgegengebracht wird, es gehöre zu den dunkelsten Sprachen überhaupt.

In meinem Beitrag „Die Zusätze zur Darius-Inschrift von Behistan" (AMI. N. F. 5 [Berlin 1972]) veröffentlichte ich den umstrittenen Absatz 70 von DB in seiner elamischen und in einer verbesserten altpersischen Fassung neu. Daraus führe ich hier nur den entscheidenden Kernsatz des Darius an, der elamisch so lautet: v.*ú* h.*tup-pi-me da-a-e-ik-ki hu-ud-da har-ri-ya-ma ap-pa šá-iš-šá in-ni šà-ri*. Zu deutsch: „Ich habe eine andersartige Schrift (*tup-pi-me*) gemacht in arisch (= iranisch), was es vordem nicht gab."

Der Sinn dieser Feststellung des Darius, er sei der Stifter der persischen Keilschrift, bleibt auch dann eindeutig, wenn man *tup-pi-me* nicht mit 'Schrift' wiedergeben will, was es nach meiner Überzeugung bedeutet, sondern mit 'Text'. So übersetzen beispielsweise J. Lewy [1954], R. T. Hallock [1969] und I. M. D'jakonov [1969], während M. A. Dandamaev in seinem Buche *Iran pri pervych Achemenidach* [Moskau 1963, S. 54] für *tup-pi-me* wie ich 'Schrift' ansetzt. Das Wort ist das elamische Abstractum auf *-me* zu *tup-pi* 'Inschrift, Täfelchen'. Diesem Unterschied entsprechen im Altpersischen die aus dem Elamischen übernommenen Lehnwörter *dipi* (Neutrum) = 'Schrift' und *dipiš* (Femininum) = 'Inschrift'.

An dem Sachverhalt, daß Darius für sich in Anspruch nimmt, die persische Keilschrift eingeführt zu haben, vermögen meines Erachtens auch nichts zu ändern die Ausführungen von R. T. Hallock in seinem Aufsatz „On the Old Persian Signs" (JNES 1970, 52–55) noch die Darlegungen von I. M. D'jakonov in seinem Beitrag „The Origin of the 'Old Persian' Writing System and the Ancient Oriental Epigraphic and Annalistic Traditions" (Gs. Henning [1970] 87–124). Beide Verfasser wollen die Entstehung der altpersischen Keilschrift schon in die Zeit des großen Kyrus verweisen.

Immerhin gibt I. M. D'jakonov (*a. a. O.* S. 124) selber zu, er behaupte nicht, seine Argumente für einen Ansatz der westiranischen Keilschrift wesentlich früher als Darius seien entscheidend (*decisive*). Sie seien aber zumindest ebenso gewichtig wie beispielsweise der gefälschte (21.) Brief des Pseudo-Themistokles. Nun hat aber Carl Nylander (in *Opuscula Atheniensia* 8 [Lund 1968] 119–136) gerade diesen Themistokles-Brief als höchstwahrscheinlich echt und historisch aufschlußreich erwiesen. Darin schreibt der aus Hellas geflüchtete Sieger von Salamis an einen Freund, er solle ihm ins Exil gewisse Gold- und Silbergefäße aus seinem Anteil an der Beute des Perserkrieges nachsenden, „die, welche mit alten syrischen (= aramäischen) Zeichen beschriftet sind, nicht mit jenen, die Darius, der Vater des Xerxes, unlängst den Persern gestiftet hat". Welcher Grieche sollte sich, wäre der Brief gefälscht, eine so präzise Angabe ausgedacht haben? Selbst wenn der Brief eine Fälschung wäre, würde der Historiker in dieser Angabe einen echten Überlieferungskern erblicken müssen.

*

Archäologische Beobachtungen

Archäologische Beobachtungen haben nun aber die Frage der Entstehung der altpersischen Keilschrift in ein ganz neues, klärendes Licht gerückt.

Im Dezember 1963 hielt Heinz Luschey mit seinen Mitarbeitern über das Darius-Denkmal von Behistan eine Art Freiluft-Seminar ab, und zwar auf einem Gerüst, das für eine Besichtigung durch den Schah erstellt worden war. Heinz Luschey war die 'Überstopfung' des Bildwerkes durch vielfache Beischriften und Einflickungen aufgefallen. Sie ließen erkennen, daß das Denkmal nicht in *einem* Zuge und gemäß genau vorbedachtem Gesamtplan entstanden war. In der Diskussion äußerte Leo Trümpelmann spontan die Vermutung, das Monument habe ursprünglich nur das Relief (ohne den Saken Skuncha) und die ältere elamische Inschrift (rechts vom Bildwerk) umfaßt. Heinz Luschey veröffentlichte das Ergebnis dieser Überlegungen, welche eine Bestätigung der These erbringen konnten, erst Darius habe die altpersische Keil-

Tafel 1: Flachbild des großen Kyrus in Pasargadae in Palast P. Auf den Gewandfalten links eine elamische Beischrift, rechts eine akkadische, des Inhalts:
„Kyrus, der Großkönig, der Achämenide."

Tafel 2: Genienrelief im Torgebäude (Palast R) von Pasargadae, heutiger Zustand.

Tafel 3: Dasselbe Genienrelief mit der heute verschwundenen dreisprachigen Beischrift „Ich, Kyrus, der König, der Achämenide". Zeichnung von Charles Texier (*Description de l'Arménie, la Perse . . .*, Tafelband [Paris 1849] Tafel 84).

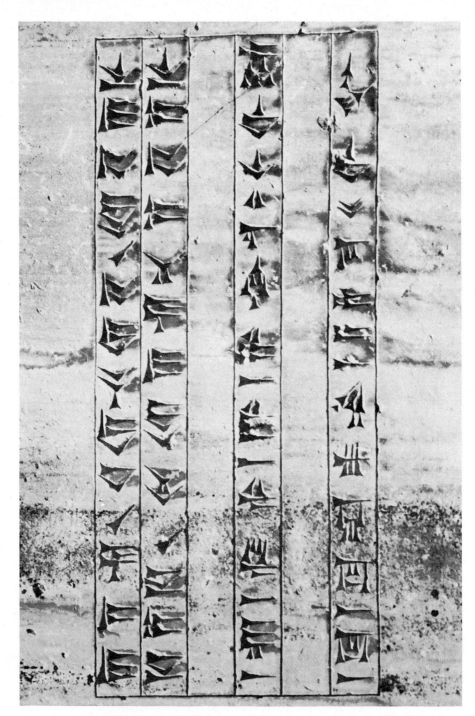

Tafel 4: Dreisprachige Pfeiler-Inschrift in Pasargadae aus Palast P, dem Wohnpalast des Kyrus. Wortlaut auf persisch, elamisch und akkadisch: „Ich, Kyrus,
der König, der Achämenide.“

Tafel 5: Dreisprachige Pfeiler-Inschrift in Pasargadae aus Palast S, dem Audienzpalast des Kyrus. Wortlaut wie in Tafel 4.

Tafeln 6 und 7: Bruchstücke einer Pfeiler-Inschrift aus Pasargadae im Museum zu Persepolis. Tafel 6 (oben) zeigt das dritte Zeichen der ersten altpersischen Zeile (*m*) mit anschließendem Worttrenner, also [ʾd]*m* : „ich", darunter Reste der Zeichen *i* uud *y*, also [xsᵛyθ]*iy* „König". Tafel 7 (unten) zeigt aus der elamischen Fassung den Oberteil des Determinativs vor Personen, das Zeichen *ku* und den Anfang von *ráš*, also v.*ku-r*[*áš*] „Kyrus".

Tafel 8: Weiteres Bruchstück einer Pfeiler-Inschrift aus Pasargadae mit einem Senkrechtkeil aus der elamischen Fassung oben (Determinativ zu „Achämenide"; unten Teil des Logogramms LUGAL „König" und Oberteil des Determinativs zu „Achämenide" aus der akkadischen Fassung.

Tafel 9: Ausschnitt aus der ersten Spalte der altpersischen Fassung der Behistan-Inschrift des Darius (Zeilen 61–67). Veröffentlicht mit gütiger Genehmigung von Heinz Luschey, der diese Aufnahme im Dezember 1963 angefertigt hat.

schrift eingeführt, in der in Teheran persisch und englisch erscheinenden Zeitschrift *Bulletin of the Ancient Cultural Society* (April 1965, 19–41).

Leider habe ich diese Erwägungen damals nicht beachtet, bis Leo Trümpelmann sie bei einem Besuch in Göttingen im Juli 1966 erneut darlegte. Dabei wurde mir die Richtigkeit seiner Annahme evident, allerdings mit der durch philologische Folgerungen gewonnenen Einschränkung, daß die *erste* Phase der Entstehung des Behistan-Denkmales nur die Reliefs (ohne Skuncha) und deren elamische Beischriften einschloß. Die Einmeißelung der großen elamischen Inschrift rechts von den Flachbildern erwies sich als die *zweite* Phase des Denkmals; die Hinzufügung der akkadischen Fassung links als die *dritte*; die Anbringung der *altpersischen* unterhalb des Bildwerkes erst als die *vierte* Phase. Damit datierte sich die persische Keilschrift am Felsen von Behistan ziemlich genau in das Frühjahr 519 v. Chr., ihre 'Erfindung' durch die Sekretäre der Darius-Kanzlei in das ausgehende Jahr 520.

Diese durch den archäologischen *und* epigraphischen Befund erhärteten Schlußfolgerungen trug ich am 2. September 1966 auf dem Ersten Iranisten-Weltkongreß in Teheran vor; die deutsche Fassung erschien zwei Jahre danach als Beitrag „Die Entstehung der altpersischen Keilschrift" zu den neuerstandenen, von Ernst Herzfeld begründeten *Archäologischen Mitteilungen aus Iran* (AMI. N. F. 1 [Berlin 1968] 95–98).

Mit einem Schlage waren jetzt die bisher kaum beachteten Unterschiede zwischen der persischen und der elamischen Fassung der Behistan-Inschrift verständlich und für den Historiker höchst aufschlußreich geworden. Als Darius seinen großen Rechenschaftsbericht diktierte, gab es noch keine persische Schrift. Also wurde das persische Diktat ins Elamische übersetzt und in elamischer Keilschrift rechts neben dem Bildwerk angebracht. Nachdem dann auf Befehl des Großkönigs die persische Keilschrift entstanden war, wurde die elamische Fassung der Inschrift ins Persische rückübersetzt und dem Herrscher zur Billigung vorgelesen. Da gefielen ihm nun anscheinend manche Stellen seines früheren Diktates nicht mehr, und er änderte sie ab. Kleinigkeiten nur, denn grundsätzlich waren ja die Worte des Großkönigs unabänderlich. Aber *weglassen* durfte man doch einiges …

Ich greife nur das bezeichnendste Beispiel heraus. In der elamischen Fassung von Absatz 41 hatte Darius noch gesagt: „Die wenigen persischen Gardetruppen, die nicht von mir abgefallen waren, die sandte ich samt den medischen Truppen aus." Jetzt, in der neuangefertigten persischen Fassung, lautet dieser Satz nur noch karg: „Ich entsandte die persischen und medischen Truppen, die bei mir waren." Nichts mehr davon, daß im Jahre 522 einmal die meisten persischen Garden von Darius abgefallen waren. Diese Schmach sollte wenig-

---

Tafel 10: Die erste Spalte der altpersischen Fassung der Behistan-Inschrift des Darius. Aufnahme von Leo Trümpelmann vom 5. April 1964, veröffentlicht mit gütiger Genehmigung des Deutschen Archäologischen Instituts, Abteilung Teheran.

stens den *iranischen* Lesern und Hörern seines Rechenschaftsberichtes vorenthalten bleiben.

Schlimm genug, daß die Fremdvölker diese Schande erfahren hatten; das ließ sich nicht mehr ändern. Denn schon waren elamische, akkadische, aramäische Abschriften gefertigt, ausgesandt und durch Herolde allerorts bekanntgemacht worden. Ihr Wortlaut wurde auch nachträglich nicht mehr 'verbessert'. Beim heutigen Assuan in Ägypten, auf der Nil-Insel Yeb oder Elephantine, wurde in einer von den Persern unterhaltenen jüdischen Garnison noch hundert Jahre danach die aramäische Fassung der Behistan-Inschrift erneut abgeschrieben, weil der Originalpapyrus von 520 brüchig geworden war. Teile dieser Abschrift haben sich erhalten (vgl. Eduard Sachau, *Aramäische Papyrus und Ostraka aus einer jüdischen Militärkolonie aus Elephantine* [Leipzig 1911] Tafel 54); in ihr steht, wie trotz der Lückenhaftigkeit des Papyrus zu erkennen, unverändert der Satz von den treulos abgefallenen persischen Garden.

Die von Darius persönlich verfügte Korrektur seines ursprünglichen Diktates erweist schlagend, daß im Jahre 520, als sein Tatenbericht erstmalig — auf elamisch — eingemeißelt wurde, die persische Keilschrift eben noch nicht existierte.

*

Den Werdegang des Denkmales von Behistan hat Leo Trümpelmann mit überwiegend archäologischen Beweisgründen und mit anschaulichen Skizzen der einzelnen Phasen verdeutlicht in seinem Aufsatz ,,Zur Entstehungsgeschichte des Monumentes Dareios' I. von Bisutun und zur Datierung der Einführung der altpersischen Schrift`` (im *Archäologischen Anzeiger* 1967, 281–298). Heinz Luschey bekräftigte den schon 1963 vertretenen Standpunkt erneut in seinen grundlegenden ,,Studien zu dem Darius-Relief von Bisutun`` (AMI. N.F. 1 [1968] 63–94, besonders 91f.). Den Schlußstein in das Gebäude der Beweisführung, daß die persische Keilschrift auf Darius I. zurückgeht, setzte Carl Nylander, der bis dahin selber einen früheren Ansatz verfochten hatte, mit seinem Aufsatz: ,,Who Wrote the Inscriptions at Pasargadae?`` (*Orientalia Suecana* 16 [Uppsala 1968] 135–180).

Darin wies der schwedische Forscher nach, daß Kyrus in Pasargadae zwar die elamische und akkadische Aufschrift *Kyrus der Großkönig, der Achämenide* auf den Gewandfalten seiner Flachbildnisse in Palast *P* veranlaßt hatte (vgl. Tafel 1), daß aber erst Darius deren altpersische Entsprechung hat hinzufügen lassen, und zwar auf der Außenfalte des Ärmels. ,,This is never found elsewhere, and there must be some very special reason for it`` (S. 174). Dieser besondere Grund ist: als Kyrus seine Bildnisse auf elamisch und akkadisch mit Beischriften versehen ließ, *gab* es noch keine persische Keilschrift. Als Darius sie einführte, mußte er die persische Beischrift der Kyrusflachbilder auf den *Ärmel* zwängen, weil wegen der schon vorhandenen elamischen und akkadischen Beischriften auf dem *Rock* kein angemessener Raum mehr war (vgl. Tafel 1).

Denn das im Stein noch freie Mittelstück war einst offenbar mit einer Schmuck-platte (aus Gold?) verkleidet gewesen.

Der Beweis für die Einführung der persischen Keilschrift durch Darius I. darf damit als endgültig erbracht gelten. So äußerte sich auch J. Duchesne-Guillemin in seinem Beitrag „La religion des Achéménides" zu *Historia*, Heft 18 der Einzelschriften [Wiesbaden 1972] S. 79. Daß es sich bei dieser Schrift um eine *künstliche* Schaffung handelte, hat Gernot L. Windfuhr in seinen „Notes on the Old Persian Signs" (IIJ 1970, 121–125) aufgezeigt.

*

Die Inschriften von Pasargadae

Ich möchte an dieser Stelle eine Bemerkung zu den Inschriften von Pasar-gadae einschieben.

Zwar übernehme ich von C. Nylander das vorhin erwähnte Argument, daß Darius die persische Beischrift auf den Kyrus-Bildnissen *hinzugefügt* hat, während die elamische und die akkadische Fassung schon von Kyrus selbst veranlaßt worden waren. Ich vermag jedoch Nylanders weitergehende Argu-mentation nicht zu teilen, wonach auch bei den *Pfeiler*-Inschriften in Pasar-gadae die elamische und die akkadische Fassung schon auf Kyrus zurückgehen sollen und Darius lediglich die persische Fassung *darüber* habe anbringen lassen.

Zum einen: es fällt auf, daß Kyrus in den Pfeiler-Inschriften lediglich den Titel 'König' führt, während er sich auf den Gewandfalten seiner Bildnisse als 'Großkönig' betitelte, wie das einzige heute noch vorhandene (halbe) Relief dieser Art in Palast P erweist (Tafel 1). Genau entsprechend enthält auch das neugefundene Bruchstück der persischen Fassung vom Ärmel eines Kyrus-Bildnisses den Titel 'Großkönig'. Veröffentlicht wurde es vom Ausgräber von Pasargadae, David Stronach, in *Iran* 3 [London 1965] als Plate VIe. Das Bruch-stück gibt das persische Wort 'König' im Titel 'Großkönig' bezeichnenderweise als Wortzeichen (Logogramm) wieder. Dieses Wortzeichen erscheint erstmalig in kleinen Darius-Inschriften in Persepolis und Susa, wahrscheinlich nicht vor 515 v. Chr. Die persische Beischrift auf dem Relief-Ärmel *muß* also aus der Zeit des Darius stammen.

Wären nun die Pfeiler-Inschriften in den drei Palästen zu Pasargadae eben-falls von Kyrus — sei es auch nur auf elamisch und auf akkadisch — angebracht worden, würde man doch erwarten, daß er sich auch in ihnen denselben Titel 'Großkönig' zugelegt hätte. Andererseits würde man es Darius wohl zutrauen können, daß er, falls *er* (wie ich meine) die Pfeiler-Inschriften *in allen drei Fassungen* veranlaßt hat, dem Kyrus nur den Titel 'König' zubilligte. Vielleicht nicht so sehr deshalb, weil sein Verhältnis zur älteren Linie der Achämeniden anscheinend nicht besonders herzlich war, sondern weil er damit eine bloße 'Zuweisung' im Sinne haben mochte — eine Art Eigentumsvermerk, einen 'Siegelaufdruck'. Auf seinen Herrschersiegeln verwendete Darius aber auch für sich selbst nur den Titel 'König'; erst Xerxes hat sich auf einigen seiner Siegel 'Großkönig' genannt.

Zum andern: die Pfeiler-Inschriften in Pasargadae (vgl. die Tafeln 3, 4 und 5) erwecken ihrer Form nach *nicht* den Eindruck, als seien die obersten beiden (persischen) Zeilen erst nachträglich zu den beiden unteren (elamischen und akkadischen) Zeilen hinzugefügt worden. Vielmehr wirken sie als *Ganzes*.

Dies gilt im besonderen für die in ein voll ausgezogenes *Rechteck* eingespannten Pfeiler-Inschriften. Heute besteht von ihnen nur noch ein einziges Stück, in Palast P, dem Wohnpalast des Kyrus (Tafel 4). Die Inschrift weist übrigens, worauf als erster Rev. Norman Sharp hingewiesen hat, in der persischen Fassung einen Fehler auf: in Zeile 2 ist das dritte Zeichen ein θ statt eines y; es steht also $x\check{s}\bar{a}ya\theta a$ da statt $x\check{s}\bar{a}ya\theta iya$ 'König'.

Ich hatte zuerst angenommen, dieselbe Inschrift habe sich einst auch über dem sogenannten Genienrelief im Torgebäude R zu Pasargadae (Tafel 2) befunden, weil eine Zeichnung von Robert Ker Porter aus der Zeit um 1818 genau die Inschrift von Palast P wiedergibt, also voll umrahmt und mit dem vorerwähnten Steinmetzfehler. Bei diesem Relief handelt es sich übrigens, wie R. D. Barnett (in den *Mélanges de l'Université Saint-Joseph* 45 [Beirut 1969] 407–422) nachgewiesen hat, um eine phönikische Gottheit, wahrscheinlich um den jungen Fruchtbarkeitsgott Baꜥal-Aliyan, Sohn des Dagan. Da aber sowohl Flandin und Coste als auch Texier um die Mitte des 19. Jahrhunderts die Inschrift über besagtem Genienrelief — unabhängig voneinander — nicht voll umrahmt, sondern in drei Feldern für ihre drei Fassungen wiedergeben, *ohne* Schreibfehler, hat Ker Porter offensichtlich seine Zeichnung von Palast P irrtümlich über das Genienrelief gesetzt. In Tafel 3 gebe ich die richtige Zeichnung von Charles Texier wieder.

Im dritten Palast in Pasargadae, im Audienzpalast S mit der heute allein übriggebliebenen hohen Säule, ist nur noch auf einem einzigen Pfeiler unsere Inschrift erhalten, wie im Torgebäude R in *drei* Feldern, also nicht voll umrahmt (Tafel 5). Auch in sie hat sich, wie Rev. Norman Sharp als erster beobachtet hatte, ein Fehler eingeschlichen: in der obersten Zeile hat das vierte Zeichen von rechts her nur einen einzigen Senkrechtkeil statt deren zwei, welche sich an die beiden Winkelhaken anschließen müßten, um ein korrektes Zeichen x im Wort $x\check{s}\bar{a}ya\theta iya$ 'König' zu ergeben. Noch um die Mitte des 19. Jahrhunderts waren im Palast S *drei* Pfeiler mit unserer Inschrift erhalten. Flandin und Coste haben in Band IV ihres Tafelwerkes (*Voyage en Perse*) auf Tafel 199 alle drei wiedergegeben, ohne in einer der Inschriften die in meiner Aufnahme (Tafel 5) erkennbare Verschreibung anzumerken.

Der Iranische Antikendienst hat in Pasargadae in der Zeit um 1957, also ehe David Stronach seine Grabungen begann, vier Bruchstücke von einer (oder mehreren) unserer Pfeiler-Inschriften geborgen, die sich heute im Magazin des Museums von Persepolis befinden. Von einem weiß ich durch Rev. Sharp, der mir am 29. April 1967 in Schiras mitteilte, dieses Bruchstück enthalte das zweizeilige Endstück einer persischen Fassung, mit je drei Zeichen. Von drei weiteren Bruchstücken erhielt ich die Aufnahmen meiner Tafeln 6, 7 und 8. Leider ist mir entfallen, wer sie mir geschenkt hat, und ich erbitte hierdurch von ihrem Urheber die nachträgliche Genehmigung zur Veröffentlichung.

Tafel 6 zeigt das dritte Zeichen der ersten altpersischen Zeile (*m*) mit anschließendem Worttrenner, darunter Reste der Zeichen *i* und *y*. Tafel 7 zeigt aus der elamischen Fassung einen Senkrechtkeil als Determinativ sowie das Zeichen *ku* mit noch einem Keil des folgenden Zeichens *ráš*. Tafel 8 enthält oben einen einzigen Senkrechtkeil aus der elamischen Fassung, nämlich das Determinativ zu 'Achämenide', während unten aus der akkadischen Zeile der obere Teil des Logogramms LUGAL ('König') sowie das Determinativ zu 'Achämenide' erhalten sind.

Alle diese Inschriften erwecken den Eindruck einer 'Serienarbeit', auch wenn sie nur in Palast P voll gerahmt, in den Palästen S und R als drei Felder erscheinen. Zwar könnte man argumentieren: nur die voll gerahmten Inschriften seien das Werk des Darius gewesen, als in allen drei Fassungen sozusagen aus éinem Gusse bestehend; die Dreifelder-Inschriften könnten dagegen so entstanden sein, daß schon Kyrus das mittlere Feld (die elamische Fassung) und das untere (die akkadische Fassung) angebracht habe, zu denen Darius dann später die persische Fassung als oberes Feld hinzugefügt hätte.

Ich glaube es nicht. Warum sollte denn Kyrus seine 'Eigentumsvermerke' auf Audienzpalast S und Torgebäude R beschränkt und nicht auch in seinem Wohnpalast P angebracht haben? Ich vertrete nach wie vor die Auffassung, daß *sämtliche* Pfeiler-Inschriften mit dem 'Siegel'-Kurzprotokoll „Ich, Kyrus, der König, der Achämenide" erst von *Darius* stammen. Der Unterschied zwischen Dreifelder-Inschriften und vollgerahmten Inschriften ist vielleicht ein zeitlicher: möglicherweise begann Darius bei seinen Zuweisungs-Inschriften mit Teilrahmung im Audienz- und Torpalast, und der Wohnpalast des Kyrus kam mit 'Vollrahmung' erst später dran. Der Unterschied ist im übrigen so gering, daß Flandin und Coste, die alle fünf damals noch vorhandenen Pfeiler-Inschriften aus Pasargadae abzeichneten, sie ausnahmslos vollgerahmt wiedergeben, obschon sie bei der Zeichnung des Genienreliefs im Torgebäude (auf ihrer Tafel 198) die Inschrift zwar mit nur angedeuteten Keilzeichen wiedergaben, doch dem Sachverhalt entsprechend — wie Texier — in *drei* Feldern.

2. *Eigenheiten der persischen Keilschrift*

Ich habe die Entstehungsgeschichte der persischen Keilschrift verhältnismäßig ausführlich behandelt, weil gerade die archäologischen und epigraphischen Tatbestände erweisen, daß die Schrift *unter großem Zeitdruck* entstand. Es hat sie noch nicht gegeben, als im Spätjahr 520 die akkadische Fassung eingemeißelt wurde; aber sie erscheint bereits 519 am Felsen von Behistan, also in eben dem Jahr, in welchem Darius den Sakenkönig Skuncha besiegte. Da dieser Sieg in den Sommer des Jahres 519 fiel, müssen die ersten vier Spalten der altpersischen Inschrift schon im Frühjahr 519 in den Felsen gehauen worden sein.

Die Sekretäre der großköniglichen Kanzlei hatten wahrscheinlich Über-
stunden eingelegt, um dem Befehl ihres rastlos tätigen Herrschers nachzu-
kommen. Denn zwischen der 'Erfindung' der persischen Keilschrift und ihrem
Erscheinen am Felsen von Behistan lag ja noch eine gewisse Zeitspanne,
während welcher die neue Schrift ausprobiert und — gemäß Absatz 70 — in
die Kanzleien aller Reichslande gesandt wurde, wo man sich erst mit ihr vertraut machen mußte.

*

Ich kann — um dies hier einzuschalten — Ilya Gershevitch nicht folgen,
wenn er in seinem Vorwort zu R. T. Hallock's Beitrag ,,The Evidence of the
Persepolis Tablets" zur *Cambridge History of Iran* (Sonderdruck Cambridge
1971, 1–9) meint, die altpersischen Könige hätten jeweils nur einen einzigen
Schreiber für persische Keilschrift besessen. Gershevitch gibt ihm provisorisch
den Titel 'Royal Persian language Recorder' und versieht ihn mit einem oder
zwei Gehilfen, die ihn bei seinem Tod sollten ersetzen können (S. 7).
Inschrift- und Täfelchen-Belege widersprechen dieser geistreich vorge-
tragenen Annahme. Darius hat nämlich dafür gesorgt, daß seine Bekundungen
nicht nur den Fremdvölkern in deren Muttersprache zugänglich gemacht
wurden; auch seinen *iranischen* Untertanen haben Herolde diese Proklama-
tionen übermittelt — in Medien, Parthien, Chorasmien, Sogd, Arachosien,
Gandhara, Sakenland und so fort. Eben darum heißt es am Schluß von Absatz
70: ,,Ich habe selbige Schrift in alle Lande gesandt. Die Leute dort erlernten
sie." Statt ,,erlernten" kann man das elamische Wort *sa-pi-iš* auch mit ,,sie
schrieben ab" wiedergeben, da *sa-ap-sa-ap*, wie R. T. Hallock gezeigt hat,
'Abschrift' bedeutet (JNES 1950, 244). Aber Schrift *lernt* man eben gerade
durch *Abschreiben*.
Gegen die These eines einzigen 'Persisch-Sekretärs' am Achämenidenhofe
spricht aber entscheidend, daß Darius persische 'Buben' schreiben lernen ließ —
sicher nicht auf elamisch, aramäisch oder akkadisch, sondern auf persisch.
Zwei Belege dafür haben sich in den elamischen Buchungstäfelchen aus Persepolis erhalten (PF 871 und 1137). Näheres zu den rein sprachlichen Problemen
dieser beiden Urkunden enthält meine Besprechung des *W. B. Henning Memorial Volume* in IF 1973.
Soviel steht fest: die beiden Täfelchen aus der Hofkammer des Darius verbuchen Verpflegung für 29 ,,persische Buben, welche Schrift abschreiben"
(hh. *pu-hu* hh. *bar-sìb-be* hh. *tup-pi-me sa-pi-man-ba*). Sechzehn von ihnen erhielten außer ihrer monatlichen Gerstezuteilung als 'Wunschkost' noch herben
Wein, jeder Bub im Monat einen halben Liter. Die Schulklasse hatte offensichtlich auch einen 'Sprecher', der monatlich sogar einen ganzen Liter Wein
bezog. Die sechzehn Begünstigten unter den 29 Buben waren wohl junge
Adlige, die der unerbittliche Großkönig vom Reiten und Bogenschießen weg
zum Schreibenlernen abkommandiert hatte. Unter den Tausenden von Hofkammertäfelchen aus Persepolis sind diese 29 Buben übrigens meines Wissens

die einzigen von der Krone beschäftigten Verpflegungsempfänger, die ausdrücklich als *Perser* bezeichnet werden.

*

Doch zurück zu der archäologisch-epigraphisch erweisbaren Tatsache, daß die persische Keilschrift in höchster Hast und Eile entstand. Viele ihrer Mängel erklären sich eben daraus.

Aber nicht alle. Die lästigsten Unzulänglichkeiten der persischen Keilschrift gehen vielmehr darauf zurück, daß sie nicht von Iranern ersonnen worden ist, sondern von *Aramäern* und *Elamern* gemeinsam. Dies hat auch schon Herbert H. Paper angenommen in seinem Aufsatz „The Old Persian /L/ Phoneme" (JAOS 1956, 24–26) in Berichtigung der vorherrschenden Meinung, das altpersische Syllabar sei eine bloße 'transmogrification' des aramäischen. H. H. Paper zeigte schlüssig, daß das Zeichen *l* (⟩⧽) der altpersischen Schrift von keilschriftkundigen Sekretären — seien sie nun Babylonier oder Elamer gewesen — *ad hoc* erfunden worden ist, um die vier in der Behistan-Inschrift auftauchenden Fremdbezeichnungen mit *l* wiedergeben zu können (den Armenier Haldita und die geographischen Namen Labanāna, Dubāla und Izāla); das Altpersische hatte nämlich kein *l*, nur *r*. Die Sekretäre haben für dieses *l* ein Zeichen erfunden, das dem elamischen *la* (⧽⧽) recht ähnlich ist.

In den Bereich dieser Überlegungen gehört auch der Umstand, daß fast alle altpersischen Zeichen für *u* (das Vokalzeichen *u* wie auch sechs *u*-haltige Silbenzeichen) einen Winkelhaken enthalten; dieser aber ist im Akkadischen bzw. Elamischen eines der Keilzeichen für *u*. Das kann Zufall sein, sieht aber eher nach einem unterschwelligen Einfluß des akkadischen bzw. elamischen Syllabars auf die elamischen 'Schrifterfinder' aus.

Daß auch *Griechen* an der Schrifterfindung mitgewirkt haben, glaube ich nicht, trotz der Ausführungen von J. J. Jensen in seinem Aufsatz „Das Verhältnis der altpersischen Keilschrift zum griechischen Alphabet" (KZ 1967, 284–289). Allenfalls könnte man vermuten, der altpersische Worttrenner gehe auf das Vorbild gewisser ionischer Inschriften zurück, bei denen drei untereinander angebrachte Punkte zur Worttrennung dienen. Eine Worttrennung mag den Schrifterfindern des Darius in der Tat unerläßlich erschienen sein, weil für die künftigen Leser der neuen Keilschrift Persisch entweder eine fremde Sprache war, oder aber, soweit es sich um Iranier handelte, diese vorher noch nie Schrift gelesen hatten.

In Wahrheit ist aber der altpersische Worttrenner lediglich eine Abwandlung der in Keilschriften seit langem üblichen Determinative. Ein solches Determinativ ist das sumerische Zeichen GAM, zwei übereinander gestellte, nach links geneigte Schrägkeile (⧗). In einer elamischen Inschrift des Königs Shilhak-Inshushinak II. (regierte 690–668) tritt es als Personen-Determinativ auf. Dieses selbe Zeichen GAM diente dann jedoch bereits in einer elamischen Omen-Inschrift aus vorachämenidischer Zeit als Worttrenner (RA 1917, Abb.

S. 35 und 36); desgleichen in der vorerwähnten elamischen Aufschrift links auf dem Kyrus-Relief in Pasargadae (Tafel 1).

Die elamischen Schrifterfinder des Darius gingen also nur einen kleinen Schritt weiter, als sie den oberen der beiden Keile von GAM wegließen und in Behistan den übriggebliebenen *unteren* Schrägkeil als Worttrenner einführten. Weil er nur ungefähr halbe Zeilenhöhe hat, ähnelt er in Behistan einem *Winkelhaken*. Dies ist besonders deutlich ersichtlich auf Tafel 9 in der Zeile 2 rechts oder in Zeile 4 in der Mitte; in der Großaufnahme von Tafel 10, welche die erste Spalte der altpersischen Fassung der Behistan-Inschrift zeigt, ist gleichwohl zu erkennen, daß der Worttrenner kein Winkelhaken, sondern ein kurzer Schrägkeil ist.

In sämtlichen sonstigen altpersischen Inschriften ist dieser Schrägkeil harmonisch etwas nach oben verlängert. Auch dieser Unterschied zwischen Behistan und allen übrigen Urkunden bezeugt, daß die neue Schrift eben gerade in Behistan zum ersten Mal angewandt worden ist. Einen weiteren Beleg dafür liefert das altpersische Keilschriftzeichen *y*: während es in der Behistan-Inschrift nur einen knapp halbhohen senkrechten Keil aufweist (⟜ , vgl. auf Tafel 9 etwa das *y* ungefähr in der Mitte von Zeile 4), ist in allen sonstigen Inschriften dieser Senkrechtkeil zu voller Zeilenhöhe gereckt (⟜ , vgl. auf Tafel 4 die letzten Zeichen der beiden ersten Zeilen), wodurch ein ästhetisch befriedigenderes Zeichen entstand.

*

Aus dem, was in den nun folgenden Abschnitten 3 und 4 ausgeführt wird, geht hervor, daß die Kluft zwischen Schriftbild und Lautbild im Altpersischen viel breiter ist, als bisher angenommen wurde. Daher wird man künftig nicht umhin können, bei der Umschreibung des Altpersischen entweder eine *schrift*gerechte Transliteration oder eine *laut*gerechte Transkription anzuwenden — oder, noch besser, beides. Die seitherige Übung sollte unbedingt aufgegeben werden, da sie eine Halbheit, eine unbefriedigende Mischung zwischen Transliteration und Transkription darstellt, von der I.M. D'jakonov (in der Gs. Henning [1970] 106) mit Recht sagte, sie erscheine einem Keilschriftforscher als unwissenschaftlich. Eine rühmliche Ausnahme machten A. Meillet in seiner *Grammaire du Vieux-Perse* [Paris 1915] und E. Benveniste, der Herausgeber der Neuauflage [1931].

Die Notwendigkeit einer Transliteration des Altpersischen hat auch Wolfgang Lentz betont in seinem Beitrag zur Festschrift für Wolfgang Krause (*Indogermanica* [Heidelberg 1960] 96). Allerdings möchte ich statt seines Transliterationssystemes das einfachere vorschlagen, das ich im folgenden anwende und das sich an die Transliteration des Aramäischen bzw. des Mitteliranischen anlehnt.

3. *Schreibsünden der Aramäer*

Auf Schreibgewohnheiten der Aramäer dürften folgende Eigenheiten der persischen Keilschrift zurückgehen.

In erster Linie sind Aramäern jene Unklarheiten anzulasten, die mit dem Keilzeichen *ā* zusammenhängen. Dieses ist in Wirklichkeit ein aramäisches Alef und gibt daher bald *ă*, bald *ā* wieder. Am Wortanfang ist dieser Sachverhalt schon immer erkannt worden. Aber auch im Wortinnern taucht Alef gelegentlich als *mater lectionis* für *ă* auf, z.B. in *čišpᵓiš*, wo es den Genitiv *Čaišpaiš* „des Teispes" verdeutlicht zum Unterschied vom Nominativ *Čaišpiš*, jedoch unter keinen Umständen *Čaišpāiš* gelesen werden darf, wie schon A. Meillet gesehen hatte. Daß *Čaišpiš* zu lesen ist und nicht — wie bisher — *Čišpiš*, habe ich auf Grund von Siegelabdrucken des *ersten* Kyrus in meinem Aufsatz „Achämenidische Hofverwaltung" (ZA 1971, 300) gezeigt. Für die Lesung *Čaišpiš* spricht auch der Beiname, der in PF 1801 in elamischer Umschreibung als *za-iš-pi-iš-ši-ya* = **Čaišpišya* 'zu Teispes gehörend' erscheint. Damit dürfte die von V.I. Abaev für den Namen Teispes vorgeschlagene Etymologie (zu ai. *-śiśvi-*) hinfällig werden, die er zuletzt in *Istorija iranskogo gosudarstva i kul'tury. K 2500-letiju iranskogo gosudarstva* [Moskau 1971] 268–270 dargelegt hat.

Ein anderes Beispiel für Alef als *mater lectionis* ist der Monatsname der 'Knoblauchlese': trotz der Schreibung *θᵓigrčiš* ist das zweite Zeichen nicht *ā*, sondern aramaisierendes *ă*; es ist also *θaigračiš* zu transkribieren. Ein drittes Beispiel ist *xvaipašya-* 'eigen', das einmal *uvᵓipšiy* geschrieben ist, also mit unnötigem Alef.

Doch nicht nur beim Diphthong *ai* kommen solche Aramaismen vor, sondern auch bei *au*, nämlich in *yᵓuminiš*, auf das ich noch zurückkomme, das aber jedenfalls nicht *yāu-* zu lesen ist, sondern nur *yau-*.

Häufig und bisher wenig beachtet bezeichnet das Alef ein *ă* auch im Auslaut. Da das Wort für 'und' im Altindischen *utá*, im Awestischen *uta* lautete, ist auch in altpersisch *utᵓ* das Alef bloße *mater lectionis* für kurzes *a*, d.h. es ist *uta* zu transkribieren. Als Regel darf gelten, daß auch im Persischen auslautendes *-a* (nicht *-ā*) gemeint ist, wenn im Altindischen und im jüngeren Awestischen kurzes *-a* bezeugt ist; das Gathische weicht als Dichtersprache vielfach ab. Es ist somit zu transkribieren: *-ahya* (als Genitivendung der *a*-Deklination), nicht *-ahyā*; *mana* 'mein, mir', nicht *manā*; *ida* 'hier', nicht *idā*; *agaubata* 'er nannte sich', nicht *agaubatā* — um nur ein paar Beispiele anzuführen. So braucht *kᵓ* auch nicht mehr mühsam als Instrumental *kā* gedeutet zu werden: es ist einfach *ka*, also *tuvam ka* = „du auch immer, (der du)".

*

Eine zweite, höchst unbequeme Eigenart der persischen Keilschrift, die auf aramäischen Einfluß zurückgeht, betrifft die Einfügung eines *v* zur Stützung eines *u* und umgekehrt sowie entsprechend die Einschaltung eines *y* zur Stützung eines *i* und umgekehrt.

Das bedeutet: wann immer am Ende eines altpersischen Wortes *-uv* bzw. *-iy* steht, ist lediglich *u* bzw. *i* gemeint, also beispielsweise *paru* 'viel' (und nicht *paruv*), oder *asti* 'ist' (und nicht *astiy*). Dies ist schon früh gesehen, aber nur teilweise berücksichtigt worden. Wenn auf ein *h* in der persischen Schrift unmittelbar ein *y* folgt, ist zu bedenken, daß das Zeichen *h* nicht nur *ha*, sondern auch *hi* gelesen werden kann. Auslautendes *-hy* z. B. in dem Konjunktiv *vinᵃhy* 'du siehst' ist daher *vaināhi* zu transkribieren.

Selten bemerkt wurde bisher, daß auch umgekehrt die Stützung eines *v* durch ein *u* bzw. eines *y* durch ein *i* lediglich aramaisierende Schreibergewohnheit und für die altpersische Lautung ohne Belang ist. Immerhin hatte schon Ernst Herzfeld auf diesen Sachverhalt hingewiesen (*ApI* [Berlin 1938] 318). Es ist somit nicht *paruvam* 'früher' zu lesen, sondern *parvam*; ebenso nicht *šiyāta* 'glücklich', sondern *šyāta*. Wenn man sich diese Eigenart der persischen Keilschrift vor Augen hält, lösen sich viele sprachwissenschaftliche Anstöße von selbst. So ist *yuvⁱiyᵃ* 'Kanal' nicht *yauviyā* zu lesen, sondern *yavyā* entsprechend ai. *yavyā*.

Dasselbe trifft auf die stützenden *u* zu, wenn *v* auf einen Konsonanten folgt. Es ist also *dvar* 'Tür' zu lesen, nicht *duvar*; *dvitāparnam* 'in zwei Reihen', nicht *duvitāparnam*; *θvām* 'dich', nicht *θuvām*. In der Suezkanal-Inschrift ist entsprechend *dnᵘu[vtiy]* als *danvati* anzusetzen gemäß ai. *dhánvati* 'fließt'.

Beispiele für unnötiges stützendes *i* vor *y* sind: *ᵃniy* 'anderer' für gemeintes *anya-*; *ᵃriy* 'arisch' für gemeintes *arya-* (das anlautende *a* ist übrigens kurz, da das Elamische die erste Silbe durchgehends mit dem Zeichen *har* wiedergibt, während bei langem Anlaut *ha-ri-ya* umschrieben worden wäre); *ĵⁱiymnm* 'Ende' für gemeintes *ĵyamnam*; und viele mehr (alle Belege in Kapitel IV).

Endlich ist hier noch die Eigenheit der persischen Keilschrift zu nennen, eine auf *u* folgende Doppelkonsonanz durch ein zwischengefügtes *u* aufzusprengen. So meint *sugᵘud* in Wirklichkeit *Sugda* (wenn nicht gar *Sogda*); *dᵘurᵘuxtm* meint *druxtam* 'erlogen', ja *dᵘurᵘuv* meint sogar nur *drva* 'fest', wie die elamische Umschrift *tar-ma* erkennen läßt.

4. *Schreibsünden der Elamer*

Noch schwerer als der Einfluß der Aramäer auf die Gestaltung der persischen Keilschrift wiegt der der Elamer. Haben die alten Perser doch — wie oben schon kurz angedeutet — selbst das Wort für 'Schrift' und 'Inschrift' zugleich mit der Sache von den Elamern, den Vorbewohnern von Pārsa/Anzan, übernommen.

Schon in Elams ältester Urkunde aus der Zeit um 2280 v. Chr. (nach der mittleren Chronologie) begegnet ein *dè-pi-ir* 'Schreiber' als Kanzler des Reiches, den F. W. König ausfindig gemacht hat; vgl. meinen Aufsatz „Elams Vertrag mit Narām-Sîn von Akkade" (ZA 1967, 66–96, im besonderen S. 76). In der Gestalt von *dabīr* lebt dieses Wort, über ap. **dipibara* und mp. *dipivar*, noch heute in Iran fort als Bezeichnung für einen Gymnasiallehrer. 'Schreiber-Lehrlinge' begegnen in Elam bereits um 1900 v. Chr., und zwar als elamisches Einsprengsel *pu-hu dè-pi* 'Schriftbuben' in einem akkadischen Brief; Näheres in meinem *Das Reich Elam* [Stuttgart 1964] 72. Die Wurzel *dep-* stammt

indes keineswegs, wie bisher allgemein angenommen wurde, von sumerisch
DUB 'Schrifttafel', sondern bedeutet gut elamisch 'formen' im Zusammenhang
mit Tontafeln wie auch mit Ziegeln. Schon 1901 hat V. Scheil (*Mém.* Bd. 3,
S. 144) *tep-* mit 'mouler' übersetzt, und auch F. W. König (*Die elamischen
Königsinschriften* [Graz 1965] 71 Anm. 8) gibt es mit 'formen' wieder. So heißt
es in einer Inschrift des Königs Untash-Napirisha (regierte ca. 1275–1240):
ú-pa-at la-an-si-ti-ip-pa te-pu-h ul-hi i a-ha-a ku-ši-h = „Goldschrift-Ziegel
habe ich geformt (*tepuh*), diese [Tempel-]Cella hier erbaute ich." (*Mém.* Bd. 41
[Paris 1967] S. 14, Zeile 1–2 der Inschrift *TZ* 2 A; der Herausgeber M.-J. Steve
übersetzt *te-pu-h* allerdings mit „j'ai gravé", was nicht richtig sein dürfte.)

In mittel- und neuelamischer Zeit ist aus *depi* allmählich *dipi* geworden. Da
es häufig — neben *ti-ip-pi* — auch *tup-pi* geschrieben wird, kam es zu der vorerwähnten Verwechslung mit sumerisch DUB. Tatsächlich aber hat das elamische
Zeichen *tup* in später Zeit den Lautwert *tip*. Dieses *tipi* gelangte als elamisches
Lehnwort wie erwähnt in zweierlei Gestalt ins Altpersische: als Femininum
dipiš 'Inschrift' und als Neutrum *dipi* 'Schrift'. An der letzten Form nahm
J. Harmatta Anstoß, weil es im Altpersischen weder neutrische *i*-Stämme gebe,
noch die Verwendung des Neutrums als Abstractum parallel zu einem Femi-
ninum in konkreter Bedeutung bezeugt sei; so in seinem Aufsatz „The Bisitun
Inscription and the Introduction of the Old Persian Cuneiform Script" in den
Acta Antiqua Acad. Scient. Hungar. 14 [Budapest 1966] 255–283, bes. S. 273.
Allein, *dipi* ist eben kein persisches Wort, sondern ein dem Elamischen entlehntes
Fremdwort und damit nicht den Gesetzen der altpersischen Sprache unter-
worfen.

*

Nun zu den Eigenheiten der elamischen (aus Mesopotamien entlehnten)
Schrift, die sich so nachteilig auf die persische Keilschrift ausgewirkt haben.

Noch der geringste Übelstand ist, daß die persische Schrift Nasale vielfach
nicht wiedergibt, eben weil die Elamer in ihrer Schrift dies oft ebenso hand-
haben, es sei denn, sie hätten gerade ein passendes Konsonant-Vokal-Kon-
sonant-Zeichen des von ihnen benutzten akkadischen Syllabars zur Hand
gehabt. So schrieben die späten Elamer den Namen ihres Hauptgottes Humban
meist *hu-ban*; *hum-* hätten sie *hu-um-* schreiben müssen, aber für *ban* hatten
sie ein bequemes Zeichen verfügbar. Jedenfalls werden in der persischen Keilschrift die Nasale konsequent vernachlässigt, viel mehr noch als in der elamischen Schrift: *kpd* beispielsweise steht für den Ort *Kampanda*, wie gerade
die elamische Wiedergabe erweist.

Das Fehlen von Auslaut-*n* in der persischen Keilschrift wurde schon früh
bemerkt und meist auch (durch hochgesetztes [n]) in die Umschrift aufgenommen. Vielfach wurde es jedoch übersehen, z. B. in ꜣj 'er schlug', das *aja*
normalisiert wird. Richtig muß es *ažan* heißen gemäß ai. *áhan*. Der Plural 'sie
erschlugen' lautet ꜣvꜣjn; es muß entsprechend *avāžanan* transkribiert werden.
Im Wortinnern wurde der Nasal bisher übersehen etwa in ꜣkᵘutꜣ = *akunta* 'er

hat für sich gemacht', wie W. Cowgill (KZ 1968, 264) erkannte — um nur ein Beispiel aus zahlreichen herauszugreifen.

Schreibunregelmäßigkeiten bei h *und* x

Mißlicher als die Auslassung der Nasale ist die Unart der persischen Keilschrift, h und x (ḫ) weder vor u noch vor v noch hinter au zu schreiben, ferner h weder vor Konsonant im Wortinnern (außer vor y) noch als Auslaut. Das sind grobe Mängel, die allein den elamischen Schrifterfindern angekreidet werden müssen.

Denn die elamische Sprache kannte den Laut x (ḫ) überhaupt nicht, und das schon immer nur schwach gehauchte elamische h war in achämenidischer Zeit verstummt, obschon es in der Schrift meist noch beibehalten wurde. Bei der Wiedergabe persischer Laute bedeutet daher das elamische Zeichen *ha* in der Regel nur noch einfaches, meist langes *a*, während das elamische Zeichen *a* jetzt überwiegend zur Wiedergabe des Diphthonges *ai* benutzt wurde, z.B. in *da-a-ma*, das persisch *daivā* 'Götzen' wiedergibt. Obschon die Elamer bei der Wiedergabe von persisch *ai* sonst meist die *e*-haltigen Zeichen ihres Syllabars benutzten (el. *har-be-ra* steht für ap. *Arbaira* = heute Erbīl), erweist doch gerade die Schreibung *da-a-ma* für ap. *daivā*, daß damals im Altpersischen eben noch *ai* gesprochen wurde, und nicht schon mittelpersisches *ē*. Ebenso bezeugt die elamische Umschreibung *ya-na-a* für ap. *yniy* 'indes', daß tatsächlich *yanai* gesprochen wurde, nicht *yani*.

Das in der persischen Keilschrift vor *u* ausgelassene h ist schon bisher meistens ergänzt worden, obwohl es geraume Zeit gebraucht hat, bis man *uvǰ* richtig als *Hūža* 'Elam' erkannte. Dagegen wird oft nicht bedacht, daß *uv* in der persischen Keilschrift für *xv* stehen kann, etwa in 'Chorasmien': *uvᵕrzmⁱiš* meint *Xvārazmiš*, akkadisch *ḫu-ma-ri-iz-ma-aᵕ*. Aus diesem Grund hat man bisher auch den Namen des Mederkönigs Kyaxares nicht richtig gedeutet: ap. *uvxštr*, el. *ma-ak-iš-tar-ra* und akk. *ú-ma-ku-iš-tar* meinen ein medisches *Xvaxštra* 'Selbstherrscher'. Dieselbe Deutung (nämlich „l'autocrate") hat, wie ich nachträglich sehe, bereits J. Duchesne-Guillemin gefunden (*La religion de l'Iran ancien* [Paris 1962] 151); doch liest er den Namen *Hvaxšaθra*, was den Keilschrift-Wiedergaben nicht ganz entspricht.

Beispiele für nicht geschriebenes h zwischen Vokalen sind ᵕišttᵕ = *ahištata* 'er hatte sich aufgestellt' und *mniyᵕiy* = *manyāhai* 'du denkest'.

Das im Wortinnern vor Konsonant nicht geschriebene h hat manche Forscher zweifeln lassen, ob ᵕmⁱiy wirklich *ahmi* 'ich bin' zu lesen sei, wie aw. *ahmi* und ai. *ásmi* erfordern. Diese Zweifel sind glücklicherweise durch die von Xerxes veranlaßte Abschrift der unteren Grabinschrift seines Vaters Darius behoben: diese 1967 gefundene Urkunde von Persepolis schreibt durchgängig ᵕhmⁱiy (vgl. meine Ausgabe der Inschrift in meinem Buche *Altiranische Funde und Forschungen* [Berlin 1969] 46).

Gleich zwei h sind von der Schrift ausgelassen in dem Injunktiv [𝑚ᵕ] ᵕvrd = 'verlasse [nicht]!' (DNa 60). Das Wort wird allgemein zu einer Wurzel *rad-*

(ai. *rah-*) 'aufgeben' gestellt; ich ziehe vor, es zu ai. *ava-sṛj-* 'loslassen, aufgeben' zu stellen. Da die Endung der 2. sg. act. im Altindischen und Griechischen *-s* lautet, dürfte ꜥ*vrd* eine Lesevorschrift *avahrδah* erheischen. (Zum Phonem δ im Altpersischen verweise ich auf den übernächsten Abschnitt.)

*

Möglicherweise wurde im Altpersischen *h* vor *v* grundsätzlich zu *x* (*ḫ*). Denn awestischem *haptahva-* 'Siebentel' entspricht in einem aramäischen Papyrus persisch *hptḫ* = *haftaxva (so schon W. Eilers in *AfO* 1954–56, 333). Wegen des griechischen Ἀραχωσία und des akkadischen *a-ru-ḫu-a-ti-iꜥ* für den Landesnamen Arachosien hat bereits A. Meillet (*Grammaire* [1915] 69) *hara(x)uvatiš* angesetzt; genauer wäre *haraxvatiš*. Im Hinblick auf den griechisch überlieferten Flußnamen Χοάσπης in der Susiana (vgl. R. Schmitt in ZDMG 1967, 131) würde ich *uvsp* = 'tüchtige Rosse besitzend' nicht mehr *huvaspa* transkribieren, sondern *xvaspa*. Parallele Beispiele wären *uvꜥsbꜥr* = *xvasabāra* 'tüchtiger Reiter' und *uvꜥrštk* = *xvarštika* 'tüchtiger Lanzenkämpfer'. Trotz des Alefs in *uvꜥrštk* lese ich nicht *xvārštika, weil — beispielsweise — das Awestische *xvaraiθya-* hat (aus *hu-* und *arəθa-* gebildet).

Wurde ap. *h* vor *v* durchweg zu *x*, wäre *ptipyuvꜥ* 'hüte dich!' als *patipayaxva* zu lesen gemäß den ai. Formen des Imperativs auf *-asva*, und *mškꜥuvꜥ* 'auf Schläuchen' als *maškāxva*; das Awestische hat im *loc. pl. fem.* allerdings *-āhva*, dürfte sich hierin aber vom Altpersischen unterschieden haben.

Auch das schwierige *mnuvⁱiš* wird durchsichtiger, wenn man nicht wie bisher *manauviš* liest, sondern *manaxviš* (allenfalls *manahviš*). Falls das Affix *-viš* neupersischem *-vaš* entspräche, erhielte man für *manaxviš* eine wörtliche Bedeutung 'sinnhaft', freier: 'leidenschaftlich, jähzornig'.

Offenbar wurde in der persischen Keilschrift ap. *h* bzw. *x* nach *au* vor *m* und vor Doppelkonsonanz nicht ausgedrückt.

Ein sicheres Beispiel ist *tumꜥ* 'Sippe, Geschlecht' = *tauhmā* (mp. *tōhmag*). Das schon erwähnte *yꜥuminiš* in DN*b* 40 lese ich *yauxmainiš*, mit *i*-Epenthese zu *yauxmaniš* in XDN*b* 44 f. = 'geschult, geübt, trainiert', wozu man awestisch *yauxštivant-* 'gewandt' vergleiche. J. Duchesne-Guillemin liest das Wort (in der Gs. Henning [1970] 141) allerdings *yāumaniš* und deutet es als 'harnessing his own spirit'; ich würde als wörtliche Übersetzung eher 'Gespann-sinnig' vorschlagen = 'eingefahren' = 'trainiert'. Für die bisher meist abgestrittene *i*-Epenthese im Altpersischen hat W. Eilers auf dem III. Internationalen Iranistenkongreß in Schiras am 14. Oktober 1971 eine ganze Anzahl von Belegen beigebracht.

Die Einsicht, daß *x* in der persischen Keilschrift nach *au* vor Doppelkonsonanz nicht geschrieben wird, führt zu befriedigender Deutung der beiden auf Siegeln belegten Eigennamen ꜥ*θiyꜥbušn* und ꜥ*θiyꜥbušt*. Ich lese sie *Āθiyābauxšna* = 'von Kummer befreiend' und *Āθiyābauxšta* = 'von Kummer befreit'. (Zu den verschiedenen Bedeutungen der Wurzel *bug-* vgl. E. Benveniste, *Titres* [1969] 111 ff.)

Daß die persische Keilschrift auslautendes -*h* nicht notiert, sondern zumeist durch ᾿ ersetzt, wurde bisher als phonologisches Phänomen des Altpersischen betrachtet statt als bloße Schreibeigentümlichkeit. Die Beispiele sind freilich nicht zahlreich. Eines ist *tuvⁱiy*᾿ 'stärker', ai. *táviyas-*, das — in Anlehnung an R. Schmitt (KZ 1967, 58f.) — *tavyāh* zu transkribieren ist. Parallele Beispiele sind die Eigennamen ᾿*spčn*᾿ = *Aspačanāh* (Aspathines) und *vⁱidfrn*᾿ = *Vindafarnāh* (Intaphernes).

Ein weiterer Fall dieser Art ist der Eigenname *d*᾿*tᵘ*[*u*]*vhy*, welcher der Forschung große Mühe bereitete und auf den ich sogleich erneut zurückkomme. Das zweite Glied dieses Namens ist offensichtlich *vahyah-* 'besser'. Der Name ist (in DB Absatz 68) allerdings nur als Genitiv *d*᾿*tᵘ*[*u*]*vhyhy*᾿ belegt; im Nominativ wäre er *d*᾿*tᵘuvhy*᾿ geschrieben worden. Auffälligerweise ist dieser Genitiv aber ein solcher der *a*-Deklination; sprachkorrekt müßte er *d*᾿*tᵘuvhyh* = *δātuvahyaha* lauten (zur Schreibung mit δ- vgl. den folgenden Abschnitt).

Der Fall steht jedoch keineswegs vereinzelt da; vielmehr beobachten wir in der Darius-Zeit eine ausgeprägte Neigung, gewisse Konsonantenstämme in die *a*-Deklination zu überführen. Ein anderes Beispiel dafür ist **manah-* 'Sinn, Gemüt': in DN*b* 14 findet sich der korrekte Genitiv *mnh*᾿ = *manaha*, in XDN*b* 16 aber ein Genitiv der *a*-Deklination, nämlich *mnhy*[᾿] = *manahya*.

Hieran hängt sich die Frage, ob auch *dryhy*᾿ Genitiv sei, wie E. Herzfeld (*ApI* [1938] 141ff.) behauptete, oder Locativ, wie R. G. Kent (S. 192b) meinte. Tatsächlich hat hier Herzfeld recht; denn in DP*e* 14 entspricht die fragliche Wendung 'des Meeres' (*δrayahya*) einem parallelen *uškhy*᾿ = *huškahya* 'des Festlandes', dessen genitivische Form niemand anzweifelt. Ein wirklicher Locativ 'im Meere' liegt jedoch vor in XP*h* 23, und der ist völlig eindeutig *dryhiy*᾿ = *δrayahiyā* geschrieben. Daß tatsächlich ein Locativ an dieser Stelle gemeint ist, erweist die elamische Fassung, die durch G. G. Cameron (*WdO* 1959, 473) hergestellt worden ist: dort heißt es AN.KAM. lg. *ma* = 'im Meer', mit Locativ-Affix -*ma*.

Folgten in der persischen Keilschrift zwei *h* aufeinander, so wurde anscheinend nur eines geschrieben: ᾿*hy* 'du seiest' ist nach meiner Auffassung *ahahi* zu lesen gemäß ai. *ásasi*, ohne daß (mit A. Prosdocimi in *Riv. Studi Or.* 42 [Rom 1967] 35f.) entweder Kontraktion oder Haplologie angenommen werden müßte.

Dann wäre freilich zu fragen, ob etwa auch in der Datumsbezeichnung *m*᾿*hy*᾿ ein Genitiv der *a*-Deklination, nämlich **māhahya* 'des Monats' vorliege, wobei von zwei aufeinanderfolgenden *h* nur eines geschrieben würde. Die vorherrschende Meinung ist aber, daß hier ebenfalls ein Locativ vorliege, also **māhiyā*. Als ich dieses Problem mit Dieter Weber besprach, wobei ich auf die in griechischer Umschreibung mehrfach belegten Eigennamen mit *Mai-* ... = ap. **Māhi-* ... hinwies, äußerte er die Überzeugung, daß im Altpersischen das Wort für 'Mond, Monat' kein Konsonantenstamm, sondern wie im Sogdischen ein weiblicher *i*-Stamm gewesen sei. Ich lese also *māhyāh* 'des Monats', vergleichbar aw. *azī-* 'trächtig', gen. *azyā̊*. Diese meines Erachtens treffende Deutung wird D. Weber in einer geplanten Veröffentlichung näher begründen.

Um auf das in der persischen Keilschrift im Auslaut nicht geschriebene *-h* zurückzukommen, so gewinnt man den Eindruck, als sei im Altpersischen der Darius-Zeit der einstige *ah*-Auslaut der Nom. Sg. Formen der *a*-Stämme zu *-a* verstummt, während wurzelhaftes *-ah* in der Keilschrift in der Regel wenigstens durch Alef angedeutet wurde.

Das Phonem δ

Der von Aramäern und Elamern vereint ersonnenen Zwangsjacke der persischen Keilschrift ist auch das Phonem δ zum Opfer gefallen, das Wolfgang P. Schmid für das Altpersische postuliert hat (IF 1964, 265). Die Elamer, die in ihrer eigenen Schrift ja nicht einmal zwischen *d* und *t* unterschieden, fanden wohl, daß das persische Graphem *d* auch für das Phonem δ ausreiche. Aramäer und Akkader umschrieben es zumeist mit *z*, wohl weil sie diese Wörter schon aus medischem Munde kannten. Eine Ausnahme bildet das 'persianisierte' *gdbr* = *ganδabara* 'Schatzmeister' im Buch Daniel 3,2, wo das *d* nach den Gesetzen der aramäischen Schrift und Sprache spirantisiert wird, während in Esra 1,8 medisch *gzbr* = *ganzabara* geschrieben ist. Vgl. zu *gdbr* auch M. Mayrhofer, „Die Rekonstruktion des Medischen" (*Anz. Österr. Akad. d. Wiss.* 1968, 14f.).

Bei meinen Überlegungen zum Phonem δ im Altpersischen bin ich zunächst von dem vorerwähnten Eigennamen *dᵃᵗᵘuvhy* ausgegangen. In der akkadischen Fassung von DB Absatz 68 lautet er *za-aʾ-tu-uʾ-a*. Das erste Glied des Namens haben W. Eilers und M. Mayrhofer unabhängig voneinander und gleichzeitig als 'von Geburt' (gemäß ai. *jātu*) richtig gedeutet (vgl. M. Mayrhofer in der Fs. für Wilhelm Eilers [Wiesbaden 1967] 217). Das zweite Glied des Namens wollte M. Mayrhofer in — tatsächlich gemeintes — *vaṇyah* emendieren. Aber dies ist, wie oben schon bemerkt, nicht nötig: ap. *vhy* genügt den elamischen Schrifterfindern zur Wiedergabe von *vahyah-* völlig. Somit läßt sich der Name als *δātuvahyah-* = 'von Geburt besser' lesen und deuten. Ähnlich schon E. Herzfeld (*ApI* [1938] 58).

In medischer Ausprägung erscheint der Name später auf einem aramäischen Lederbrief (Driver S. 57) als *zātuvahyah-*, geschrieben *ztwhy*, und wohl auch auf einem Hauma-Mörser aus Persepolis (Nr. 5 : 2), den R. A. Bowman (S. 78) — nach einer Kopie von G. G. Cameron — irrig *Gāθā-vahya*(?) las. Der erste Buchstabe ist heute aber ganz verschwunden und war sehr wahrscheinlich ein *z*, d. h. es stand [z]*twhy* da.

Einem Einwand ist noch zu begegnen: im Elamischen wird dieser Name *da-ad-du-man-ya* geschrieben, was Rüdiger Schmitt (KZ 1970, 16) zu einer Lesung *Dāt[ū]-vanya-* = 'von Natur siegreich' veranlaßt hat Dann würde man aber eine ap. Schreibung *-vny* erwarten müssen, nicht *-vhy*. Die Wiedergabe mit *-man-* dürfte lediglich ein Versuch der elamischen Schreiber sein, ap. *-vahyah-* wiederzugeben, das in ihren Ohren nasaliert klang. Denn ganz parallel haben elamische Sekretäre persisches *patiyāvahyai* 'ich betete, flehte' (DB Absatz 13) als *bat-ti-ya-man-ya-a* transkribiert, das deswegen keineswegs *patiyāvanhyai zu lesen und mit Jacob Wackernagel als Futurum historicum aufzufassen ist. Etwas anders liegt der Fall des Eigennamens, der in PF 473 in elamischer Umschrift als *man-ya-iš-kur-ra* erscheint. Ihn hat Ilya Gershevitch ('Amber' [1969] 204) m. E. richtig als „he who does what is better" gedeutet und durch **vanhyas-kara-* wiedergegeben, also mit Nasal. Ich halte diesen Namen für ostiranisch. Sein persisches Gegenstück erscheint in PF 1757 als *mi-iš-kar-ra* = **vahyaskara-* 'Bessermacher'.

Parallel zu *δātuvahyah-* ist in DB Absatz 40 der Name des Persers *vhyzdˀt* als *Vahyazdāta* (mit spirantisiertem *d*) = 'der Bessergeborene' aufzufassen, gegen E. Benveniste (JA 1958, 54), der dafür an einer Bedeutung „créé meilleur" festhält trotz seiner eigenen richtigen Übersetzung „né désirable" für elamisch *ma-ri-ya-da-da* = persisch *Varyaδāta.

*

Die Existenz des Phonems *δ* im Altpersischen ist damit freilich noch nicht bewiesen. Beweisend sind jedoch die schwankenden Wiedergaben in elamischen Umschreibungen, nämlich Schwankungen beim selben Laut zwischen *z* und *d*, oder zwischen *s* (in elamischer Schrift *š*) und *d*, die ein Phonem *δ* meinen. Das verhältnismäßig reiche Belegmaterial der persischen Eigennamen in elamischer Umschreibung hat den Nachteil, daß sich hinter Namen mit schwankender Schreibung möglicherweise Iraner verschiedener Herkunft verbergen, so daß eine Schreibung mit *z* etwa einen Meder, eine Schreibung mit *d* einen Perser meinen kann. Nur wenn beim Namen *einer und derselben Persönlichkeit* Schwankungen zwischen *z* und *d* auftauchen, ist es zulässig — und geboten —, auf ein persisches Phonem *δ* zu schließen.

Ein solcher Eigenname kommt in PF 1110 und PF 1111 vor. Er gehört einem persischen Beamten, der dafür sorgte, daß einem Maurermeister (*ti-ud-da.hu-ut-ti-ra* = *diδā*-Macher) Verpflegung für die ihm unterstellten Anstreicher (elamisch *kar-su-ip* 'Maler') ausgehändigt wurde. Der Name dieses Beamten lautet im ersten Täfelchen *šá-an-du-pír-za-na*, im zweiten *tan-du-pír-za-na*. Das ergibt für das erste Glied des Namens ein persisches **δantu-* 'Stamm'. Derselbe Name (ob derselbe Mann, ist nicht sicher) kommt in PF 1963 als *da-an-du-pír-da-na* vor, hinter dessen zweitem Glied sich ein persisches *-brdˀn* verbirgt. Für den Namen im ganzen erhalten wir somit *dantubrδāna, (nach I. Gershevitch, 'Amber' 229f. ein Patronymicon) von **δantubrδa-* = 'der den Stamm hochbringt', zu aw. *zantu-* bzw. *bərəz-*.

Als weiteren Beleg für die Existenz des Phonems *δ* im Altpersischen führe ich den Ortsnamen auf, der in den Hofkammertäfelchen aus Persepolis bald als *ha-šá-ra-an*, bald als *ha-da-ra-an* erscheint, wobei *-an* im Elamischen eine Art

Locativ ist. Ich deute den Ortsnamen als persisch *Haδahra = 'tausend', entsprechend aw. *hazanra-*, ai. *sahásra-*.

Weitere Belege liefern die elamischen Umschreibungen der persischen Monatsnamen *b⁾gy⁾dⁱiš* und *⁾çiy⁾dⁱiy*. Der erste wird zumeist *ba-gi-ya-ti-iš* transkribiert, der zweite meist *ha-ši-ya-ti-iš*. Beim ersten kommt einmal jedoch auch die Schreibung *ba-gi-ha-zí* vor, beim zweiten dreimal die Schreibung *ha-ši-ha-zí*. Gemeint sind offensichtlich *bāgayādiš* und *āçiyādya*.

Bei der Transkription altpersischer Wörter wird man daher in allen Fällen, wo einem keilschriftlichen *d* im Awestischen (und Medischen) ein *z*, im Altindischen ein *h* oder *j* entspricht, δ anzusetzen haben, nicht wie bisher *d*.

Beispiele: ap. *⁾dm* 'ich' = *aδam* wegen aw. *azəm* und ai. *ahám*; *drnym* 'Gold' = *δaranyam* wegen aw. *zaranya-* und ai. *híranya-*; *⁾rdtm* 'Silber' = *rδatam* wegen aw. *ərəzata-* und ai. *rajatá-*; *-dⁱiy* (emphatische enklitische Partikel) = δī wegen aw. *zī* und ai. *hí*; *vrdnm* 'Stadt' = *vrδanam* wegen aw. *vərəzəna-*, ai. *vṛjána-*. Diese Belege für das altpersische Phonem δ mögen fürs erste genügen; sie finden sich vollzählig in Kapitel IV.

*

Aber nicht δ allein wird in der persischen Keilschrift nicht ausgedrückt; dasselbe gilt für das Phonem β als spirantisiertes *b*. Allerdings habe ich in den elamischen Umschreibungen bisher nur drei Belege gefunden.

Der eine verknüpft sich mit der persischen Bezeichnung für das Hohlmaß der 'Artabe', elamisch umschrieben *ir-ti-ba*, *ir-du-ba-am*, *ir-da-ba-um* und *ir-da-ma-um* (PFT S. 705). In aramäischer Umschrift erscheint die Artabe als *⁾rdb*. Diese zwischen *b* und *m* schwankenden elamischen Schreibungen deuten auf ein ap. *rdβam; das Wort ist schon von G. G. Cameron (brieflich, 1956) zu aw. *ərədva-*, *ərəδwa-* 'hochgereckt' gestellt worden.

Ein zweiter Beleg für spirantisiertes *b* im Altpersischen dürfte sich in dem Eigennamen *ra-pi-ut-be-na* und in der wohl gleichlautenden Ortsbezeichnung *ráp-pi-iš-be-na* finden, nach I. Gershevitch ('Amber' S. 226) *Rapiθβāyana zu lesen, als Patronymicon zu dem persischen Wort für 'südlich', aw. *rapiθwina-*.

Ein dritter Beleg dürfte in dem Eigennamen vorliegen, der elamisch *ú-pír-ri-ra* umschrieben ist (PF 1950). In ihm hat I. Gershevitch ('Lion' [1970] 91) einen *hu-brira- 'giving a good yield' erkannt, entsprechend aw. *xᵛawrīra*, d. h. es ist persisch *huβrīra- gemeint.

*

Nachdem die Phoneme δ und β im Altpersischen aufgezeigt werden konnten, wird man logischerweise auch das Vorhandensein des Phonems γ unterstellen müssen, auch wenn es in der persischen Keilschrift so wenig auftaucht wie δ und β. Strenggenommen müßte man also *⁾griy* 'treu' *āγrya-* umschreiben, *tigr⁾m* 'spitz' (acc. sg. fem.) *tiγrām*, und so fort. Da aber das persische spiranti-

sierte *g* in keiner der Nebenüberlieferungen ahnbar wird und auch das
Gathische beispielsweise *baga-* schreibt statt jungaw. *baγa-*, schlage ich vor,
das Phonem *γ* in der Transkription unbeachtet zu lassen.

Grundsätzlich kann ich jedoch E. Benveniste nicht beipflichten, wenn er
(in seinem Aufsatz „Le système phonologique de l'iranien ancien" [BSL 1968]
S. 60) sagt: „Ainsi les sons notés *w δ γ* dans l'Avesta sont a exclure du tableau
des phonèmes" und (S. 62) für das Altpersische dasselbe fordert. Vielmehr hat
Gernot L. Windfuhr (JAOS 1971, 104–124) durch scharfsinnige schriftkund-
liche Untersuchungen für das Awestische das Vorhandensein dieser Phoneme
erwiesen und gezeigt, daß es sich beim Awestischen um eine sehr differenzierte
Sprache gehandelt hat, für deren phonetisch genaue Wiedergabe ursprünglich
60 Zeichen vonnöten waren. Wahrscheinlich ergäbe sich für das Altpersische
dasselbe Bild, stünde dem nicht die so gänzlich unzureichende persische Keilschrift im Wege.

5. Medismen

Manfred Mayrhofer hat in seinem Beitrag „Die Rekonstruktion des
Medischen" (*Anz. Österr. Akad. d. Wiss.* [Wien 1968] 1–22) klar zusammengefaßt, was zu den Kennzeichen des Medischen im Unterschied zum Altpersischen gehört, darunter vornehmlich und unbestritten medisch *sp* (ai. *śv*)
gegen ap. *s*, und medisch *f* (ai. *sv*) gegen ap. und aw. *xv*.

Für medisch *f* gegen ap. *xv* liefern einen neuen Beleg die aramäischen Aufschriften auf Ritualgefäßen aus Persepolis, auf die ich in Kapitel II, Abschnitt 2 ausführlich zu sprechen komme. Auf fünfen dieser Geräte findet sich
die iranische Kennzeichnung der Steinart, aus der sie gefertigt sind (Belege
bei Bowman, Index S. 191). In einem Falle lautet diese Bezeichnung
[ʾḥš]nḥwyn, in vier Fällen dagegen ʾḥšynpyn. Im ersten Falle liegt persisch
*axšaina-xvaina vor, in den anderen Fällen — also weit überwiegend —
medisch **axšaina-faina*, beides in der Bedeutung etwa 'türkisfarben'. Vielleicht
hilft dies dazu, aw. *xvaēna-* in seiner ursprünglichen Bedeutung näher zu be-
stimmen, das im *AirWb.* Sp. 1861 mit 'glühend, lodernd' (von Metall gesagt)
übersetzt ist. Das Überwiegen der medischen Form gegenüber der persischen
auf den Ritualgefäßen zeugt von starkem medischem Spracheinfluß am
Königshof zu Persepolis.

Dieser bekundet sich uns naturgemäß vor allem im Namengut, aber auch
in sonstigen Bezeichnungen, die der Zufall iranischer Wiedergaben in elamischen Urkunden überliefert hat.

In PF 1831 : 9 taucht als Berufsbezeichnung *pa-ut-tar-rák* auf. Da ihr
Träger, Huštāna, damals am Hofe mit Wein zu tun hatte, deutete ich das
Wort etwa als 'Mundschenk'. Ich glaube nun, zeigen zu können, daß das
elamische Zeichen *pa* in der Regel iranisches *fa* wiedergibt. Einige Beispiele:
ba-qa-pa-ir-na = *ba-qa-bar-na* = **Bagafarnah-*; *na-pa-še* (PF 729 : 7), bereits
von I. Gershevitch (*apud* Hallock, PFT S. 736) als **nāfa-* m. 'Familie' erkannt

(wohl als *nāfa-šai 'seine Familie' aufzufassen); pa-ir-na-da-da = *Farnadāta; bat-ti-ra-am-pa = Πατιράμφης, und viele mehr.

Für das vorerwähnte pa-ut-tar-rák erhielten wir auf diese Weise *faθrak (medisch), in schon 'parthischer' Form statt *fāθraka-. Ihm entspräche ap. *xvāθraka-, eine ka-Ableitung zu aw. xvāθra- n. 'Wohlbehagen, Wonne'. Die medische Berufsbezeichnung aus dem Hofbereich dürfte somit einen 'Wonnling', d. h. einen 'Genußverschaffer' meinen, was für einen 'Mundschenken' ganz angemessen erscheint.

Der persische 'Speicher' erscheint in den elamischen Täfelchen in der Regel als am-ba-ra = np. aṃbār. In PF 1955: 18 findet sich dafür am-ba-ráš; im selben Hofkammertäfelchen, nur eine Zeile tiefer, in genau parallelem Kontext, steht aber pa-mi-ráš. In PF 238 findet sich in Zeile 6f. der 'Speicherwart', persisch (in elamischer Umschreibung) am-ba-ra-bar-ra, in Zeile 10f. in wiederum ganz parallelem Kontext pa-mi-ra-bat-ti-iš, was einen 'Speicherchef' meinen muß. Mit anderen Worten: pa-mi-ra ist ein Synonym für 'Speicher'. Mit einer Lesung pa = iranisch fa ergibt sich daraus *favira. Trotz eines (durch dissimilatorischen Schwund) ausgefallenen r erblicke ich darin die medische Entsprechung zu aw. xᵛawrira- = 'gute Ernte [gewährend]', d. h. es dürfte medisch *faβrira- zu lesen sein im Sinne von 'Ernte[speicher]', dem ein *faβrira-patiš vorstand.

Ein iranischer Beamter, der mit Pferden zu tun hatte, trägt in PF 1942: 11 den Titel pa-sa-na-bat-ti-iš, den man ersichtlich medisch als *faθāna-patiš zu lesen hat. E. Benveniste hat (JA 1958, 60) in pír-ra-sa-na- ein ap. *fraθāna- 'Schleifer' erkannt, zu ai. śāṇaḥ 'Schleifstein'. In beiden Fällen dürfte somit eine Wurzel *θāna- 'reiben' vorliegen, und unser *faθāna-patiš wäre dann ein 'Chef der gut-Reibenden', d. h. ein 'Oberster der Pferdestriegler'. Das erste Glied dieses Titels erscheint als halb medisch, halb persisch, denn rein medisch würde man wohl *fasāna- erwarten müssen.

Leider sind die elamischen Schreiber mit dem Zeichen pa nicht konsequent verfahren: in PF 439 erscheint ein Beamter ap-pi-na-pa, in PF 440 derselbe als ha-pi-na-ab-ba. Es liegt also kein *apināfa-/*abināfa- vor, sondern wohl ein *apinapā- = 'Urenkel'. In dem Eigennamen pa-ra-da-da (PF 748) wird man wegen aw. paraδāta- das Zeichen pa nicht fa lesen dürfen, sondern das Wort als ap. *paradāta- 'vergeben' deuten müssen. Den von R. T. Hallock damit identisch erklärten Namen bar-da-ad-da (PF 515 — nicht denselben Mann bezeichnend!) wird man aber möglicherweise doch medisch *fardāta- = ap. *xvardāta- 'Sonnengeschaffen' deuten können. Den Eigennamen mi-iš-pa-na (PF 51) wird man wohl auch besser persisch deuten als *vahyaspāna- 'besser schützend' als medisch *vahyasfāna- = ap. *Vahyasxvāna- 'besser rufend'.

Obwohl also die Schreibregel el. pa = iran. fa nicht durchweg gültig ist, erbringt sie doch eine ganze Anzahl neuer Medismen. Sie schärfen den Blick dafür, zu erkennen, daß im Persischen der Darius-Zeit medischer Einfluß weit tiefer reichte, als man bisher angenommen hat. Man sollte daher viel stärker als bisher auf Abweichungen des Altpersischen von awestischen Schreibungen achten, die damit zugleich einen Unterschied des Persischen zum Medischen beinhalten.

Einer der deutlich erkennbaren Unterschiede zwischen medisch und altpersisch bezieht sich auf die Lautgruppe -st- und -št-. Rüdiger Schmitt (in *Die Sprache* 1967, 208–211) versuchte zu zeigen, daß beim Wechsel von *hufrasta-* und *hufrašta-* für 'wohlbestraft' in der Behistan-Inschrift das erste medisch, das zweite persisch sei, weil *hufrasta-* eine 'traditionell-obsolete', *hufrašta-* dagegen eine 'modernere' Form darstelle. Ich vermag mich dieser Argumentation nicht anzuschließen, halte jedoch auch dafür, daß die beiden Formen eine Dialekt-Verschiedenheit bezeugen. Nur daß ich umgekehrt die Formen mit -št- für medisch, die mit -st- für persisch halte.

Zu verweisen wäre hier vor allem auf Paul Tedesco („Dialektologie der westiranischen Turfantexte", *Monde Oriental* 15 [Paris 1921] 184 ff.) sowie auf Wolfgang Lentz (ZII 4 [1926] 257 ff.). E. Benveniste (*Grammaire* [1931] 72) äußerte sich behutsam im selben Sinne: "il semble que -št- soit septentrional et -st- méridional"; er wollte aber keine Regel aufstellen, weil die Formen durcheinander gehen. Letztes ist tatsächlich der Fall, aber nicht, weil die Regel nicht gültig wäre, daß -št- medisch, -st- persisch ist, sondern weil nach meinem Eindruck das Altpersische der Achämenidenzeit sich bedenklich einer *medisch-persischen Mischsprache* angenähert hatte.

Auch W. Eilers hat (in seinen *Beamtennamen* [1940] 100) aus armenisch *hreštak*, das über das Parthische von medischem **fraištaka-* 'Sendbote' herrührt, geschlossen, „daß eine dialektische Spaltung zwischen dem -št- bewahrenden Norden und dem -st- bevorzugenden Süden vorliegt". Die in Esra 4,9 bezeugten Sendboten, nämlich ᵓprstkyᵓ, sind somit persische **fraistakā*. W. B. Henning erwähnte brieflich gegenüber W. Eilers, das Parthische kenne kaum einen Übergang von *št* zu *st* (a.a.O. S. 101, Anm. 1), und dies bestätigt sich bei einer Durchmusterung des parthischen Index bei A. Ghilain, *Essai sur la langue parthe* [Löwen 1939]. Gegen R. Schmitt scheint mir also daran festzuhalten sein, in -št- medische Formen zu erblicken, in -st- altpersische.

Beispiele:

Außer *hufrašta* und *hufrasta* ist hier zu nennen der Unterschied zwischen ap. *rāstam* 'Recht', das awestischem — also auch medischem — *rāštəm* und parthischem *rāšt* entspricht; *rštā-* 'Gerechtigkeit' ist dagegen auch bei Darius medisch. Das Wort für 'Lanze', *ršti-* in **rštibara* 'Lanzenträger', wird auch durch die akkadische Umschreibung *aš-ta-bar-ri* als medisch (wegen -št-) wahrscheinlich gemacht; die Schreibung *srstibr* (verschrieben statt **ᵓrstibr*) dagegen deutet auf ein **rstibara* als persische Entsprechung (so auch E. Benveniste, *Grammaire* S. 54). Den aramäisch umschriebenen Eigennamen ᵓdwst auf Ritualgefäßen aus Persepolis (Bowman S. 76, vgl. unten Abschnitt II, 2) möchte ich persisch **āδusta* lesen, was einem awestischen (also auch medischen) *āzušta-* = 'der besonders Beliebte' entspräche, wobei *zušta-* PPP von *zaoš-* = 'Geschmack finden an' ist. In Gegensatz zu dem von W. Eilers (*Beamtennamen* S. 100) ermittelten Personennamen *Patištāna* (akk. *pa-ti-iš-ta-na-aʾ*) mit 'medischem' *-št-* steht persisch *ardastāna* 'Fenstergewände' (wörtlich wohl: 'Halbstand'); W. B. Henning hat (*Numismatic Chronicle* 1956, 328 in Anm. 1) gezeigt, daß np. *āstān* 'Schwelle' auf dieses Wort zurückgeht, während Gikyō Itō (in *Orient* 6 [Kyoto 1970] 15–24) — nicht überzeugend — dafür eine Bedeutung 'treasure house' verficht.

*

Ein weiterer Unterschied zwischen medisch und altpersisch scheint mir in anlautendem *sk-* bzw. *šk-* vorzuliegen, obwohl es dafür nur einen einzigen Beleg gibt: *skauθiš* 'der Arme' findet sich einmal (DB 4. 65) verschrieben im Accusativ als *škaurim* für gemeintes **škauθim*. Die Schreibung *sk-* halte ich für medisch bzw. nordiranisch (man vergleiche den Namen des Saken Skunxa), weil im Parthischen entsprechend *ʿskwh* für 'arm' erscheint. Die Schreibung *šk-* hingegen halte ich für persisch, sie hat sich im Sogdischen als *škwrδ* 'schwierig' erhalten (vgl. M. Mayrhofer, *Handbuch* [1964] 142). Das Sogdische geht nämlich, wie Dieter Weber näher begründen wird, vielfach mit dem Altpersischen überein.

*

Ein weiteres unterscheidendes Merkmal zwischen Medisch und Persisch liegt nach meiner Meinung vor bei zwischen *t* und *θ* schwankenden Schreibungen im selben Wort. Die Belege sind:

In seiner Grabinschrift DN*b* verwendet Darius das Wort *fratara* im Sinne von 'überlegen', 'erhaben über' an einer Stelle, wo Xerxes in der auf seinen Namen lautenden Abschrift *fraθara* hat (vgl. meine *Altiranischen Funde und Forschungen* [1969] S. 46 und 50). Umgekehrt gebraucht in dieser Inschrift Darius die Schreibung *xraθum* für 'Weisheit', wo Xerxes *xratum* hat. Ich glaube nicht, daß bei diesem zweiten Beispiel in *xraθum* eine Übernahme aus den obliquen Casus vorliegt, welche *-θv-* haben; dieses Argument würde jedenfalls bei *fraθara* keinesfalls anwendbar sein. Vielmehr halte ich die Schreibung mit *-t-* für medisch, weil sie mit dem Awestischen und Altindischen überein geht, die Schreibung mit *-θ-* aber für persisch. Hierher gehört wohl auch ap. *gāθu-* 'Stätte' für aw. *gātu-*.

*

Daß iranisches **sr* (wie im Medischen und Awestischen) im Persischen zu *ç* wurde, wird unten (II, 2) deutlich werden. Auf weitere, von anderen Forschern herausgearbeitete Unterschiede zwischen dem Medischen und dem Altpersischen sei hier nicht weiter eingegangen. Vielmehr möchte ich lediglich eine Liste der Unterscheidungsmerkmale anfügen, welche alles bisher Erarbeitete zusammenfaßt. Es entsprechen sich in der Regel:

Medisch:	Altpersisch:
sp	*s*
s	*θ*
sr-	*ç*
sk-	*šk-*
-št-	*-st-*
-t-	*-θ-*
-θr-	*-ç-*
-θy-	*-šy-*
fa-	*xva-*
z	*δ*
zb	*z*
-xm-	*-hm-*

Als letztes: in zusammengesetzten Eigennamen, deren erstes Glied ein Partizip Präsens ist, bewahrt das Medische *-t*, während es im Altpersischen fortfällt. So erweist der Name *Baratkāma* (Hofschatzwart des Darius und Xerxes) seinen Träger als Meder; als Perser hätte er *Barakāma* geheißen. Zum einzelnen sei auf Manfred Mayrhofers *Rekonstruktion des Medischen* [1968] verwiesen, besonders auf S. 8ff.

ALTPERSISCHES SPRACHGUT DER NEBENÜBERLIEFERUNGEN

In diesem zweiten Kapitel soll gezeigt werden, was zur Mehrung des altpersischen Sprachgutes der aramäischen und vor allem der elamischen Nebenüberlieferung abgewonnen werden kann.

Das bisher verwertete persische Sprachgut in *aramäischem* Gewand ist, sieht man von Bibel und Talmud ab, vornehmlich in den Lederurkunden und Papyri aus Ägypten enthalten, die von A. Cowley, G. R. Driver und E. G. Kraeling veröffentlicht worden sind. Hinzu kommt jetzt das neue aramäische Material aus Persepolis: zum einen 163 aramäische Aufschriften auf steinernen Hauma-Ritualgefäßen (Mörsern, Stößeln und Untersätzen) aus der Zeit zwischen 479 und 435 v. Chr., welche Raymond A. Bowman in seinem Buche *Aramaic Ritual Texts from Persepolis* [Chicago 1970] herausgegeben hat; zum andern aramäische Aufschriften auf elamischen Tontäfelchen aus Persepolis, deren Veröffentlichung durch denselben Gelehrten zu erwarten ist.

Das *elamisch* überlieferte, altpersische Sprachgut begegnet zum kleineren Teil in den elamischen Fassungen der Achämeniden-Inschriften. Reichlicher findet es sich in den von George G. Cameron in seinem Buche *Persepolis Treasury Tablets* [Chicago 1948] erschlossenen 'Schatztäfelchen' aus der Zeit zwischen 492 und 458, mit Nachträgen in JNES 1958, 161–176 und in JNES 1965, 167–192 (mit Beiträgen von Ilya Gershevitch). In großer Fülle ist es in den 'Hofkammertäfelchen' der Zeit zwischen 509 und 494 aus Persepolis enthalten, von denen Richard T. Hallock als ersten Teil 2086 Urkunden veröffentlicht hat in seinem lange und sehnlich erwarteten Buche *Persepolis Fortification Tablets* [Chicago 1969, vgl. meinen Besprechungsaufsatz in *Or.* 1970, 421–440].

Besonders ergiebig ist die *vereinte* Auswertung aramäischer und elamischer Quellen. Dies mögen die folgenden Beispiele belegen.

1. *Aramaica aus Ägypten*

In Hofkammertäfelchen (*Fortification Tablets*, Sigel: PF), welche Reiseproviant verbuchen, findet sich statt des elamischen Ausdrucks *hal-mi* = 'Siegel' oder 'gesiegelte Urkunde' häufig dessen altpersische Entsprechung, elamisch verkleidet als *mi-ya-tuk-qa* oder *mi-ya-tuk-kaš*. Bei den so bezeichneten Urkunden handelte es sich um behördliche Verfügungen, die — oft auf den Herrscher selbst zurückgehend — dem Inhaber unterwegs Anspruch gaben auf Verpflegung aus den königlichen Magazinen, die sich überall an den Heerstraßen des Achämenidenreiches befanden. Im Original ist nur eine einzige solche Urkunde auf uns gekommen, allerdings keine elamisch, sondern eine aramäisch abgefaßte, nämlich unter den Briefen, die Prinz Arsames als Satrap von Ägypten an seine Domänenverwalter gerichtet hat (vgl. G. R. Driver, *Aramaic Documents of the Fifth Century B. C.* [Oxford 1965], Brief VI, dazu E. Benveniste, „Notes sur les tablettes élamites de Persepolis" [JA 1958, 63 ff.]).

Die altpersische Benennung einer solchen Urkunde war bisher unbekannt. Sie läßt sich jedoch aus der vorerwähnten elamischen Umschreibung *mi-ya-tuk-qa* gewinnen. Da das elamische Zeichen *tuk* damals gesprochenes *tik* wiedergibt, erhält man für die Bezeichnung besagter Urkunden ap. *viyātika-* mit der Bedeutung 'Passierschein' oder einfach 'Paß', zu ai. *viyāti-* 'reist durch', in einer der im Altpersischen so beliebten *ka*-Ableitungen.

In der vorerwähnten aramäischen Ausfertigung eines solchen Passes verfügte Prinz Arsames um 410 v. Chr. für einen seiner nach Ägypten reisenden Beamten, die Verwalter seiner Güter auf dem Wege von Susa über Mesopotamien und Syrien sollten ihn mit Proviant versehen, und zwar unter anderem mit täglich „zwei Maß Mehl, weiß; drei Maß Mehl, *rmy*". Das letzte Wort hat G. R. Driver, da es sich dabei um eine Kennzeichnung geringeren Mehles zu handeln scheint, als aramäisch im Sinne von 'rejected' gedeutet. Aber *rmy* ist nicht aramäisch, sondern persisch.

In den elamischen Hofkammertäfelchen (*Fortification tablets*) erscheint dieses Wort nämlich als *ra-mi, ra-mi-ya* und *ra-mi-ya-um*, offenbar *ramya-* zu lesen. Es bezeichnet aber nicht lediglich eine Eigenschaft von *Mehl*. PF 726 erwähnt zwei Krüge *Öl*, welche „vor dem König", also bei einem Festmahl in Anwesenheit des Darius, verbraucht wurden, mit derselben Qualifikation *ra-mi*. In diesen Zusammenhang gehört auch das Susa-Täfelchen Nr. 308, das erst R. T. Hallock zu entziffern vermochte (PTT [1969] S. 25; das Täfelchen selbst in *Mém.* 11 [1911] S. 101). Darin ist von 64 Krügen GIŠ.ì.lg. *ra-mi* UDU.NITÁ.lg. *na* die Rede, also von als *ra-mi* bezeichnetem *Hammelfett*, das „vor dem König" in fünf Dörfern bei Susa verbraucht wurde (500 v. Chr.). Andere Belege sind PF 835, wonach *Hirsemehl* ausgegeben wurde, und PF 839, wo von *Röstgerste* die Rede ist, beide Male mit dem Qualitätsvermerk *ra-mi-ya-um*. Endlich werden (in PF 999) Frauen erwähnt als *tuk-li ra-mi-ya hu-ut-ti-ip*. Hierbei bedeutet *huttip* 'Macher' bzw. 'Macherinnen', während unter *tikli* 'Gewänder' zu verstehen sind; vgl. dazu meinen Beitrag „Zu den Zeughaustäfelchen aus Susa" zur Festschrift für Wilhelm Eilers [Wiesbaden 1967] 85f. Das Eigenschaftswort *ramya-* hat somit einen recht weiten Anwendungsbereich. Im Hinblick auf ai. *ramyà-* 'schön, gefällig' würde ich ap. *ramya-* mit 'fein' wiedergeben. Dies paßt sowohl auf Mehl, Öl usw. wie auch auf die 'Verfertigerinnen feiner Gewänder'. Zu beachten ist allerdings, daß bei Mehl die Eigenschaft 'weiß' anscheinend noch über der Qualitätsbezeichnung *ramya-* 'fein' stand.

*

Sowohl im Buche Esra (5,3) wie im Papyrus 3 der Brooklyner Sammlung (Kraeling S. 163) kommt in aramäischer Umschreibung ein persisches *ʾšrn* vor, das Walter B. Henning — sicher richtig — *āčarna-* las, „a much discussed building term", den er fragend mit 'furnishings' wiedergab (*apud* Franz Rosenthal, *A Grammar of Biblical Aramaic* [Wiesbaden ³1968] 59). Derselbe Ausdruck begegnet mehrfach auch in Hofkammertäfelchen, elamisch umschrieben *ha-za-ir-na* oder *ha-za-ra-an-na* oder *ha-za-ir-na-um*, was *āčarna-* wiedergeben soll. Wie Henning habe auch ich (in *Or.* 1970, 424) das persische Wort zu späterem *āčār* gestellt, es aber irrig als 'Essigfrüchte' (was es heute bedeutet) aufgefaßt. Die wahrscheinlichste Bedeutung in alter Zeit dürfte mit Henning 'Ausstattungsgegenstände' oder — mit C. J. F. Dowsett (BSOAS 1970, 64f.) — 'Möbel' gewesen sein, nämlich wegen armenisch *ačaṙ* 'furniture'.

Zur Begründung: in PF 866 werden Angestellte des Hofschatzwartes (*ganzabara*) Baratkāma ihrer Rangfolge gemäß aufgezählt. Zur Spitzengruppe gehören ein Sekretär (el. *ti-pi-ra*), ein Lagerwart (el. *e-ti-ra*) und mehrere *ba-ri-kur-ráš* (hierzu sogleich), welche sämtlich eine monatliche Gerstezuteilung von 40 Maß (*qa*, zu je 0,97 Liter) erhielten. Auf sie folgt ein Schatzwart (el. *qa-ap-nu-iš-ki-ra*) mit einer Monatsration von 35 Maß Gerste. Die dritte Gruppe, zwei *ra-mi-kur-ráš* (dazu sogleich) und einen *ha-za-ir-na-qa-ra* umfassend, erhielt nur jeweils 30 Maß Gerste, also die Normalverpflegung aller achämenidischen Handwerker und Arbeiter, auch der Sklaven. Ein *āčarna-kara* oder 'Möbelmacher' war somit einem *ra-mi-kur-ráš*, d. h. einem *ramya-kara* oder 'Feinarbeiter' gleichgestellt.

In den Urkunden des Satrapen Arsames findet sich auch die in obiger Aufzählung an dritter Stelle erwähnte Berufsbezeichnung *ba-ri-kur-ráš*. Jean de Menasce (*BiOr.* 1954, 162) dachte dabei an mp. und np. *bārik* 'fein, dünn', was grundsätzlich richtig sein dürfte. I. Gershevitch erwägt (*apud* Hallock, PFT S. 675) wegen ai. *pari-kara* ein ap. *pari-kara-* 'attendant(s)'. Dieses würde jedoch in elamischer Umschreibung als *bar-ri-kur-ráš* erscheinen; *ba-ri-* deutet vielmehr auf langes *ā* in der ersten Silbe. Ich würde daher lieber *bārya-kara-* lesen mit einer Bedeutung ähnlich wie *ramya-kara-*, nur eben eine Stufe höher. Als Kennzeichnung von Gewändern kommt *ba-ri-iš* in PF 999 vor, auch hier eine Stufe höher als *ra-mi-ya*. Die persische Aussprache liefert PF 1946:74, nämlich *ba-ri-ya*. Wenn man also *ramya-* als 'fein' einstuft, müßte man *bārya-* als 'superfein' bezeichnen. Entsprechend waren die in PF 1394:12 als *ba-ri-ya-iš* gekennzeichneten Pferde wohl 'Rassepferde'.

Die Deutung von *bārya-* als 'ganz fein' oder 'edel' paßt ausgezeichnet für das aramäisch bezeugte *brykrn* (pl.) in dem Brief des Arsames, in dem es um die Verfertigung einer Reiterstatue für den Satrapen geht: diese *bārya-karā* waren ersichtlich 'Künstler'. Freilich, in dem elamischen Hofkammertäfelchen PF 866 werden nicht weniger als 75 weibliche *bārya-karā* erwähnt, so daß eine Übersetzung 'Kunsthandwerkerinnen' eher angezeigt erscheint. Insgesamt handelte es sich bei den *bārya-karā* um Handwerker beiderlei Geschlechts, die zur Innenausstattung der Paläste beitrugen. Sie standen nur eine Stufe höher als die *ramya-karā* oder 'Feinarbeiter' und auch als die diesen gleichgestellten *āčarna-karā* oder 'Möbelmacher' mit ihren Normalrationen.

Zu den *āčarna-karā* ein ergänzendes Wort: für eine Übersetzung 'Möbelmacher' spricht auch PF 864, welches neunzehn Mann als *ha-za-ir-na-um.nu-ti-ip* erwähnt. Der elamische Wortstamm *nu-ti-* bezeichnet 'pflegliches Verwahren', z.B. von Saatgut. Die Aufgabe der Neunzehn war also das pflegliche Verwahren von *āčarna-*, also doch wohl von kostbarem Hausrat oder Mobiliar. In der Aufzählung des vorerwähnten Hofkammertäfelchens stehen die neunzehn 'Hausratpfleger' zwischen sieben 'Feinarbeitern' und vierzehn 'Holzwarten' (el. *malu-kutip*).

Ein weiteres altpersisches Wort, das sowohl in aramäischen wie in elamischen Urkunden auftaucht, ist *wršbr* bzw. *mar-šá-bar-ra*. Im ersten hat W. Eilers (*AfO* 17 [1954–56] 334) zu Recht einen Berufsnamen auf *-bara* gesehen. I. Gershevitch (*apud* Hallock, PFT S. 39) denkt — im Anschluß an W. B. Henning — an ein Wort *varša-bara* im Sinne von 'forester, nurseryman', was nicht zutreffen dürfte. Denn in den Hofkammertäfelchen besteht die Aufgabe der *mar-šá-bar-ra* durchgehends darin, den Arbeiter der Krone ihre Verpflegungsrationen zu beschaffen. Ich möchte das persische Wort daher *xvarša-bara* lesen und mit 'Speisewart' übersetzen. Das paßt gut auch für den in dem Brief des Prinzen Arsames erwähnten Palastdiener.

Zwar ließe sich einwenden, in der aramäischen Umschreibung *wršbr* des Wortes *xvarša-bara* fehle das Anfangs-*ḥ*. Dafür gibt es aber Parallelen.

Eine solche Parallele ist die aramäische Aufschrift *šsḥmr* auf einer achämenidischen *bulla* aus Tello, welche A. Goetze (in *Berytus* 1944, 99) als *xšatraḥmār* = 'imperial chamber of accounts' deutete; genauer muß es *xšaçahmāra-* heißen, auf deutsch etwa 'Reichsfinanzkammer'. Der entsprechende Beamtentitel, nämlich *hmāra-kara* 'Finanzrat' oder 'Rechnungsführer', kommt sowohl in den aramäischen Briefen aus Ägypten als *hmrkryʾ* (pl.) wie auch in einer aramäischen Beischrift zu dem elamischen Hofkammertäfelchen PF 281 als *hmrkrʾ* vor; in rein elamischen Zeugnissen ist er bisher noch nicht aufgetaucht.

Ein weiteres Beispiel für in aramäischer Umschreibung weggelassenes *x* vor *š* dürfte in Esra 5,6 und 6,6 der als *štr bwzny* überlieferte iranische Eigenname sein. W. Eilers (*Beamtennamen* [1940] 37) las ihn *Višta-baužana* als Kontamination von akkadisch *Uš/Iš-ta-bu-za-na-aʾ* und *Ša-ta-bar-za-nu*; dabei wird aber das *r* in *štr* außer acht gelassen. E. Benveniste (*Titres* [1966] 144) ging von der Septuaginta-Schreibung Σαθραβουζάνης aus und kam so zu einer Deutung 'jouissance du royaume', mit einem zweiten Glied *baujana* = ai. *bhójana*. Hiervon scheint mir nur das erste Glied richtig zu sein, das nach Benveniste's Übersetzung von ihm offensichtlich als *xšaθra-* 'Reich' gedacht war. F. Rosenthal (*Grammar* [1968] 98) faßt den Namen — wohl auf Grund einer Mitteilung von W. B. Henning — als ap. *Šātibrjāna* = 'desiring joy' auf, was nicht richtig sein dürfte. Ich treffe mich bezüglich des ersten Gliedes wie erwähnt mit E. Benveniste; hinsichtlich des zweiten gehe ich von der Septuaginta-Schreibung Σαθϱαβουϱζάνης, von akkadisch *ša-ta-bar-za-nu* und von aramäisch *štbrzn* (Cowley S. 15) aus und erhalte so für unseren Namen in Esra 5,6 und 6,6 ein medisches **xšaθra-brzāna-* als Patronymicon (vgl. I. Gershevitch, 'Amber' [1969] 182) zu **xšaθra-brza-* = 'der das Reich hochbringt', parallel zu dem persischen Namen, den wir oben als **δantu-brδāna-* kennenlernten, abgeleitet von einem, 'der den Stamm hochbringt'. Die entscheidende Parallele für weggelassenes *ḫ* vor *w* ist die aramäische Schreibung *pyšywd'* für *Paišyāxvādā* (S. 146).

*

Auf Papyrus 6 aus Elephantine aus dem Jahre 465 v. Chr. (Cowley S. 16) begegnet als Vertragspartner ein Chorasmier *drgmn*, Sohn eines *ḫršyn*. Im ersten Namen vermute ich einen **darga-manah-*, also einen 'von langem (= schwerfälligen) Sinne'. Den Namen des Vaters lese ich **xvarašyāna* als Patronymicon zu **xvarašya-* = aw. *xvaraiθya-* 'guter Sache dienend'. Auffälligerweise erscheint dieser Name, obwohl es sich um einen Chorasmier handelt, in *persischer* Form; denn aw. *-θya* wird im Altpersischen zu *-šya* (aw. *haiθya* 'wahr' erscheint ap. als *hašya*). Derselbe Name taucht elamisch umschrieben in PF 1577 auf als *pa-ir-še-na*, diesmal aber als medisch-persische Mischform **farašyāna*. Zu dem in der aramäischen Umschrift ausgelassenen *w* in *ḫršyn* verweise ich auf Kapitel II, Abschnitt 2.

Im Bruchstück 7 von Papyrus Nr. 66 bei Cowley findet sich ein iranischer Eigenname *'trprt*, den man wohl **ātr-frata* lesen muß, schwerlich **ātr-frāta*, wobei das zweite Glied das erschlossene altiranische **frāta-* 'Feuer' wäre, das in armenisch *hrat* fortlebt (vgl. R. Schmitt in ZDMG 1967, 136 und Anm. 139), synonym mit **ātr*. Unser Name entspricht etwa, nur mit Umstellung der Glieder, dem in Papyrus Nr. 51:13 bei Cowley erscheinenden *prtprn* = **fratafarnah-*. E. Benveniste (*Titres* [1966] 122) verweist dazu auf Φϱαταφεϱνης, gibt aber keine Übersetzung. Den griechisch überlieferten Frauennamen Φϱαταγούνη gibt er ebenda mit 'au teint supérieur, excellent' wieder, während R. Schmitt (*a.a.O.*) für 'feuerfarbig' eintritt. Für unseren Namen **ātr-frata* käme m. E. eine Deutung 'durch Feuer prima' o. ä. in Betracht, für **fratafarnah-* 'Prima-Glanz'.

In Papyrus Nr. 17:3 bei Cowley taucht ein *nštwn'* auf, das Franz Altheim (ZII 3 [1925] 37) richtig zu aw. *ni-štā-* 'instituere' gestellt und als 'Anordnung' übersetzt hat; dasselbe Wort findet sich auch in Esra 4,7 und 7.11. W. B. Henning übersetzt (*apud* F. Rosenthal, *Grammar* [1968] 59) 'written order', aus **ni-šta-van*, ossetisch *nystwan*. Wenn somit Bedeutung und Herleitung des (medischen?) Wortes feststehen, gilt dies noch nicht für die altiranische Wortform. E. Benveniste (*Grammaire* [1931] 169) gibt eine Umschrift *ništāvan*; auf S. 157 betont er, es sei das einzige ap. Wort mit Suffix *-van*. Wir kennen jedoch im Altpersischen auslautendes *-n* sonst nur in Verbalformen der 3. pl.; dagegen ist **rtāvan-* zu *rtāvā* (allenfalls *rtāva*) geworden. So erscheint eine

Umschreibung *ništāvana 'Verfügung' angezeigt, eine Abstrakt-Bildung auf -vana, deren uns noch mehrere begegnen werden.

*

Hier möchte ich noch eine Bemerkung einfügen zu der Aufschrift in aramäischen Lettern auf einer spätachämenidischen Silberschale, welche A. D. H. Bivar (BSOAS 1961, 189–199) veröffentlicht hat. W. B. Henning las dort einen iranischen Eigennamen Tirīfarnah- (S. 191). H. S. Nyberg (in der Fs. Carl Kempe [1964] 735–739) gab als berichtigte Lesung tngprn. Doch vermag ich Nybergs Deutung als *Tangafarn = „whose personal destiny is weighty (influential)" nicht beizupflichten. Auf der Schale ist nämlich zwischen tng und prn ein kleiner Zwischenraum. Ich würde daher ap. *θanga *prna lesen und „volles Gewicht" übersetzen. Gewichtsbezeichnungen sind auf iranischen Silberschalen sasanidischer Zeit häufig anzutreffen. Unter den Achämeniden dienten solche Gefäße offensichtlich auch als 'Zahlungsmittel'.

*

Zum Schluß dieses Abschnittes hebe ich noch ein seit langem umstrittenes iranisches Wort in biblischer Überlieferung heraus, nämlich htrštɔ in Esra 2,63 sowie in Nehemia 7,55 und 10,2, das sich ersichtlich auf den Statthalter in Juda bezieht.

S. Mowinckel schlug in seinen Studien zu dem Buche Ezra-Nehemia [Oslo 1964] I 1707f. vor, das Wort als einen iranischen Namen zu deuten, und zwar als *Ātr-čiθra-, also — in meiner Übersetzung — etwa als Herrn 'Feuer-Geblüt'. E. Benveniste hat (in Titres [1966] 120) diese Deutung abgelehnt, weil sie sich zu weit von den aramäischen und griechischen Umschreibungen des Wortes entferne, und damit hat er recht. E. Benveniste schlägt statt dessen vor: "On peut imaginer un nom tel que *Ātr-šāta." Das ergäbe — wieder in meiner Übersetzung — einen Herrn 'Feuerfroh'.

Allein, auch dieser Vorschlag überzeugt nicht, weil persisches anlautendes ā in aramäischen Umschreibungen stets durch Alef wiedergegeben wird, und ein solches fehlt hier.

M. N. Bogoljubov führt (in der Fs. V. I. Abaev [Moskau 1970] 40) eine überraschende neue Deutung vor: er faßt das Wort als die altpersische Bezeichnung für 'Mundschenk' und bezieht es auf Nehemia, der ja vor seiner Entsendung nach Jerusalem Mundschenk des ersten Artaxerxes gewesen war. Der Verfasser übermittelte mir am 5. Mai 1972 folgende Zusammenfassung seiner These:

"1. I prefer to see in htrštɔ not a proper name (as Benveniste, Titres, p. 120), but a title trštɔ (h = Hebr. def. article), cf. Ne 10:2 wɔl hḥtwmym Nḥmyh htrštɔ bn-Ḥklyh ("Now those that sealed were Nehemiah, the Tirshatha, the son of Hachaliah")."

"2. Iran. *tar-* 'to nourish', 'to drink', Bailey *Kh T* VI, *Prolexis* . . ., pp. 124, 159; Av. *θrima-* 'Nahrung', *AirWb.*, 809; Gershevitch, 'Amber', p. 236 (Elam. *Tirima* f. *θrimā-*)."

"3. **tarah-* : **tariš-* : **tari-* : **tar-* 'food'/'drink'; **tari-štā-* (like *raθaištā-*, *gawištā-*) 'who is standing by the food/drink' (*wᵓny hyyty mšqh lmlk* Ne 1:11, "for I was the King's cup-bearer")."

Diese These hat etwas Bestechendes; sie vermag mich indes nicht zu überzeugen. Zwar erblicke ich wie M. N. Bogoljubov in dem fraglichen Wort keinen Namen, sondern einen Titel, aber nicht eine Berufsbezeichnung, sondern einen *Würdetitel*, der mit der iranischen Wurzel *tars-* 'fürchten' zusammenhängt. Das haben andere (H. Zucker [1936], vor allem W. Rudolph [1949]) vor mir getan. E. Benveniste (*Titres* 120) hält einer solchen Auffassung entgegen, sie sei „invraisemblable *a priori* et qui d'ailleurs laisserait sans explication la première syllabe". Allein, diese erste Silbe *ha-* ist doch, wie M. N. Bogoljubov ebenfalls hervorhebt, einfach der hebräische bestimmte Artikel und schließt damit die Deutung des Wortes als Namen bereits aus.

M. Mayrhofer verdanke ich den Hinweis auf den kürzlich (in *Vetus Testamentum* 21 [1971] 618–620) erschienenen Beitrag von W. Th. In der Smitten „Der Tirschātāᵓ in Esra-Nehemia". Er will das Wort mit np. *tārasch* (gemeint ist wohl *tarāš-*) 'schneiden' zusammenbringen und mit 'der Beschnittene' übersetzen. Das überzeugt linguistisch nicht und verwandelt den Würdetitel Nehemias in ein persisches Hohnwort.

Ich lese das umstrittene Wort (*trštᵓ*) als **tršta-*, mit aramaisierendem Alef am Schluß, in der Bedeutung 'gefürchtet', zu aw. *taršta-*. Wohl pflichte ich M. N. Bogoljubov bei, daß dieser Titel Nehemia zukam, doch nicht in dessen früherer Eigenschaft als Mundschenk des Großkönigs, sondern in seiner jetzigen Eigenschaft als Statthalter von Juda. Man könnte den Würdetitel (mittelalterlich) mit 'Seine Gestrengen' wiedergeben.

2. *Aramaica aus Persepolis*

Nun zu dem neuen, aramäisch verkleideten, iranischen Sprachgut, das Raymond A. Bowman in seinen *Aramaic Ritual Texts from Persepolis* [Chicago 1970] erschlossen hat.

Die persischen Bezeichnungen für die Geräte, die zum Hauma-Ritual in Persepolis benutzt wurden, finden sich auf diesen selbst. Davon sind eindeutig *hwn* = **havana-* m. 'Mörser' (Bowman S. 73) und *ᵓbšwn* = **abišavana-* 'Stößel' (so Dieter Weber, nämlich aus *abi* plus *havana*, im Privatvorabdruck meiner *Neuen Wege* [Göttingen 1970] S. 15 sowie Manfred Mayrhofer in *Die Sprache* 1971, 69).

Dunkel ist noch die persische Bezeichnung für die 'Untersätze', auf welche Mörser und Stößel gestellt wurden: teils Schalen, teils eine Art von Tabletts.

Sie werden als *sḥrˀ* bezeichnet; die Deutung des Wortes ist noch offen (Bowman S. 49). Ich gebe zu erwägen, es zu dem gleichfalls rätselhaften Ausdruck GIŠ.*šá-u-mar-ráš* in den elamischen Hofkammertäfelchen zu stellen, der ursprünglich ein hölzernes Maßgefäß (wörtlich 'Schale'?) bezeichnet haben dürfte. Als altpersische Lesung schlage ich **saxvara-* vor für beides, für aram. *sḥrˀ* und el. *šá-u-mar-ráš*.

Freilich vermißt man in *sḥrˀ* ein *w*. Dies ist aber ganz unbedenklich. M. N. Bogoljubov hat nämlich in seinem Aufsatz „Aramejskaja nadpisˀ na serebrjanoj plastinke iz Irana" (im *Palestinskij Sbornik* 21 (84) [Leningrad 1970] 87–80) gezeigt, daß iranisches *xv* in aramäischer Umschrift vielfach einfach als *ḥ* erscheint, also ohne *w*. Belege dafür sind die aramäischen Schreibungen *ḥrzmy* für persisch *xvārazmya* 'Chorasmier' und das oben schon erwähnte *hptḥ* = ap. **haftaxva-* 'Siebentel' in dem achämenidischen Verwaltungstitel **haftaxva-pātā-* = 'Schützer eines Siebentels [einer Satrapie]'. Die richtige Deutung dieses Titels fanden M. N. Bogoljubov und W. B. Henning ungefähr gleichzeitig: der erste veröffentlichte die Lösung im *Palestinskij Sbornik* 1967, S. 22, der zweite in der Gedächtnisschrift für Paul Kahle [Berlin 1968], S. 138 ff.

M. N. Bogoljubov fand einen weiteren Beleg für Nichtschreibung von *w* in dem aramäisch geschriebenen Eigennamen *ḥnbndk* auf einer Silberplakette wohl parthischer Zeit, den er als **Xvan-bandak* = 'Sonnen-Diener' erklärt (*Pal. Sbornik* 1970, 87 ff.). Oben wurde bereits aramäisch *ḥršyn* von mir als **xvarašyāna* gedeutet.

Auf die übertragene Bedeutung von **saxvara-* 'Schale' (?) komme ich noch zurück.

Iranisches Namengut in aramäischem Gewand

Die meisten Aufschlüsse, die uns die aramäischen Beischriften auf den steinernen Ritualgefäßen aus Persepolis bieten, liegen auf dem Gebiet der Namenkunde.

Bezeichnenderweise sind die meisten Namen nicht persisch, sondern entweder ostiranisch oder medisch, was für die religionsgeschichtliche Beurteilung des Hauma-Kultes in Persepolis bedeutsam ist. Sehr viele Hauptpersonen der Geräte-Aufschriften tragen mit Mithra zusammengesetzte Namen, aber eben nicht in der persischen Form **Miça-*, sondern medisch oder ostiranisch *Miθra-*.

Im folgenden erörtere ich iranische Eigennamen in dem aramäischen Material aus Persepolis in der Reihenfolge, wie sie R. A. Bowman in seinen *Aramaic Ritual Texts* aufführt.

*

Nr. 1:1. Den aramäisch *ˀmdt* umschriebenen iranischen Eigennamen hat Bowman (S. 72) als **amadāta* richtig gelesen im Sinne von 'Starkgeschaffen', unter Verweis auf akkadisch *am-ma-da-a-tu*, auf den *Madatas* bei Xenophon und auf den *Hammedatha* in Esther 3,1, den Josephus als *Medāthā*, die Septuaginta als Ἀμαδάθης wiedergeben. In elamischer Umschreibung erscheint der Name in PF 1308 als *am-ma-da-ud-da*. Den Namen *ha-ma-da-da* in PF 1459 erwägt I. Gershevitch ('Amber' [1969] 177), als **hăma-zāta-* zu deuten = „'sharing his birth (cf. Ved. *jātá*)', of a twin or triplet". Es dürfte sich aber beide Male um denselben Mann handeln: in PF 1308 reist er von Susa nach Persepolis, in PF 1459 offenbar von Persepolis nach Susa. In beiden Fällen wird man also einen **amadāta* ansetzen müssen.

Nr. 1:2. Den am Anfang unvollständigen Eigennamen [. .]*mbwš* möchte ich zu [*h*]*mbwš* ergänzen und mit dem in PF 1094 elamisch überlieferten *am-ba-u-za*(?) gleichsetzen, den I. Gershevitch ('Amber' 176) zu ai. *sambhuj* gestellt und als **ham-bauǰa-* 'partaker' gedeutet hat, in meiner Transkription **hambauža-*.

Nr. 1:4. Den Namen *dtmtr* hat Bowman (S. 73) richtig als **dātamiθra* gelesen. W. Eilers gibt dort die Wahl zwischen diesem Namen, den er als „To whom friendship [Mithra] has been given", und **dātamaθra* = „To whom the holy word [Mathra] has been given". Nur die erste Lesung ist richtig, bedeutet aber 'von [Gott] Mithra geschaffen' genau wie **miθradāta-*. In PF 2018 kommt ein *da-da-mi-iš-šá* vor, bei dem E. Benveniste (*Titres* [1966] 81) zwischen **dāta-miça-* und **dāta-misa-* schwankte. Das letzte zog I. Gershevitch ('Amber' 239) vor, aber der aramäische Beleg erweist, daß persisches **dātamiça* gemeint ist, entsprechend medischem oder ostiranischem **dātamiθra*.

Nr. 2:3. Auf diesem Stößel liest Bowman (S. 75) *Snpk*; ich möchte dies zu *hnpk* emendieren (das erste Zeichen ist ganz unsicher), was **hunāfaka* ergäbe, eine *ka*-Ableitung zu dem Namen **hunāfa-* 'von guter Familie', der elamisch als *ú-na-pa* belegt ist (PFT S. 769) — mit el. *pa* für iranisch *fa*.

Nr. 5:3. Den Namen *mhdt* liest Bowman (S. 78) *Māh(a)dāta* und deutet ihn richtig als „Given by the moon god Māh". Im Hinblick auf Xenophons Μαιδατης und auf das, was Dieter Weber über die persische Form des Wortes für 'Monat' dargelegt hat, lese ich **māhidāta*.

Nr. 9:2. Wie ich schon in ZA 1971, 306 ausgeführt habe, ist der von Bowman (S. 81) als *Sbgyš* gelesene Name wohl richtiger *drgyš* zu lesen, desgleichen auf Mörser Nr. 75:2, wo *ʾrgyš* steht. Gemeint ist wahrscheinlich **dargāyuš*, nach M. Mayrhofer (*Aus der Namenwelt Alt-Irans* [Innsbruck 1971] 8) 'der ein langes Leben hat', zu ai. *dirghắyu(ṣ)-* 'langlebig'. Dieser *Dargāyuš* war Hofmarschall unter Xerxes.

Nr. 13:2. Den Namen *ʾtwn* will Bowman (S. 85) *Arta*(?)-*wān* lesen, was nicht angeht. Ich erwäge **āθavāna*, als Patronymicon zu einem 'Brennenden'.

Nr. 14:4. Mit allem Vorbehalt emendiere ich den Ortsnamen, den Bowman (S. 86) *Ghštk* liest, zu *whštk*, was ein **Vahištaka* ergäbe, als *ka*-Ableitung zu ap. *vahišta-* 'best'. Die Zeile ist ganz verwischt.

Nr. 17:3. Ein Eigenname, von dem nur *. .štn* erhalten ist, könnte zu [*w*]*štn* = **vištāna* ergänzt werden. Diesen Namen fand W. Eilers (*Beamten-*

namen [1940] 100 Anm. 3) in akkadisch *uš-ta-nu* und *uš-ta-an-ni*. In elamischer Umschreibung erscheint er (PFT S. 771) als *mi-iš-da-na* und *mi-iš-tan-na*, von R. T. Hallock zu Unrecht unter *Uštana* (= **huštāna*) aufgeführt, von I. Gershevitch ('Garb' [1969] 198) zu Recht zu 'Υστάνης gestellt.

Nr. 19:2. Für den Eigennamen *krwt* (Bowman S. 92) erwägt W. Eilers dort **Kāra-vat*, ohne weitere Erklärung. Ich würde vorschlagen, **kāravaθah-* zu lesen = etwa 'kampfwillig', allenfalls 'heerwillig', zu ap. *kāra* und zur aw. Wurzel *vas-* 'wollen'. Oder könnte ein **kāravāta-* 'Schlachtwind' gemeint sein?

Nr. 24:2. Der Name *ʾrywhš* begegnet auch in den Schreibungen *ʾrywhw*, *ʾrywḥwš* und *ʾryḥw*, was erweist, daß auch in diesen aramäischen Texten *ḥ* für iranisches *h* stehen kann. Bowman (S. 97) schreibt: "Eilers has suggested that the name might be **Arya-wahuš*, 'Good in the Aryan sense', or, more likely, *Āraya(t)-wahuš*, 'He who sets good in motion'." Die zweite Deutung scheidet jedoch aus wegen elamisch *har-ri-u-uk-qa*, welchen Namen I. Gershevitch ('Amber' 182) richtig als **arya-vahu-ka* gedeutet und mit 'the good Iranian' übersetzt hat; somit stellt er eine *ka*-Ableitung zu unserem **aryavahuš* dar — falls nicht einfach **aryauka- gemeint ist*.

Nr. 27:4. Der von Bowman (S. 88) gegebene Eigenname *trsph* scheint mir in *trspt* zu emendieren zu sein = **tirispāta-* = 'mit [Gott] Tīrī verbunden', parallel zu der Deutung, welche Anahit Perikhanian (in Gs. Henning [1970] 349 Anm. 3) für den Namen *ba-qa-áš-ba-da* (PF 1717) gab, nämlich **bagaspāta-* = 'united with Baga'.

Nr. 36:1. Der Eigenname *šwrty*, der auch in Nr. 119 und 120 vorkommt, ist von Bowman (S. 107) und seinen Gewährsleuten nicht gedeutet worden. Ich lese ihn **çauraθya-*, zu aw. *srao-raθa-* = 'mit tüchtigen Wagen versehen'. Daß die aramäische Schrift der Ritualgefäße ap. *ç* durch *š* wiedergibt, erweist der Name *ššprn* = **çiçafarnah-*.

Nr. 37:3. Den Eigennamen *ḥwršpt* hat W. Eilers (*apud* Bowman S. 108) *Hu-aršya-pāta* gelesen = 'Well protected by righteous men'. "The second element could be *aršya*, 'righteousness', 'right-dealing'. The final element is *-pāta*, 'protected'." Damit ist ungefähr das Richtige getroffen, doch nicht ganz. Das Vorderglied des Namens dürfte mit dem schon oben behandelten **xvarašya-* = aw. *xvaraiθya-* 'guter Sache dienend' identisch sein. Das Endglied fasse ich als **pātar-* 'Beschützer', woraus sich für den Namen als ganzen **xvarašya-pātā* = 'Beschützer dessen, der guter Sache dient' ergibt. Eine *ka*-Ableitung des Vordergliedes erscheint elamisch umschrieben in PF 1946:29 als *kur-ra-ši-ik-qa* = **xvarašyaka-*. Zu dieser persischen Namensform liefert die ostiranische Entsprechung ein noch nicht veröffentlichtes Hofkammer-täfelchen, das I. Gershevitch ('Garb' [1969] 188) als *ku-ra-ti-qa* anführt und das ich für **xvaraθyaka* halte, während Gershevitch ein "*ka*-extended *i*-patronymic of **grās/θa-* 'the watchful' (to *gar-*) or 'the irritable' (to *gram-*)" erwägt.

Nr. 40:2. Den Eigennamen ʾrbn liest Bowman (S. 110) *Ari-bānu*. "Justi lists an Arbūn, but Eilers prefers to read **Arayā-bānu* or **Ari-bānu*. Frye has proposed **Arya-bānu*, 'Glory of the Aryans'." Allein, in diesen Texten wird Auslaut-*u* als *w* geschrieben (z. B. *whw = vahu*). Ich lese den Namen **arbāna* als Patronymicon zu einem Kurznamen **Arba-*, vgl. akk. *ar-ba-ku* und den Ἀρβάκης bei Ktesias. È. A. Grantovskij (in der sowjetischen Fs. zur iranischen 2500-Jahrfeier [Moskau 1971] 300) stellt den Namen zu ai. *arbha-* und *arbhaka* = 'Kind, Junges'.

Nr. 43:3 und Nr. 47:5. Die Eigennamen *rtm* und *rtmk* stellt Bowman (S. 113) mit Recht zu *Artames* (Justi S. 37). Ich lese **rtāma* bzw. **rtāmaka*, weil offenbar aus *rta-* und **ama-* entstanden = 'stark durch die Rechte Ordnung'.

Nr. 65:3. Den Eigennamen ʾrtwn will W. Eilers (*apud* Bowman S. 131) *Arta-wān* oder *Arta-vāna* lesen. Ich würde ein Patronymicon zu *rtāva* 'gerecht, glückselig' vorziehen, also **rtāvāna* lesen.

Nr. 66:2. Den Eigennamen *šyr* hat Bowman (S. 132) irrig zu np. *šir* 'süß' gestellt, aber richtig auf Herodots *Siromitres* (VII 68) bezogen, also auf den Ostiraner **srīra-miθra*. Der uns beschäftigende Name entspricht aw. *srīra-* 'schön', der im Altpersischen zu **çīra-* wird.

Nr. 68:2. Für den Eigennamen *pwrbt* hat W. Eilers (*apud* Bowman S. 133) eine Lesung **Pouru-bātu* = 'He who has much wine' vorgeschlagen, was im wesentlichen richtig ist. Aber warum *-bātu*? Das ap. Wort für 'Wein' ist **bāta-*. Auslautendes *u* wird, ich wiederhole es, in diesen Texten durch *w* wiedergegeben, und ein solches fehlt. Die ap. Schalenbezeichnung *batugara* hat, wie ich in OLZ 1960, Sp. 626, zu zeigen versucht habe, nichts mit Wein zu tun, sondern meint eher eine 'Konfektschale' gemäß np. *bātū* 'Zitrusfrucht', aus deren Schalen man in Fārs Succade zu bereiten pflegte. Es kann sich bei ihr auch deshalb nicht um einen 'Weinbehälter' handeln, weil der parallele Ausdruck mp. *bʾtwdʾn = bātūdān*, den W. B. Henning auf einem silbernen Gerät im Museum Teheran gelesen hat, sich eben nicht auf einem bauchigen Gefäß befindet, sondern auf einer *Platte*: daher kann auch *bātūdān* nur etwa 'Konfektplatte' bedeuten, die mit Wein nichts zu tun hat. Wohl hat I. Gershevitch ('Amber' 224) in PF 2056 *bad-du-ra-da* als **bātu-rāda-* im Sinne von 'wine-preparer' deuten wollen; allein, *bad* kann nur eine kurze Silbe wiedergeben, niemals ap. *bāt-*. Daher würde ich diesen Namen lieber als **paθu-rāda-* 'Viehbetreuer' deuten wollen. Ein weiterer hier anzuführender Name ist in PF 404 *ba-du-za-ir-ma*, in PF 408 *ba-du-sir-ma*, den I. Gershevitch ('Amber' 224) als **bātu-čarma-* = '(looking like a) wine-skin' deutet. Aber warum nicht **bāδū-čarma-* = 'Armleder'? Die persische 'Phiale' ist nach Athenaios (frgm. *b* XI, 27, vgl. E. Herzfeld, *ApI* [1938] 114) βατιάκη, was ein ap. **bātiyaka-* wiedergibt — ohne *u*. Auf einem Silberkrug im Cleveland Museum of Art findet sich eine mp. Aufschrift, die R. N. Frye (Gs. V. Minorsky [1971] 261 Anm. 12) *bʾtgwʾn*(?) gelesen und als vermutlich 'wine container' gedeutet hat. Einen solchen erhalten wir bei einer Lesung *bʾtgdʾn* = *bādagdān*; auch D. N. MacKenzie (S. 16) hat für 'Wein' mp. *bādag*, das auf ein ap. **bātaka-* zurückgeht, nicht aber auf eine Ableitung des scheinbar unausrottbaren *bātu*. Endlich dürfte der aramäisch umschriebene Eigenname *btdt* auf Nr. 110:3 als **bāta-dāta-* = 'Weingezeugt' zu deuten sein. "Eilers has proposed reading the name as either *Bāta-dāta*, 'One giving wine', or *Bāta-rātā*, 'He whose (sacrificial) gift is wine'" (Bowman S. 161). Hier hat jedenfalls auch W. Eilers kein *bātu-* erwogen. Vgl. auch den Eigennamen *Βατάχης* aus Kleinasien.

Nr. 74:2. Hier ist von einem Eigennamen nur noch]*brtn* zu erkennen; ich würde ihn zu [*h*]*brtn* ergänzen = **hubrtāna* als Patronymicon zu *hubrta-* 'wohlgehalten'.

Nr. 74:5. Den Eigennamen *ʾrzrtyn* stellt Bowman (S. 137) im ersten Glied zu aw. *arəza-* 'slaughter'; das zweite deutet er als *-rātay* 'offering'. „The terminal *-n* could indicate the affix *-na* expressing adjectival actor. ... Could the name be 'He who makes a slaughter offering'? Frye has proposed **Arjaraθina* (or *-raθaina*), 'Having precious chariots', as another possibility." Ich möchte das erste Glied zu aw. *ərəzi°* ('gradan', *AirWb.* 353) stellen, das zweite zu gathisch *raiθya-* n. 'Weg', ai. *rathyā-* f. 'Straße', np. *rāh*, und das Ganze als *-āna*-Patronymicon auffassen, also den Namen **rzi-raθyāna-* lesen (medisch oder ostiranisch), zu **rzi-raθya* 'der den geraden Weg geht'.

Nr. 77:4. Der Eigenname *ʾrtwrm* ist bisher nicht gedeutet. Ich möchte ihn **rta-varmắ* lesen = 'Auslese der Rechten Ordnung', zu aw. *varəman-* n. 'Auslese'.

Nr. 78:4. Der ebenfalls noch ungedeutete Eigenname *ʾbrš* könnte **abrača-* 'Wölkchen' gedeutet werden, zu aw. *arwa-* n. 'Wolke', ai. *abhrá-*. Hier läge dann ein weiterer Fall von spirantisiertem *b* im Altpersischen vor, das die aramäische Schrift natürlich nicht auszudrücken vermag. Sie gibt übrigens ap. *č* regelmäßig durch *š* wieder.

Nr. 81:2. Den Eigennamen, von dem nur]*mbyk* erhalten ist, möchte ich zu [*h*]*mbyk* ergänzen = **xumbyaka-*, als *ka*-Ableitung zu aw. *xumbya-* (Eigenname) und zu *xumba-* m. 'Topf', np. *ḫomb*. Da nach Bowman (S. 143) anscheinend zwei Zeichen fehlen, könnte man vielleicht besser [*hw*]*mbyk* ansetzen. Die Ergänzung ist natürlich unsicher.

Nr. 98:2. Einen Eigennamen, der *hsrk* (allenfalls *hsdk*) zu lesen ist, faßt Bowman (S. 154) entweder als *Husadaka* 'Good looking' oder als *Husaraka* 'Good fellowship' auf. Ich würde **husāraka-* vorziehen als *ka*-Ableitung zu *hu* plus aw. *sāra-* m. 'Kopf' = 'einer mit schönem Kopf'.

Nr. 100:3. Ganz schwierig ist der verstümmelte Eigenname *b*[2–3 Zeichen]*tpt*. Im Endglied hat Bowman (S. 155) wohl richtig *-pāta* 'geschützt' gesehen. Im Vorderglied darf man vielleicht die persische Entsprechung zu aw. *bāiδištəm* 'am sichersten' suchen, also *b*[*dš*]*tpt* = **b*[*ādiš*]*ta-pāta-* 'der sicherst Geschützte' ansetzen.

Nr. 118:2. Den Eigennamen *šbr* hat Bowman ungedeutet gelassen. Ich möchte ihn **çibara* lesen, zu ap. **çĭ-* = aw. *srĭ-* f. 'Schönheit', was einen 'Schönheitsträger' ergäbe.

Nr. 122:1. Zu dem Eigennamen *srby* gibt Bowman ebenfalls keine Deutung. Ich vermute darin eine *ya*-Ableitung zu dem Wort für 'Blei', aw. *srva-* n., mp. *srub*, also **srubya-* 'der Bleierne'. Allerdings hat I. Gershevitch (*apud* G. G. Cameron, JNES 1965, 178f.) el. *šu-ip-maš* — offenbar mit Recht — als ap. **çubwa-* 'Blei' angesetzt. Dann wäre unser Eigenname wohl genauer als **srubwya-* (mit spirantisiertem *b*) zu lesen.

Nr. 126:2. Zu dem Eigennamen *ᵓspstn* = **aspastāna* schreibt Bowman (S. 172): „Eilers renders the name as 'He whose place is with horses'. As an alternative reading, Frye has proposed **Aspa-stana*, 'Having a horselike voice'." Ich möchte eher ein Patronymicon zu **aspasta-* annehmen, also **aspastāna-*. Einen Namen **aspāsta-* hatte E. Benveniste (*Titres* [1966] 78) als 'qui a les os (= la carrure) d'un cheval' gedeutet. R. Schmitt (in *Beiträge zur Namenforschung* 1968, 65f.) verficht dagegen ein **aspa-stā-* 'auf dem Pferd stehend', was jedoch m. E. **aspaistā-* lauten müßte (vgl. aw. *raθaeštā-*, ai. *rathe ̣sthā-* 'Wagenkämpfer'). I. Gershevitch ('Amber' 184) geht m. E. richtig von **aspasta-* aus, „corresponding to the Vedic name of the holy fig tree, *aśvatthá* (thought to mean 'Standort der Rosse'). The obvious inference to draw from it is that the name and notion of that tree go back to the Indo-Iranian period."

Nr. 128:2. Die unsichere Lesung eines Eigennamens *nrys*, bisher nicht gedeutet, dürfte eine verkürzte Form des Namens **naryasanga* (aw. *nairyō.saŋha-*) sein, der in den Hofkammertäfelchen aus Persepolis elamisch umschrieben als *na-ri-šá-an-qa* (PF 773 und PF 2084) auftaucht und ebenfalls in die arische Zeit zurückreicht.

*

Aramäische Beischriften auf elamischen Hofkammertäfelchen aus Persepolis gewähren ebenfalls gewisse Aufschlüsse.

Der elamisch umschriebene Name *mi-iš-šá-ba-da* ist von E. Benveniste und anderen ganz selbstverständlich als **Miça-pāta-* = 'von Mithra beschützt' gedeutet worden, und sicherlich gibt es diesen Namen. Allein, in PF 1791 zeigt die aramäische Beischrift für den Namen *mi-iš-šá-ba-da* eine Schreibung *mšbd*, was eindeutig ein **miçabāda* wiedergibt. Eine Lesung *-banda* scheidet aus, weil bei diesem Wort der Nasal geschrieben wird, auch im Elamischen, z. B. in PF 1450, wo *ba-qa-ban-da* ein ap. **bagabanδa* wiedergibt. So wird man *-bāda* wohl zur ai. Wurzel *bādh-* 'drängen, einengen' stellen müssen wie in el. *bar-ri-ba-taš* (PF 2070: 4), in dem I. Gershevitch (*apud* Hallock, PFT S. 675) **paribāda-* 'Hürde, Pferch' erkannt hat. Der Name **miçabāda* bedeutet somit etwa 'Mithra-Hag'.

Den Namen *ir-tu₄-iz-za* in PF 704 las I. Gershevitch ('Amber' 186) so, als hinge er mit aw. *ratu-* und ai. *r̥tú* zusammen. Das Hofkammertäfelchen hat indes eine aramäische Beischrift *rdtyš*. Dieter Weber schlägt vor, den ersten Bestandteil des aramäisch wiedergegebenen Wortes **raδata-* zu lesen, möglicherweise als Nebenform zu aw. *ərəzata-* und ai. *rajatá-* 'Silber'. Der elamischen Umschrift folgend, würde ich für den fraglichen Namen **rδataiča-* ansetzen in einer möglichen Bedeutung 'Silberchen'.

3. *Elamica der Achämeniden-Inschriften*

Das in aramäischem Gewand erhaltene altpersische Sprachgut verlassend, wenden wir uns nun dem in elamischer 'Verkleidung' überlieferten zu, und zwar zunächst dem Material der elamischen Fassungen der Achämeniden-Inschriften.

Zu Behistan Absatz 14.

Im noch immer nicht ganz aufgehellten Absatz 14 der Behistan-Inschrift zählt Darius auf, was der Magier Gaumāta dem persischen Heervolk (*kāra*) entrissen und was er, der Großkönig, ihm zurückerstattet hatte.

Strittig ist gleich das erste Wort, ap. *˒bičriš*, el. *lu-taš*, beides *hapax*.

Zwar hatte noch 1964 Wolfgang P. Schmid (IF S. 267) geäußert, 'Weideland' scheine ihm immer noch die wahrscheinlichste Deutung für *˒bičriš* und wies dabei — nebst anderen Argumenten — auf mp. *crg* 'Weide' hin. Allein, wir kennen jetzt das elamische Wort für 'Weide' durch die Hofkammer-täfelchen; es lautet *ki-bat* oder (als Logogramm) IN.lg., wie R. T. Hallock (PFT S. 702) gesehen hat, und eben nicht — wie nach der elamischen Entsprechung von *˒bičriš* zu erwarten wäre — *lu-taš*. Ich selber hatte ursprünglich (in ZDMG 1952, 374) die meines Erachtens richtige Deutung 'Felder, Ackerland' gegeben, war dann aber (in ZDMG 1963, 233f.), von E. Herzfeld beeinflußt, zu einer Auffassung von *˒bičriš* als 'Knecht, Diener' übergeschwenkt. Dieselbe Meinung vertrat auch M. Mayrhofer (*Lexikon* [1964] 100). Zuletzt hat I. Gershevitch ('Garb' [1969] 171) für das umstrittene Wort eine Deutung 'means' und für den ganzen Satz folgende Übersetzung erwogen: „I handed back to the people their means (*˒bičriš*), (namely) their flocks and domestics and (what [else]-goes-)with-estates." Allein, 'means' würde ap. doch wohl **upačāra-* gelautet haben nach aramäisch *˒wpšr* in Papyrus Nr. 26 (Cowley S. 89f.), mp. *abzār*; vgl. dazu die wohl auf W. B. Henning zurückgehende Fußnote auf S. 81 bei Driver sowie D. N. MacKenzie S. 4.

Ich komme zurück auf die elamische Entsprechung von ap. *˒bičriš*, nämlich *lu-taš*. Dabei muß auffallen, daß dieses Wort, obwohl es doch offensichtlich etwas im Leben der Menschen Wichtiges bezeichnet, in keiner früheren elamischen Quelle auftaucht. Ich erwäge daher, nicht wie bisher *lu-taš* zu lesen, sondern *lu-ur*. Die Lesung *ur* für das Zeichen *taš* ist zwar selten, in achämenidischen Texten aber einwandfrei bezeugt, z. B. in *mu-ur* 'wo'. Mit einer Lesung *lur-* finden wir indes sogleich Anschluß an ähnliche elamische

Wörter, nämlich an *lu-ra-qa* in *da-a-ki.lu-ra-qa* (DSj 2) = 'andersartig' und
an *lu-ri-qa* oder *lu-ri-ik-qa*, deren Belegstellen R. T. Hallock (PFT S. 722) aufführt. Für sie gibt er fragend eine Übersetzung 'each', 'single', 'singly'. Ich
glaube in *lur-* eine Grundbedeutung 'aufteilen' oder 'stückeln' zu erkennen;
lurika wäre dann 'Stück um Stück', also — mit Hallock — 'einzeln'. Unser
Nomen *lu-ur* könnte demnach 'Aufgeteiltes' bedeuten, oder, anders ausgedrückt, 'Parzelle' oder einfach 'Feld', kollektiv gebraucht. Seine persische
Entsprechung ›*bičriš* ist demnach wohl *abičariš* (acc. pl. m.?) zu lesen und mit
'Grundstücke' wiederzugeben.

Mit diesem Ergebnis trifft sich der Lösungsvorschlag von A. Prosdocimi
(in der *Riv. degli Studi Or.* 42 [Rom 1967] 40–43), der auf dem Weg über lat.
Exquiliae zu einem Bedeutungsansatz „terreni che circondano la cinta >
fattorie, poderi" gelangt ist. Ungefähr stimmt damit — wenigstens im End-
ergebnis — auch R. Schmitt (in KZ 1967, 56–58) überein; er liest allerdings
ābičariš als acc. pl. eines *ābičari-*, das von **abičara-* 'Diener' nach der Art
von Wackernagel-Debrunner Abs. 190a abgeleitet sei. „Ein *ābičari-* könnte
also als 'die von den Knechten/Sklaven bewohnte/bearbeitete Örtlichkeit' ein
Gehöft oder Landbesitz sein."

Unbestritten ist das nächste Wort der Aufzählung in Absatz 14 DB,
nämlich ap. *gaiθām* (acc. sg. f.) 'Vieh', el. *áš*.

Das dritte Wort ist ap. *mānyam* (acc. sg. n. als Kollektiv), el. v.*kur-taš*.
Entgegen meiner Annahme in ZDMG 1963, 234, wo ich *mānyam* als 'Gehöfte'
fassen wollte, bezeichnen beide Ausdrücke 'Gesinde', wie ich schon in ZDMG
1952, 375 vertreten hatte. Das elamisch umschriebene persische *kur-taš* gilt
als **grda-* endgültig geklärt, seitdem W. B. Henning (*apud* I. Gershevitch
in *Asia Major* 2 [1951] 141f.) es zu dem von W. Eilers (*Beamtennamen* [1940]
66f.) in akkadischen Quellen bezeugten ¹ᵘ*ga-ar-da*, zu aw. *gərəδa* und zu ai.
gṛhá 'Haus' gestellt und mit 'domestic servant' übersetzt hat.

Grundsätzlich ist dies richtig. Mir sind jedoch an der Form **grda-* (genauer:
*grδa-) des altpersischen Wortes Zweifel aufgestiegen angesichts der in den
Hofkammertäfelchen bezeugten elamisierten Pluralformen *kur-zap* (PF 994)
und *gi-ir-za-ip* (PF 1338). Zwar könnte man in den Schreibungen mit -*z*-
lediglich den Versuch der elamischen Schreiber erblicken, das persische spiran-
tisierte *d* (δ) anzudeuten, und man könnte unterstellen, auch im Persischen
bezeichnete das Wort für 'Haus' zugleich das 'Gesinde', wie man dies bei
ai. *gṛhá-* anzusetzen pflegt. R. Hauschild hat jedoch (in Fs. F. Weller [1954]
276) gezeigt, daß ved. *gṛhá-* 'Diener' nicht gesichert ist. Zudem hat das Altindische auch noch ein besonderes Wort für 'Gesinde', nämlich *gṛhya-*, und
da die altpersische Entsprechung für el. *kur-taš*, nämlich *mānyam*, ebenfalls
eine *ya*-Ableitung (zu **māna-* 'Haus') darstellt, würde man auch die parallele
iranische Form **grδya-* erwarten, eben als *ya*-Ableitung zu **grδa-* 'Haus'. In
der elamischen Umschreibung *kur-taš* für **grδa-* wäre demnach — genau wie in
der akkadischen Umschreibung *ga-ar-da* — der Laut *y* ausgelassen geblieben,
wofür es andere Beispiele gibt.

Gegen meinen Ansatz *kur-taš* = **grδya-* 'Gesinde' scheinen die zehn aramäischen Belege des Wortes (bei Driver, Index S. 104) zu sprechen, die sämtlich *grdʾ* haben, mit postpositivem Artikel ʾ, also ohne *y*. Dem ist aber entgegenzuhalten, daß eine Schreibung *grdyʾ* einem Aramäer als *Plural* auf *-yʾ* erscheinen mußte und daß deswegen, weil es sich durchweg um Singulare handelte, das *y* nicht geschrieben wurde.

Ob man nun (wie ich vorschlage) **grδya-* für 'Gesinde, Dienerschaft, Arbeiter' ansetzen will oder (wie bisher) **grδa-* (so in jedem Fall statt **grda-*), das eigentliche altpersische Wort für 'Haus', nämlich **grδa-*, hat sich in dem Titel **grδapatiš* erhalten, der in elamischer Umschreibung als *kur-da-bat-ti-iš*, in akkadischer als *gar-da-pa-tu* o. ä. erscheint. Dieser Titel ist demnach nicht (mit G. G. Cameron und R. T. Hallock) als 'chief of workers' aufzufassen, sondern als *major domus*, als 'Haushofmeister'. Über solche Intendanten verfügten nicht nur die persischen Großkönige, sondern auch Prinzen und hohe Lehensträger. Die entsprechende altindische Bildung *gṛhápati-*'householder' besteht, worauf mich M. Mayrhofer hinweist, schon seit dem Rigveda.

Das noch immer heftig umstrittene vierte, letzte Glied der uns beschäftigenden Aufzählung in Absatz 14 DB, *viθbiš*, das I. Gershevitch wie erwähnt mit „(what[else]-goes-)with-estates" übersetzen möchte — freilich mit dem Zusatz: „There is, however, nothing wrong with the traditional construction" —, kann m. E. nicht als acc. pl. 'Familiensitze' o. ä. gedeutet werden. Denn in der elamischen (also ursprünglichen) Fassung steht dafür h.UL.HI.lg. *mar-ri-ip-ma*. Daraus gehen drei Tatsachen hervor: erstens, das Logogramm UL.HI bedeutet 'Königspalast' — und nur das; zweitens, die Endung *-ip-* bezeichnet den Plural von *Personen*; drittens, die Endung *-ma* ist der elamische Locativ, der für den persischen Instrumental stehen kann, weil das Elamische keinen Instrumental besitzt.

An diesen drei Tatsachen ist nicht vorbeizukommen. Aus ihnen folgt, daß Darius die Rückerstattung der geraubten Felder, Herden und Knechte 'durch Königspalastleute' hat vornehmen lassen. Im allgemeinen bedeutet *mar-ri-ip* im Elamischen sonst 'Handwerker', Leute, die sich auf etwas verstehen, eine fachliche Tätigkeit ausüben. Mit den *viθbiš* sind also geschulte Leute des Königshofes gemeint — mit anderen Worten: des Darius' Leibdiener, vielleicht einfach Gardetruppen. Auch das Bruchstück der akkadischen Fassung hat an dieser Stelle LUGAL = 'König', vor dem ersichtlich [É] 'Haus' zu ergänzen ist, was 'Königs[palast]' ergibt. Es handelt sich also, ich wiederhole es nachdrücklich, nicht um 'Höfe' der von Gaumāta Beraubten, sondern um Leute vom Hof des Darius.

Die Übersetzung des vielumstrittenen Satzes in Absatz 14 DB dürfte somit lauten: „Ich erstattete zurück dem Heervolk die Felder (*abičariš*), das Vieh (*gaiθām*) und das Gesinde (*mānyam*), nämlich durch Königshofleute, was alles Gaumāta der Magier ihnen weggenommen hatte."

*

Die elamische Fassung der Behistan-Inschrift gibt in Absatz 26 ap. *āvahanam* 'Ortschaft' durch *hu-ma-nu-iš* wieder; dasselbe Wort steht in DB Abs. 13 für ap. *didā* 'Burg'. Offensichtlich ist *hu-ma-nu-iš* nicht elamisch, sondern persisch, wenn auch 'elamisiert'. Die richtige altpersische Form bewahrt das Hofkammertäfelchen PF 694: *ú-ma-na-am*, also **humānam* n. in der Bedeutung 'gute Bleibe' = 'Weiler'. Tatsächlich begegnen in den Hofkammertäfelchen solche *hu-ma-nu-iš* vornehmlich bei Reisenden. So erhielt beispielsweise in PF 1573 der Perser **Vahudāta* (Herr 'Wohlgeboren') für sich und seine dreizehn Begleiter drei Schafe zugeteilt, „pro Tag einen Hammel, nämlich für drei *hu-ma-nu-iš*", was R. T. Hallock daher mit 'stopping places' richtig wiedergibt.

*

In DB Abs. 32 und an anderen Stellen der Behistan-Inschrift findet sich die altpersische Wendung: *martiyā tayaišai fratamā anušyā āhanta*. Im Elamischen entspricht ihr: v.ʀᴜʜ.lg (= 'Männer') *ap-pa* (= 'welche') *ha-tar-ri-man-nu da-mi hu-pa-ip-pi*. Hierbei dürfte *da-mi* 'vorder, ober, erst' bedeuten; *hu-pa-ip-pi* gibt R. T. Hallock (PFT S. 698) mit „his followers" wieder, womit er recht haben dürfte. Bleibt *ha-tar-ri-man-nu*. Schon Chr. Bartholomae (*Zum altiranischen Wörterbuch* [Straßburg 1906] 225) hat das Wort für altpersisch gehalten und als **ādarmān* 'gehorsam' ansetzen wollen. Das geht jedoch nicht, weil el. *-man-nu* kurzes *a* erweist. W. Eilers nimmt das Wort für elamisch im Sinne von 'Gefolgschaft, Gefolge' (*AfO* 18 [1957] 137 Anm. 11), obwohl er zwei Jahre vorher (in ZA 1955, 234) noch den „Verdacht iranischer Entlehnung" gehegt hatte. Ich halte *ha-tar-ri-man-nu* für medisch **haθra-manya-* in der Bedeutung 'vereinten Sinnes' = 'Anhänger'. Der elamische Satz in DB Abs. 32 hieße demnach: „die Männer, welche als Anhänger [seine] obersten Gefolgsleute [waren]".

*

An den beiden Stellen der Behistan-Inschrift, an denen (in Abs. 38 und Abs. 45) im Altpersischen die Wendung „Satrap (*xšaçapāva*) in X." vorkommt, hat die elamische Fassung: „der in X. die Satrapieschaft ausübte [wörtlich: machte]". 'Satrapieschaft' stellt sich hierbei dar als das persische Wort für 'Satrapie' mit der elamischen Abstract-Endung *-me*, d. h. es steht da: *šá-ak-šá-ba-ma-na-me*. Hieraus ergibt sich für ap. 'Satrapie' **xšaçapāvana-*, also eine Abstract-Bildung auf *-vana*, die an oben erwähntes **ništāvana* 'Verfügung' erinnert und uns weiter unten bei **abištāvana* 'Gau' erneut begegnen wird.

*

In Abs. 68 der Behistan-Inschrift werden die Männer aufgeführt, welche Darius bei der Beseitigung des Magiers Gaumāta geholfen hatten, unter ihnen auch Vindafarnāh. Der Name seines Vaters ist nicht vollständig erhalten und daher umstritten. Sowohl F. H. Weißbach als auch R. G. Kent gaben die

Lesung *Vā[ya]sp[āra]*, offenbar auf Grund von L. W. King und R. C. Thompson (*The Sculptures and Inscription of Darius the Great* [London 1907] 76), die auch vermerken, von dem zweiten Zeichen seien nur noch Spuren sichtbar.

In der elamischen Fassung von DB Abs. 68 steht für den Namen des Vaters des Vindafarnāh *mi-iš-bar-[x]*. Das ist insofern auffällig für eine Wiedergabe von ap. **Vāyaspāra*, als nirgends sonst ap. *vā* durch el. *mi* wiedergegeben wird, sondern stets mit dem Zeichen *ma*. Die letzte, fehlende Silbe in der elamischen Wiedergabe des Namens wurde bisher als *ra* angesetzt, was nicht von vornherein zu verwerfen ist, da ein Name *mi-iš-bar-ra* in den Hofkammertäfelchen tatsächlich vorkommt. Allein, auch dann kann *bar-ra* niemals ap. *pāra* wiedergeben; dies müßte *ba-ra* umschrieben werden. Die bisher angesetzte Namensform **Vāyaspāra* ist somit am Anfang und am Ende anzuzweifeln.

Fangen wir am Ende an. Die akkadische Fassung von DB Abs. 68 umschreibt den Namen des Vaters Vindafarnāhs *mi-is-pa-ru-uʾ*. Auch hier spricht die erste Silbe *mi* ganz entschieden gegen ein ap. *vā-*. Da der Eigenname *Gaubarva* akkadisch ebendort als *gu-ba-ru-uʾ* erscheint, sollen die Zeichen *ru-uʾ* offensichtlich ap. *-rva* wiedergeben. Demgemäß lautete offenbar auch der uns beschäftigende Name auf *-rva* aus. Da Gaubarva elamisch als *kam-bar-ma* erscheint, erhält man entsprechend für den Namen des Vaters Vindafarnāhs el. *mi-iš-bar-[ma]*. Ein solcher Name ist übrigens auch in den Hofkammertäfelchen bezeugt.

Und nun zum Anfang: da el. *mi-iš-da-ad-da* in DB Abs. 40 den Perser *vhyzdʾt = Vahyazδāta* ('Bessergeboren') meint, setze ich in unserem Namen für el. *mi-iš-* entsprechend ap. **vahyas-* ein und erhalte so *vh[y]sp[rv] = Vahyasparva*. Nur eine Nachprüfung am Felsen von Behistan kann erweisen, ob meine Lesung *h* statt ʾ richtig ist.

Ein letztes Bedenken gilt es noch auszuräumen. Ich habe in der zweiten Lücke, die offenbar nur für zwei Zeichen Raum hat, [*rv*] eingesetzt, obschon man in der Regel [*rᵘuv*] erwarten würde. Allein, in derselben Inschrift ist in Abs. 6 in dem Worte *fraharvam* 'insgesamt' das aramaisierende *u* gleichfalls weggelassen, d. h. es steht nur *frhrvm* da, so daß meine Lesung *-parva* unbedenklich erscheint. Daß übrigens nicht *fraharavam* = ai. *pra-salaví* 'nach rechts hin' gelesen werden darf, erweist die elamische Fassung: sie hat PAB. *ir-kut-tin-[na]*, das nicht nur in zwei elamischen Inschriften Shutruk-Nahhuntes II. (reg. 717–699), sondern vielfach auch in Hofkammertäfelchen bei Aufzählungen vorkommt, wo R. T. Hallock (PFT S. 740) es als 'total' oder 'grand total' gesichert hat.

Den von E. Benveniste (*Titres* [1966] 88) als **Vāyaspāra* gedeuteten, el. *mi-iš-bar-ra* umschriebenen Eigennamen, den ich vorhin bereits erwähnte, würde ich als **vahyazbara* 'der das Bessere bringt' auffassen, entsprechend dem Eigennamen *ma-u-bar-ra* in PF 728, den ich **vahubara* 'der das Gute bringt' deute und — wie schon J. Marquart (in *Philologus*, Suppl. Bd. 6 [Göttingen 1891–93] 638f.) – für den *Οἰβάρης* der Griechen halte, im Gegen-

satz zu E. Benveniste (*Titres* S. 87), der dafür ein **vahu-pāra-* 'qui favorise(?)
le bien' ansetzt, was aber eine elamische Schreibung **ma-u-ba-ra* erfordern
würde.

Der 'Waffenträger' des Darius

Am Dariusgrab in Naqš-e Rostam ist der Meder Aspačanāh abgebildet.
Gemäß der dreisprachigen Beischrift DN*d* ist seine Berufsbezeichnung ap.
včbr, el. *li-ip-te.ku-uk-ti-ra*, akk. *šá* [. . . .]-*ta*.

Von dem elamischen Wort ist das zweite Glied, *kuktira*, unumstritten; es
bedeutet 'Träger', entspricht also ap. -*bara*. Das, was er trägt, nämlich *li-ip-te*,
kommt in den Susa-Täfelchen des ausgehenden 7. Jahrhunderts mehrfach vor.
In Nr. 175 (*Mém.* 9 [1907] 157) werden verschiedene Kleidungsstücke aufgezählt und dann zusammengefaßt zu: PAB 59 *li-ip-te*, was nur heißen kann:
,,insgesamt 59 Kleidungsstücke". So übersetzte schon F. Bork (OLZ 1912, 68).
Zwar bemerkte F. H. Weißbach (ZDMG 1913, 302), *li-ip-te* habe ,,wohl eine
allgemeinere Bedeutung wie 'Ding, Gegenstand'". Ju. B. Jusifov (VDI 83,
1963/3, 248) behielt indes eine Übersetzung *odežda* 'Kleidung' bei. Tatsächlich
ist der *li-ip-te.ku-uk-ti-ra* ein 'Gewandträger'.

Die Deutung des entsprechenden persischen Ausdruckes *včbr* hat, was
dessen erstes Glied *vč* angeht, schon immer Kopfzerbrechen bereitet. M. Mayrhofer hat die sprachlichen Schwierigkeiten dahin zusammengefaßt (*Lexikon*
[1964] 150): ,,für *vaça-* steht weder die Bedeutung aus den sachlichen Umständen fest, noch hilft eine schlagende Etymologie weiter." Wenn nun aber
včbr gar nicht 'Waffenträger' bedeutet, wie man bisher stets annahm, sondern
'Gewandträger', bietet sich für *vč* eine Etymologie aus arisch **vastra-* n.
'Gewand' von selbst an: aw. *vastra-*, ai. *vástra-*, mp. *vastar*. M. Mayrhofer hatte
dies geahnt, seiner Ahnung aber nicht getraut, als er in seinem *Kurzgefaßten
etymologischen Wörterbuch des Altindischen* III [1968] 176 in Kleindruck ver-
merkte: ,,Ap. *vaça°* schwerlich = ved. *vástra-*."

Die Amtsbezeichnung des Meders Aspačanāh lautet also persisch *vaççabara*. Ich
transkribiere mit geminiertem *ç*, weil es durch Assimilation entstanden ist aus
*vasça für medisch **vastra-*, so wie ich *ušᵇᵕrim* 'kamelberitten' *uššabārim* transkribiere, weil assimiliert aus **ušça-*, entstanden aus arisch **uštra-* 'Kamel'.

Medisch lautete demnach die uns beschäftigende Amtsbezeichnung **vastrabara*, und eben dieses liegt in den akkadischen Umschreibungen *us-tar-ba-ri*,
us-ta-ra-ba-ri u. ä. vor, in denen W. Eilers (*Beamtennamen* [1940] 81–101)
einen ap. **vistarabara* = 'Teppichträger' gesucht hat. Schon Georg Hüsing
hatte dabei an einen 'Kleidträger' gedacht (*Berichte des Forschungsinstituts
für Osten und Orient* II [1918] 129ff.), also das Richtige getroffen; seine weitergehende Deutung des Berufsnamens als 'Regimentskammerverwalter' schießt
indes über das Ziel hinaus. Denn die den medischen Titel **vastrabara*-
tragenden Beamten waren nicht für die Truppenbekleidung verantwortlich,
sondern für die 'Garderobe' des Herrschers, der Königin (Beleg 18 bei Eilers

S. 87) bzw. von Reichsgroßen. Der Titel entspricht somit recht genau unserem mittelalterlichen 'Kämmerer'.

Eine mögliche Bestätigung meines Ansatzes *vaççabara* 'Gewandträger'= 'Kämmerer' erbringt die Neuuntersuchung der akkadischen Fassung von DN*d*, zu der Rykle Borger durch unsere Besprechung der Probleme dieser Inschrift angeregt wurde und die er in *Vetus Testamentum* 22 [1972] S. 385–398 veröffentlichte unter dem Titel „Die Waffenträger des Königs Darius — Ein Beitrag zur alttestamentlichen Exegese und zur semitischen Lexikographie". Er hat mir freundlicherweise die Korrekturfahnen davon zur Verfügung gestellt.

Da das Lichtbild des Aspačanāh-Reliefs samt Inschrift DN*d* bei E. F. Schmidt, *Persepolis* III [Chicago 1970] Plate 24 etwas mehr bietet als die Kopie von F. H. Weißbach, *Die Keilinschriften am Grab des Darius Hystaspis* [Leipzig 1911] S. 30d, erzielte R. Borger (*a.a.O.* S. 389) folgende verbesserte Lesung: ¹*As-pa-ši-ni šá* [. . .]*-ta šá* ¹*Da-a-ri-ia-muš šarri* ᵏᵘˢˢ*al-ṭu t*[*a*?*-mi-iḫ*? oder *-li-il*?], „d. h. 'Aspathines, der (Mann) des . . ., des Königs Darius *šalṭu* hält? er'. Die Lesung ᵏᵘˢˢ*al-ṭu* ist vollkommen sicher. Das Verbum *tamāḫu* 'ergreifen', Stativ 'halten' (z.B. von Waffen) ist gut belegt; für *talālu* 'aufhängen' vgl. CAD A/I, S. 331b und von Soden, *Orientalia* xxii S. 260f." R. Borger argumentiert dann weiter: von den drei Waffen, die Aspathines trägt, nämlich Dolch, Doppelaxt und Bogenkasten, komme für *šal-ṭu* nur die letztgenannte in Frage wegen des Determinativs k u š, das einen Gegenstand aus Leder andeutet: „*šalṭu* muß also 'Bogenkasten, Bogenfutteral' bedeuten" (S. 390).

„Mit babyl. [. . .]*-ta* könnte demnach die Doppelaxt gemeint sein. Damit ergäbe sich die Ergänzung *šá* [*pa-aš*]*-ta*, 'der (Mann) der Doppelaxt' (vgl. E. Salonen, *Die Waffen der alten Mesopotamier* [Helsinki 1966] S. 19f.)." R. Borger geht dann aber auf meine Argumentation ein, ap. *vaççabara* als 'Gewandträger' aufzufassen. „Wenn das zutrifft, so kommt für die babylonische Fassung der Aspathines-Inschrift die Ergänzung *šá* [*ṣu-ba*]*-ta*, 'der (Mann) des Gewandes' in Frage, was als wörtliche Übersetzung aus dem Persischen und Elamischen zu werten wäre; vgl. noch CAD Ṣ, S. 225f. *ša* (*ina*) *muḫḫi ṣubāti*, 'keeper of the (divine) wardrobe' (die zwei Belege stammen aus der Zeit Nebukadnezars II. bzw. Nabonids)" (S. 391).

Soweit Rykle Borger. Damit ist die Bedeutung des Gegenstandes, den der Meder Aspačanāh 'trägt', endgültig geklärt. Zwar hatte ich bereits in *Altiranische Funde und Forschungen* [1969] 89 darauf hingewiesen, daß el. *ap-te-e* = *apt.e* 'sein [nämlich des Darius] Köcher' bedeutet, und R. T. Hallock hat entsprechend seine frühere Annahme 'battle-ax' im Vorwort zu seinen *Persepolis Fortification Tablets* [1969] S. V ausdrücklich zugunsten von 'quiver' abgeändert. Dies wird durch (westsemitisches) *šalṭu*, wie R. Borger gezeigt hat, voll bestätigt.

Das ap. *isvām* (*isuv'm*, acc. sg. f.), das diesem 'Köcher' entspricht, ist aber nicht einfach das persische Wort für Köcher, sondern es bezeichnet gemäß dem archäologischen Befund jene 'Lederhülle', in welcher sich Bogen und Pfeile vereint befanden. Sie gehörte zur Bewaffnung der Skythen (man vergleiche den Anführer der spitzmützigen Saken in Abordnung 11 auf dem Gabenbringer-Relief zu Persepolis), der Meder und vielfach auch der persischen Gardeoffiziere. Bei den Griechen hieß diese 'Lederhülle' *gōrytós*, bei den Römern *corytus*. Es war die Bogenwaffe des *Reiters*, nicht des persischen Fußsoldaten; denn dieser trug auf der linken Schulter den (elamischen) Bogen und, getrennt davon, den (ebenfalls elamischen) Köcher mit Pfeilen darin. Die uns beschäftigende 'Lederhülle', aus zwei Teilen bestehend, führte der Reiter links am Gürtel mit, während sein Kurzschwert rechts an Gürtel und Hosenbein befestigt war. Diese Bewaffnung der skythischen und medischen Kavallerie wurde, wie schon angedeutet, von der berittenen persischen Garde übernommen — und auch von Darius, wie seine Reliefs am Grab in Naqš-e Rostam und im Schatzhaus zu Persepolis erweisen. Es liegt nahe, in *isvā-* ein medisches Wort zu erblicken. Man wird es am genauesten mit 'Pfeil- und Bogen-Hülle' wiedergeben dürfen — nicht mit 'Köcher', der altpersisch wahrscheinlich **kanatigra-* hieß gemäß mp. *kantigr* (MacKenzie 49).

Die Inschrift DN*d* lautet somit übersetzt: ,,Aspačanāh der Kämmerer, hält des Königs Darius Pfeil- und Bogen-Hülle." Dieser Meder war somit für die gesamte 'Garderobe' des Herrschers zuständig, d. h. für seine Gewandung einschließlich der Bewaffnung, die Lanze ausgenommen. Für diese gab es einen eigenen 'Lanzenträger', den *ṛštibara* Gaubarva, der Darius von allen Würdenträgern am nächsten gestanden haben dürfte.

*

Zweimal in der oberen Grabinschrift des Darius (DN*a*) und zweimal in seiner Burgbau-Inschrift aus Susa (DS*f*) kommt in der elamischen Fassung ein Wort *te-nu-um* vor, das einem ap. *framānā* 'Gebot' oder 'Befehl' entspricht. In DN*a* Abs. 1 ist es mit ap. *dāta-* 'Gesetz' und dem elamischen Personale der 3. sg. *-ra* verbunden zu *te-nu-um.da-ut-ti-ra* = ap. *framātāram* 'den Gebieter'. In DS*f* Abs. 8 erscheint die Mischform *te-nu-um.da-ut-tuk* = ap. *framātam* 'es wurde befohlen', d. h. die Verbindung von *te-nu-um* mit *dāta-* ist hier sogar ins elamische Passiv versetzt. Allerdings nur in der älteren Fassung von DS*f*; die 1970 von Jean Perrot in Susa neugefundene Fassung (vgl. F. Vallat, ,,Table élamite de Darius Ier" in RA 64 [1970] 149–160, bes. S. 156) gibt in Zeile 55f. lediglich die elamische Umschreibung *pír-ra-ma-ut-tam$_6$* = ap. *framātam*.

Seit 1938 gilt *te-nu-um* auf Grund von E. Herzfeld (*ApI* S. 125f.) für ein persisches Wort in elamischem Gewande. Als **daini-* f. 'Befehl' hat es M. Mayrhofer in sein *Lexikon* [1964, 114] aufgenommen und es als wohl verwandt mit aw. *daēna-* f. 'Religion' bezeichnet.

Es muß aber auffallen, daß aus einem Wort der *ā*-Deklination plötzlich ein *i*-Stamm (wenn man das elamische Zeichen *nu* als *ni* liest, was fast stets richtig ist) oder gar ein *u*-Stamm (wenn man es als *nu* liest, was gelegentlich zutrifft) geworden sein sollte. Tatsächlich kommt jedoch *te-nu-um* bereits in einer Inschrift des elamischen Königs Shutruk-Nahhunte II. (reg. 717–699) vor. Dort heißt es: ,,Die Götter Himmels und der Erde [*ti*]-*ik-qa-áš-da*" = ,,hatten gewollt". Dann geht es weiter: *te-nu-um na-ap-pi* = ,,das Gebot der Götter" — der Rest ist zerstört und unverständlich. Dieses Vorkommen von *te-nu-um* war Friedrich Wilhelm König (*Die elamischen Königsinschriften* [Graz 1965] S. 166, Anm. 14) natürlich nicht verborgen geblieben, hatte ihn jedoch nur dazu bewogen, ,,iranische Einflüsse schon vor den Achamaniden auf Elam anzunehmen", was geschichtlich höchst unwahrscheinlich ist.

Ich halte *te-nu-um* weder für iranisch noch für elamisch, sondern für ein ins Elamische eingedrungenes *assyrisches* Lehnwort, nämlich für *dēnum* in der wohlbekannten Bedeutung 'Urteil, Gebot'.

rmātam = 'Landgut, Lehen'

In Abs. 47 der Behistan-Inschrift hat die elamische Fassung in Zeile 31 f.: h. *hal-mar-ri-iš* v. *ir-šá-da hi-še* h. *har-ra-u-ma-ti-iš* v. *ir-ma-tam₆* v. *mi-ma-na-na*, zu deutsch: ,,eine Burg namens Ršādā in Arachosien, *irmatam* des [Satrapen] Vivāna".

Schon Ernst Herzfeld hat (in *ApI* [1938] 53 und 125) in *irmatam* ein iranisches Lehnwort erkannt. Er wollte es mit 'ackergut' oder 'siedlung, acker' wiedergeben. In seinem nachgelassenen Werk *The Persian Empire* (hrsg. von Gerold Walser [Wiesbaden 1968] 334) heißt es dazu: ,,The rmatam was evidently a horse-ranch, and *rmatam*, a loanword from OP., must mean 'ranch'", mit der Anmerkung: ,,Cf. Aw. *ārmaiti* in the meaning 'agricultura'." F. H. Weißbach hatte (KA [1911] S. 52 Anm.) für *irmatam* eine Bedeutung 'Residenz' erwogen. F. W. König wollte das Wort nicht auf die Burg Ršādā beziehen, in der ich das heutige Qandahār vermute, sondern auf ganz Arachosien. Das überzeugt nicht, wenn man das ziemlich häufige Vorkommen von *irmatam* in den Hofkammertäfelchen berücksichtigt: dort handelt es sich stets um kleine Gebiete, mit Namen, die uns nicht vertraut sind, niemals um Satrapien. Wohl aber dürfte F. W. König mit seinem Vorschlag, *irmatam* als 'Lehensland' zu übersetzen, ungefähr das Richtige getroffen haben (*Relief und Inschrift des Königs Dareios I am Felsen von Bagistan* [Leiden 1938] 75).

Übrigens fehlt in der persischen Fassung von DB Abs. 47 die Entsprechung für ,,das *irmatam* des Vivāna". Anscheinend hat Darius, als der Wortlaut seiner Inschrift aus der ursprünglichen elamischen Erstfassung ins Persische rückübersetzt wurde, den uns beschäftigenden Zusatz getilgt, wohl weil damals — 519 v. Chr. — Vivāna nicht mehr Satrap von Arachosien gewesen ist und daher auch seinen Lehenssitz Ršādā eingebüßt hatte.

Das zu klärende Wort erscheint in den Hofkammertäfelchen in den Schreibungen *ir-ma-tam₆*, *ir-ma-ut-tam₆* und *ir-ma-at-tam₆*. Einmal erscheint es sogar bereits auf einem elamischen Täfelchen aus dem Zeughaus von Susa der Zeit des ausgehenden 7. Jahrhunderts (*Mém.* 9 [1907] Nr. 109:13), und zwar als *ir-mat-tam₆*. Auffällig ist die durchgehende Verwendung des Zeichens *tam₆* (= GIM) in 27 Belegen. Es kommt sonst verhältnismäßig selten vor, z. B. in der elamischen Umschreibung *har-ma-[iš]-tam₆* von ap. *arvastam* 'körperliche Tüchtigkeit', oder in der elamischen Wiedergabe *pír-ra-ma-ut-tam₆* von ap. *framātam*, die eben erwähnt wurde, oder in der elamischen Umschreibung *pír-ra-tam₆-ma* von ap. *fratama* 'Oberster, General' (vgl. hierzu W. Eilers in ZA 1955, 232) oder in *da-at-tam₆* für ap. *dātam* 'Gesetz'. Offenbar wandten die elamischen Sekretäre dieses Zeichen immer dann an, wenn sie eine eindeutige Lesung *tam* sicherstellen wollten, zum Unterschied von *tam₅* (= PÍR), das in persischen Wörtern meist *tau/dau-* wiedergibt, gelegentlich auch *tahm-*.

In meinem privaten Vorabdruck der *Neuen Wege im Altpersischen* [Göttingen 1970] habe ich (S. 21 f.) in *irmatam* ein persisches **rvatam* oder **vratam* = 'Beeidetes' = 'Schwurland' = 'Lehen' aufzeigen wollen. M. Mayrhofer hat dies (in Fs. Scherer [1971] 58) gebilligt und zugleich Herzfelds Deutung verworfen. Ich bin aber heute eher geneigt, mich Herzfeld anzuschließen.

Die *Bedeutung* des Wortes ist heute nicht mehr strittig: die Hofkammer-täfelchen erweisen für *irmatam* eine Übersetzung 'Landgut' oder, mit R. T. Hallock (PFT S. 704), 'dwelling, estate'. Hallock hält es mit Recht für ungefähr gleichbedeutend mit *ap-pi-iš-da-man-na* (drei Belege), das aber anscheinend größere Ausmaße hatte. I. Gershevitch hat ('Garb' [1969] 166) darin ein **abistāvana-* bzw. **abištāvana-* erkannt, „which will provide as possible an etymology for NP *ustān*, Man. MP ꜣwystꜣm 'province'."

Der Grund, weshalb ich *ir-ma-ut-tam₆* usw. nicht mehr als **vratam* oder **rvatam* ansetzen möchte, ist darin zu suchen, daß el. *ir-* in iranischen Wörtern in aller Regel vokalisches *r* wiedergibt (z. B. *ir-da-* = *rta-*). Insofern scheint mir also Herzfeld mit einer Lesung *rmatam* ungefähr das Richtige getroffen zu haben; genauer wäre wohl **rmātam* n. Man hat Herzfelds Verbindung des Wortes mit aw. *ārmaiti-* verworfen wegen des *ā* zu Anfang; allein, dieses ist doch offenbar eine spätere Entwicklung aus ursprünglichem **arəm-maiti-*. Es kommt aber mehrfach vor, daß im Persischen mit vokalischem *r* anlautende Wörter im Awestischen *ar-* haben, z. B. aw. *aršti-* 'Lanze' für ap. *ršti-*, oder aw. *aša-* 'Rechte Ordnung' für ap. *rta-*.

Für eine Lesung **rmātam* spricht auch der iranische Frauenname, der in PF 1209:8f. als *ir-ma-ti-iš* belegt ist und von dem E. Benveniste (*Titres* 85) bemerkte: „ressemble fort à *Aramati*, sous l'aspect du trisyllabe av. *Ārmati*." Ich würde diesen Namen als **rmātiš* 'die Andächtige' o. ä. ansetzen.

Das iranische Wort **rmātam* 'Landgut' ist, wie aus dem vorhin erwähnten Susa-Täfelchen erhellt, bereits im 7. Jahrhundert ins Elamische eingedrungen. In diesem Täfelchen Nr. 109 wird eine Abgaben-Sendung verbucht. Upukra, die Gattin des Humban-rasma, hatte an die Hofkammer zu Susa folgendes abgeliefert: fünf naturfarbene Wollgewänder, zwei buntgemusterte Hemden, drei blaue Leibröcke, einen gelben Leibrock sowie eine Gürtelschärpe (?); für die Einzelheiten verweise ich auf meinen Beitrag „Zu den Zeughaustäfelchen aus Susa" (Fs. W. Eilers [1967] 85–98). Upukras Gemahl Humban-rasma hatte der Abgabensendung noch die Wollschur und die Häute von fünf großen Hammeln beigefügt. Dies alles vereinnahmte in Susa Hofintendant Kutakaka.

Auf besagtem elamischen Täfelchen steht hinter dem Namen des Humban-rasma, vermutlich eines Edelmannes der Susiana, als nähere Kennzeichnung eben das uns beschäftigende *ir-mat-tam₆*. Da kein Ortsdeterminativ davorsteht, kann es sich nicht um eine geographische Bezeichnung handeln. Wenn man daher das Wort als persisch **rmātam* 'Landgut' deutet, wäre in dem Täfelchen gesagt, die Abgabensendung an die Hofkammer zu Susa stamme eben aus dem Landgut des Humban-rasma und seiner Gemahlin. Offenbar war also der persische Begriff den Elamern im ausgehenden 7. Jahrhundert schon so vertraut, daß sie es als Lehnwort benutzten. Möglicherweise hatten die Perser, als sie um 700 v. Chr. unter Achämenes in die Persis — also nach Anzan — eingewandert waren, von den elamischen Königen solche Landgüter zu Lehen erhalten. Das persische Wort dafür, **rmātam*, wäre dann auch für heimisch-elamische Feudalherrensitze üblich geworden, auch wenn uns dafür bisher nur dieses einzige Belegtäfelchen überliefert ist.

Ich habe, um dies noch hinzuzufügen, meine Lesung von *ir-ma-ut-tam₆* als **vratam* nicht deswegen aufgegeben, weil ich mich der Auffassung von O. Szemerényi anschlösse, der für das Altpersische verficht, aus *wr-* sei bloßes *r-* geworden (in *Die Welt der Slaven* 12 [1967] 273; M. Mayrhofer hat mich dankenswerterweise auf diese Stelle hingewiesen). O. Szemerényi kommt zu dieser Auffassung, weil er ap. *rādī* 'wegen' von älterem **wrādī* ableitet, „the instrumental of an *i*-stem noun **wrā(d)-i-* 'joy, pleasure'." In Anm. 13 fügt er hinzu: „Hence Gershevitch's OP [*v*]*ratiyaiy* (Mithra 184) becomes more than doubtful as a linguistic possibility."

Dem kann ich mich nicht anschließen, und zwar wegen gewisser elamisch umschriebener Eigen- und Ortsnamen, die m. E. ein ap. *vr-* wiedergeben. Ein solcher Name gehört einem Iraner, der in der Spätzeit des Xerxes Hofschatz-wart war (vgl. ZA 1971, 263). Er begegnet als *ru-ma-te-in-da* oder *ú-ra-tin-da* oder *ra-tin-in-da* (das elamische Zeichen *tin* hatte damals den Lautwert *ten*). Dies alles meint nach einer brieflichen Mitteilung W. B. Hennings ein ap. **Urvatayant-*. Auf die Tatsache, daß die alten Perser Adjektive auf *-ant-* vielfach in die *a*-Deklination übergeführt haben, wird im Verlaufe dieser Untersuchung noch mehrfach hinzuweisen sein. Ob man nun den fraglichen Namen **rvatayanta* lesen will oder **vratayanta* (ich ziehe das letzte vor) — in jedem Falle erhält man einen iranischen Eigennamen, der eben nicht mit bloßem *r-* anfängt und dessen Bedeutung ein 'Gelobender' o. ä. (zu ai. *vratá-* 'Gelübde') sein dürfte.

Ebenso scheint mir der Eigenname, der elamisch (Belege in PFT S. 749) als *ru-ma-da* oder *ru-ma-ud-da* oder *ru-ma-ad-da* auftaucht, aw. *urvata-* zu meinen, „eine gute Eigenschaft des Kamels" (*AirWb.* 1535). Den Namen zu aw. *urvād-* zu stellen, verbietet der von Erica Reiner eingeführte und in der Fachwelt heute nach ihr benannte Test (,,The Elamite Language" im *Handbuch der Orientalistik*, 1. Abt. 2. Bd. [1969] S. 112–114), wonach die Schreibung

-ud-da bzw. *-ad-da* einen iranischen *t*-Laut anzeigen soll, auch wenn Schreibungen bloß mit *-da* vorkommen. Freilich, auch dieser Test hat — wie könnte es bei Elamern anders sein? — seine Schwächen, z.B. wenn ap. *diδā* 'Burg' el. als *ti-ud-da* erscheint, und zwar ausnahmslos . . .

Ferner gehört wohl hierher auch der Ortsname, der in den Hofkammertäfelchen bald als *ú-ra-an-du-iš*, bald als *ra-an-du-iš*, bald als *mi-ra-an-du* erscheint (Belege in meinem Aufsatz „Achämenidische Hofverwaltung", ZA 1971, 265 Anm. 18) und der ein persisches **Vrantuš* wiedergeben dürfte.

*

Abs. 4 der oberen Grabinschrift des Darius war in der elamischen Fassung an seinem Ende umstritten. DN*a* 37f. lautete bei F. H. Weißbach (KA S. 90): v.ʀᴜʜ.lg v. *bar-sir-ra šá-da-ni-qa* v. *bar-sìp ik-qa-mar be-ti za-la*(?)*-in-da*, in seiner Übersetzung: „der persische Mann hat fern von Persien Schlachten geliefert." Nun heißt *be-ti* in der Tat 'Schlacht'; jedoch machte die anschließende Verbalform Schwierigkeiten. Joh. Friedrich (*Or.* 1943, 25) wollte sie in *za-ma-in-da* abändern, und diesen Vorschlag übernahm Erica Reiner („The Elamite Language" [1969] 109). Allerdings erwog sie eine Transkription *petiča ma-n-t*, wobei sie *petiča* als 'fought' deutete, *mant* aber als Zitierform der wörtlichen Rede in der 2. Sg., also: „fought QUOT/ing-you". Doch zog Erica Reiner bereits die Möglichkeit in Betracht, es könne im Elamischen lediglich eine Umschreibung von ap. *patiyažata* vorliegen, „contracted to **patijatā*, and rendered *petiča* in Elamite transcription".

Auf Grund einer neuen Aufnahme des Dariusgrabes konnte ich zeigen, daß am Felsen *za-na-in-da* steht (*Altiranische Funde und Forschungen* [1969] 62; ein gutes Lichtbild jetzt in Erich F. Schmidt, *Persepolis* III [Chicago 1970] Plate 33). Indem ich *be-ti za-na-in-da* mit: „du [Perser fern von Persien] hast Schlachten geschlagen" übersetzte, ging ich jedoch in die Irre. Die Wendung ist nämlich wirklich, wie Erica Reiner erwogen hatte, und wie jetzt auch R. T. Hallock (PFT S. 676) annimmt, altpersisch. Hallock las dementsprechend das elamische Zeichen *be* als *bat*, was richtig ist. Er geht aber fehl, wenn er das Zeichen *na*, das früher *la* gelesen wurde, als Steinmetzversehen überhaupt tilgen und einfach *bat-ti-za-in-da* lesen will, das er für die Wiedergabe von ap. *patiyažata* hält.

Die Lösung dürfte *bat-ti-za-na-in-da* lauten und ap. **patijananta* meinen. Mit anderen Worten: die elamische Fassung wiederholt hier nicht einfach das persische Vorbild, sondern wandelt es ab. Dafür gibt es andere Beispiele: so hat die elamische Fassung von DB Abs. 25 in Zeile 65 *tar-ma áš-du* = *drva *astu* = „[mein Land] sei fest!", wo die persische Fassung *drva ahati* bietet (zu *drva* 'fest' vgl. R. Schmitt in *Die Sprache* 1970, 80f.), also einen Konjunktiv, nicht den Imperativ der elamischen Fassung. Dieser Imperativ **astu* ist im Altpersischen sonst überhaupt nicht belegt. In dem uns beschäftigenden Falle hat der elamische Sekretär bei seinem *bat-ti-za-na-in-da* nicht das mediale Imperfekt der persischen Fassung wiederholt, sondern er wählte eines der im Altpersischen selten belegten Partizipien des Präsens Aktiv auf -*nt*.

Freilich würde man im Nominativ nicht **patiǰananta* erwarten, sondern (entsprechend dem *tunvǎ* 'mächtig' in DN*b* 10), **patiǰanǎ*. Bei den zahlreichen iranischen Eigennamen der Hofkammertäfelchen auf -*nta* behilft sich I. Gershevitch mit der Annahme einer thematischen Erweiterung, z. B. *ap-pi-iš-man-da* = **abišvanta* 'der Arglose' ('Amber' 180). M. Mayrhofer erwägt dagegen die Möglichkeit einer „vulgär-altpersischen" Form -*ǰanantah* mit Überführung in den *a*-Stamm, genau parallel dem Genitiv von 'mächtig' in DN*b* 9: *tunvantahya*. Solchen Überführungen in die *a*-Deklination begegnet man, wie vorhin schon angedeutet, in dem neuen Quellenstoff auf Schritt und Tritt.

Wo also in DN*a* Abs. 4 die persische Fassung sagt: „der Perser hat den Feind zurückgeschlagen" (*patiyažata*), drückt sich die elamische Fassung bemerkenswerterweise präsentisch aus: „[der Perser] ist ein Zurückschlagender" (**patiǰananta*).

*

Nicht erkannt wurde bisher, daß die Inschrift Artaxerxes' II. (404–359), die vom Wiederaufbau des durch Brand vernichteten Darius-Palastes zu Susa berichtet (A2S*a*), in ihrer elamischen Fassung am Schluß zwei persische Wörter enthält.

Der Großkönig ruft in der Inschrift die Götter Ahuramazdāh, Anāhitā und Mitra an, den von ihm neugebauten Apadāna „nicht zu zerschlagen noch zu beschädigen" — so nach der gut erhaltenen akkadischen Fassung. Die elamische Fassung hat: *an-nu hi-ya-du an-nu ki-ya-da* und noch ein letztes Wort, das F. H. Weißbach (KA 124) zweifelnd *te-ma-qa-in* las, das aber wahrscheinlich *me-ul-qa-in* lautet. Das zweimalige *an-nu* (gesprochen *ani*) entspricht ap. *mā* im Sinne von 'ja nicht!' Doch weder *hi-ya-du* noch *ki-ya-da* sind elamisch.

In *hi-ya-du* steckt ein altpersischer Imperativ der 3. pl. auf -*yantu* = „sie [die Götter] sollen nicht . . . . .en!" Allein, da weder *hiyantu* noch *xiyantu* im Altpersischen einen Sinn ergeben, vermute ich, daß F. H. Weißbach das erste Zeichen verlesen hat; er sagt selbst, die Lesung sei unsicher. Statt *hi* würde ich das ganz ähnliche Zeichen *ti* erwägen. Dies ergäbe ap. **dⁱiy·tᵘuv* = **δyāntu* „sie sollen [nicht] beschädigen!", zu aw. *zyā-* 'schädigen', np. *ziyān* 'Schaden'.

In *ki-ya-da* steckt offenbar ein altpersisches Adverb im Sinne von 'irgend', wohl **kayada* zu transkribieren und zu *kai* = gr. ποι 'irgendwo' (wie in *adakai* 'damals') zu stellen mit der adverbiellen Endung *da* wie in *avada* 'dort'.

Monatsnamen

Die elamischen Umschreibungen der altpersischen Monatsnamen vermögen einige bisher unbeachtete Einzelheiten zu klären, in einigen Fällen, wo die altpersische Entsprechung nicht belegt ist, diese überhaupt erst zu liefern.

*

Der Name des ersten Monats wird allgemein als *adukanaiša* angesetzt. Der einzige altpersische Beleg dafür findet sich in DB 2, 69 als Genitiv ˀ*d*ᵘ*uk*[*ni*]*šhy*. Von den beiden Zeichen in der eckigen Klammer ist nach King/Thompson das erste ganz verwittert, muß aber nach den elamischen Umschreibungen ein *n* sein; das zweite läßt noch die beiden unteren Senkrechtkeile von *i* erkennen. Träfe die angeführte persische Transkription *adukanaiša* zu, müßte man im Elamischen als zweites Glied -*kán-ni-šá* erwarten, da das Zeichen *ni* den Lautwert *ne* hatte und zur Wiedergabe des altpersischen Diphthonges *ai* benutzt wurde. Tatsächlich aber lautet die elamische Schreibung in DB *ha-du-kán-na-iš-na* (mit Genitivaffix -*na*), sie stimmt also mit der persischen nicht überein.

Die elamischen Umschreibungen des Monatsnamens sind von R. T. Hallock (PFT S. 686) übersichtlich zusammengestellt. Die Behistan-Schreibung *ha-du-kán-na-iš* findet sich dort 35mal belegt. Zu ihr gehören die elf Belege für *ha-du-kán-na*. Diesen Schreibungen liegt ap. **adukana-* zugrunde, d. h. das -*iš* (der Vokal ist in solchen 'gebrochenen' Schreibungen nicht zu beachten, er wurde nicht gesprochen) ist elamische Zutat, nämlich die massenhaft bezeugte, noch immer unerklärte Hinzufügung eines -*s* an persische Nomina.

Die nächsthäufige Schreibung des Monatsnamens in den elamischen Täfelchen ist *ha-du-kán-nu-ya* mit Variationen, 46mal belegt, darunter einmal in der korrekten altpersischen Form *ha-du-kán-ya* = **adukanya-*.

Eine dritte Form dürfte in den 22 Belegen von *ha-du-kán-nu-iš* vorliegen, ergänzt durch 7 Belege von *ha-du-qa-nu-iš*. Da das elamische Zeichen *nu* in aller Regel *ni* wiedergibt, dürften wir es hier mit einem ap. *adukaniš zu tun haben, und eben diese Form liegt offenbar in DB 2, 69 vor.

Wir begegnen somit den drei Formen **adukana-*, **adukanya-* und *adukaniš, wovon nur die letzte altpersisch bezeugt ist. Von dieser Form müßte der Genitiv wohl *adukanaiš lauten; tatsächlich ist das Wort jedoch in die *a*-Deklination übergeführt worden, und der Genitiv lautet daher *adukanišahya*.

Strittig ist noch, ob der Anlaut lang oder kurz ist. Da die elamischen Umschreibungen sämtlich *ha-du*- haben, dürfte im Persischen langes *ā* gemeint sein. Oder wurde die Schreibung *ad-du*- vermieden, weil dies gemäß dem Reiner-Test persisch *atu- wiedergegeben hätte? Eine sichere Entscheidung ist nicht möglich, doch würde ich *ādu*- vorziehen.

Bleibt die Frage nach der Bedeutung des Namens des ersten persischen Monats, der ungefähr mit Frühjahrsbeginn einsetzte.

Im allgemeinen hat sich die Deutung von F. Justi (ZDMG 1897, 245f.) durchgesetzt, nämlich als '[Monat des] Ausstechens (= Reinigens) der [unterirdischen] Wassergräben', der Qanāte. Bestritten wird diese Deutung von R. Emmerick (in TPhS 1966, 4), der einen '[Monat des] Kornsäens' erwägt, gebildet aus *ādu*- (aw. *āδū*) und *kan*- 'werfen'. In TPhS 1967, 204 verwies Emmerick auf sogdisch ˀ*δ*ᵘ*wk*/ˀ*δwk* = 'grain' und auf aw. *āδū.frāδana-*, das er als 'seed-prospering' deutet. Dieser zunächst einleuchtenden Deutung steht jedoch entgegen, daß der voraufgehende (zwölfte) Monat der 'Pflugmonat' war, wie unten zu zeigen sein wird; das Säen ging aber mit dem Pflügen oder

Umgraben unmittelbar einher, folgte also nicht einen Monat danach. Somit würde ich den ersten Monat als *ādukaniš* ansetzen mit den Nebenformen **ādukana-* und **ādukanya-* und ihn mit F. Justi als '[Monat des] Kanalgrabens' deuten.

*

Der zweite Monat, *θūravāhara-*, erscheint in korrekter elamischer Umschreibung 8mal als *tu-ra-ma-ráš* und 23mal als *tu-ru-ma-ráš*, wobei *ru* Signal dafür ist, das folgende *ma* als *va* zu lesen. Die weitaus häufigsten Schreibungen haben aber *tu-ir-ma-ir* oder *tu-ru-ma-ir*, was ein gesprochenes **θūrvāhar* wiedergibt, also eine schon mittelpersische Aussprache anzeigt.

Zur Deutung des Monatsnamens hat W. Eilers (in den *Abh. Akad. Mainz* 1953/2, 45) 'Festfrühlings-Monat' vorgeschlagen; ich möchte aber die alte Justi'sche Deutung (ZDMG 1897, 242) als '[Monat des] starken Frühlings' beibehalten. Denn das persische Frühlingsfest fiel immer in die letzte März-Dekade, allenfalls in den Anfang April, nicht aber in die Zeit Ende April bis in den Mai hinein, mit der wir es beim zweiten Monat zu tun haben.

*

Beim dritten Monat, dem *θaigračiš* (trotz der Schreibung mit Alef in DB 2, 46f., das lediglich *mater lectionis* ist, so zu umschreiben, nicht wie bisher *θāigračiš*), wurde ebenfalls gemäß den elamischen Umschreibungen vielfach schon mp. **θaigrčiš* gesprochen, nämlich auf Grund der elf Belege *sa-a-kur-zí-iš*, wobei *kur* lediglich *gr* meint. F. Justis Deutung als '[Monat der] Knoblauchlese' (ZDMG 1897, 243) dürfte unbestritten sein.

*

Der vierte persische Monat, *garmapada*, nach F. Justi (ZDMG 1897, 247) '[Monat des] Standortes der Hitze' — ich würde vorschlagen: 'des Hitzegrundes' —, ist unproblematisch und wird hier nur der Vollständigkeit halber angeführt.

*

Der fünfte Monat ist nur in elamischer Umschreibung bekannt, die in aller Regel *tur-na-ba-zí-iš* oder *tur-na-ba-iz-zí-iš* (91 Belege) lautet, neunmal *tar-na-ba-zí-iš*, einmal *du-ur-na-ba-zí-iš*. Dies meint offensichtlich ap. **drnabāžiš* = '[Monat der] Ernte-Steuer', wie ich schon in ZA 1950, 351 dargetan habe. Ich stelle **drna-* zu aw. *dərənā-* 'spalten', np. *daridan* 'herausreißen' und np. *derou* 'Mahd, Ernte'; das zweite Glied ist ersichtlich *bāži-* f. 'Steuer, Zins, Tribut'. Anscheinend gab es noch eine Abwandlung dieses Monatsnamens, nämlich **drnabāžiya-* gemäß den vier elamischen Umschreibungen *tur-na-ba-zí-ya-iš* (Belege bei R. T. Hallock, PFT S. 765).

*

Auch der sechste persische Monat (August/September) ist nur in elamischer Umschreibung überliefert, die äußerst mannigfaltig ist (Belege bei R. T. Hallock, PFT S. 710). Die wohl genaueste Wiedergabe bietet die Schreibung *qa-ra-ba-ši-ya*. Am häufigsten belegt sind *qa-ir-ba-ši-ya-iš* und *kar-ba-ši-ya-iš*, danach *qa-ir-ba-ši-ya* und *kar-ba-ši-ya*. Nicht selten tritt an die Stelle von *ba* das elamische Zeichen *pi*. In ZA 1950, 351 habe ich den Namen als '[Monat des] Dornenbündelns' vorgeschlagen, also im ersten Glied *xāra-* (mp. und np. *ḫār*) 'Dornen[gestrüpp]' angesetzt und das zweite zur awestischen Wurzel *pas-* 'zusammenbinden' gestellt. Diese Wurzel würde ap. *paθ-* lauten, was bei Antritt des Formans *-ya* ein *pašya-* ergäbe. Entsprechend lese ich den Monatsnamen ap. *xārapašya-*; die häufigere, schon mittelpersische Aussprache war aber offensichtlich *xārpašya-*.

Eine Lesung *kāra-* des ersten Gliedes im Sinne von 'Korn' (zu dieser an sich möglichen Lesung siehe weiter unten) verbietet sich aus Kalendergründen: wenn die persischen Bauern im fünften Monat (Juli/August) ihre Erntesteuer in Form von Getreide bezahlten, konnten sie nicht einen Monat darauf dieses erst 'bündeln', abgesehen davon, daß Korngarben eine abendländische Erscheinung sind. Im Orient wurde zu allen Zeiten das Getreide geschnitten, auf einen Haufen getragen und durch Rinder mit hölzernen Dreschschlitten gedroschen; gebündelt wurde es nicht. Überdies wäre der September in Iran für die Ernte viel zu spät; aber für das Einsammeln und Bündeln des dürren Kameldorngestrüpps zur Verwendung als Brennstoff ist er bestens geeignet.

E. Benveniste hat (*Titres* [1966] 86) den elamisch überlieferten Eigennamen *kar-bat-ti-ya* (PF 1591:3) zu unserem Monatsnamen gestellt, ohne eine Deutung zu versuchen. Hier ist aber das zweite Glied wahrscheinlich *paθya-* zu aw. *paiθya-* 'teilhaftig', und man wird daher das erste Glied lieber *kāra-* lesen wollen in seiner Bedeutung 'Volk, Heerbann'. Der Name *kārapaθya* wäre dann etwa mit 'Volkhaft' übersetzbar und einem Meder oder Ostiraner zuzuweisen.

*

Der siebente Monat, *bāgayādiš* (mit, wie oben gezeigt, spirantisiertem *d*), erscheint in elamischer Umschreibung weit überwiegend (90 Belege) als *ba-gi-ya-ti-iš*, allenfalls mit *ki* statt *gi* (25 Belege). Eine altpersische Nebenform *bāgayādiya-* wird durch vereinzelte Schreibungen *ba-gi-ya-ti-ya-iš* und *ba-ki-ya-ti-ya-áš* nahegelegt.

Die Bedeutung des Monatsnamens ist noch immer umstritten. Nach F. Justi (ZDMG 1897, 247) wäre es der '[Monat der] Verehrung des Gottes [Mithra]'. Auffällig ist aber die Form *bāga-* statt *baga-* und ebenso *yāδ-* statt *yaδ*. Dazu bemerkte W. B. Henning (JRAS 1944, 134 Anm. 2): „*Bāgayādi* would be the only case of *vr̥ddhi* in an Old Persian month-name." Und: „A form from √*yaz* corresponding to *-yādi* is unknown elsewhere in Iranian." Henning, der den 'rein bäuerlichen' Charakter der altpersischen Monatsnamen mit Recht hervorgehoben hat, wollte das erste Glied lieber als *bāga-* 'Los,

Anteil, bebautes Land' auffassen, das später zu 'Garten' wurde, np. *bāġ*. Zwar hat W. Eilers (in den *Abh. Akad. Mainz* 1953/2, 8, 11 ff. und 27 ff.) np. *baġyāz* 'Festgeschenk' herangezogen, und ihm folgend hat auch M. Mayrhofer (*Lexikon* S. 110) einen Festnamen **baga-yāda-* 'Gottesverehrung' angesetzt. Allein, ich vermag mich dem nicht anzuschließen, sondern folge im wesentlichen Henning, indem ich für den *bāgayādiš* eine Deutung '[Monat der] Gartenhege' für gegeben halte. Im September/Oktober gräbt man den Garten um, versorgt Bäume und Sträucher usw.

*

Der achte Monat ist nur aus elamischen Umschreibungen bekannt. Die häufigsten (insgesamt 69) sind *mar-qa-šá-na-iš* oder *mar-qa-šá-na-áš*; dann folgt, 36mal belegt, *mar-qa-šá-na*. Statt *šá* ist viermal *za* belegt; einmal (vgl. PFT S. 726) findet sich eine Schreibung *mi-ir-qa-šá-na*, die auf vokalisches *r* im Anlaut hinweist.

Bereits 1950 hatte ich (in ZA 49, 351) dafür ein **vrkažana-* = '[Monat der] Wolfsjagd' eingesetzt. W. Eilers hat (in den *Abh. Ak. Mainz* 1953/2, 63) eine ungefähr selbe Deutung veröffentlicht, nämlich 'Wolfsschläger' oder 'Wölfeschlagen'. Die Fachwelt hat aber anscheinend davon keine Notiz genommen. R. G. Kent (*Old Persian* [1953²] 206) übersetzte 'Month of the Wolf-Men', indem er das zweite Glied als *zana* 'man' auffaßte; selbst wenn man diese — medische — Form zugrunde legte, müßte sie im Elamischen als *za-na* erscheinen, und das ist seltene Ausnahme. Die fast ausschließliche Schreibung mit *šá* deutet vielmehr auf ap. *ž* als Aussprache von *j* zwischen Vokalen. Im Nachtrag hat Kent noch auf I. Gershevitch verwiesen, der (in *Asia Major* 2 [1951] 142) ein ap. **ʰuwarka-jana-* ansetzte, dessen erstes Glied er als 'embers' deutete. Aber 'Glutasche-Schlagen' will als Monatsname nicht eben einleuchten; auch steht die Schreibung *mi-ir-qa-* dieser Lesung entgegen.

*

Besonders umstritten ist noch immer der neunte Monat, *āçiyādiya*. Die dieser Form entsprechende elamische Umschreibung *ha-iš-ši-ya-ti-ya-iš* (oder auch ohne *-iš*) ist jedoch im ganzen die Ausnahme; in den elamischen Täfelchen aus Persepolis kommt dagegen rund hundertmal eine Schreibung *ha-ši-ya-ti-iš* o. ä. vor, woraus hervorgeht, daß der normale altpersische Name dieses Monats **āçiyādiš* gewesen ist.

Gegen die gängige Deutung des Monatsnamens als '[Monat der] Feuerverehrung' ging W. B. Henning an (in JRAS 1944, 134 Anm. 2) mit dem Argument, ein solcher Name könne im Altpersischen nur *ātryādiya* gelautet haben; so aber liege in Wirklichkeit im ersten Glied ursprünglich ein **āθriya* vor. „But this means 'ashes', not 'fire': who would worship ashes?" Tatsächlich würde awestisches (oder medisches) **āθriya* im Altpersischen als *āçiya* erscheinen wie in unserem Monatsnamen. Da aber dessen zweites Glied offenbar (wie in *bāgayādiya*) *-yāδ-* lautet, müßte man beim Henningschen Ansatz

Haplologie annehmen, aus ursprünglichem *āçiya-yāδiya*, und er hat es auch unterlassen, für den ganzen Monatsnamen eine Übersetzung zu geben.

Ich hatte mich früher Henning insofern angeschlossen, als ich einen '[Monat der] Glutaschen-Hege' annahm, was für den Dezember, wo sich die Iraner noch heute gerne um das *korsī* mit seiner Aschenglut versammeln und deren behagliche Wärme genießen, ganz passend erschien. Grundsätzlich halte ich dies noch immer für richtig, aber ich habe mich davon überzeugen lassen, daß aus ap. *ātr-* 'Feuer' nicht nur bei Hinzutritt eines Vokals *āç-* wird, sondern auch bei Anfügung eines mit *y* beginnenden Wortes. Hier haben J. Duchesne-Guillemin, M. Mayrhofer und O. Szemerényi gegen Henning recht. (Tritt ein mit sonstigem Konsonant beginnendes Wort hinzu, so bleibt *ātr* erhalten, z.B. in dem Namen *ātrdāta* 'Feuergeschaffen'.) M. Mayrhofer hat mich (brieflich) darauf hingewiesen, daß aus *ātr-ya-* ap. *āçiya-* wurde, so wie aus *čakr-yāt* ap. *čaxriyā* geworden ist.

Somit haben wir es beim ersten Glied des Monats *āçiyāδiya* einwandfrei mit 'Feuer' zu tun. Das zweite Glied dürfte — wie im Falle von *bāgayāδiš* — 'hegen, pflegen, unterhalten' bedeuten, so daß ich für den Monatsnamen eine Deutung '[Monat der] Feuer-Hege' vorschlagen möchte, freier: 'des Ofen-Unterhaltens'. Denn auch in anderen Kalendern, z.B. im syrischen und im türkischen, sind die Namen von Dezember und Januar mit dem Wort 'Ofen' (*kānūn*) verknüpft.

*

Der zehnte Monat, ap. *ʾnʾmk*, ist von F. Justi — wenig glücklich — als '[Monat des] namenlosen [Gottes]' gedeutet worden (ZDGM 1897, 248f.), obschon uns in der ganzen mehrtausendjährigen Geschichte Irans niemals ein 'namenloser Gott' begegnet. Da sich aber in den elamischen Umschreibungen des Monatsnamens nur in zehn Prozent der Fälle eine Schreibung *an-na-* findet, sonst stets *ha-na-*, ist der Anlaut ganz offensichtlich lang gewesen, und wir haben ap. *ānāmaka* zu lesen mit einer Bedeutung 'der namhafte [Monat]'. Freilich, aus welchem Grund der Januar den alten Persern als 'berühmter' Monat galt, vermöchte ich nicht zu sagen, es sei denn, sie hätten das Wort als 'berüchtigt' verstanden.

*

Den elften Monat, nur elamisch überliefert, hat G. G. Cameron (PTT [1948] 45) ermittelt, indem er *sa-mi-ya-maš*, *sa-mi-ya-man-taš* und *sa-mi-man-taš* zu aw. *θwayahvant-* 'gefährlich, schrecklich' stellte, was für den Februar ein einleuchtender Name ist. Tatsächlich heißt der Februar auch im Ossetischen 'Monat der Bedrohung' (vgl. V. I. Abayev [Abaev] in der Gs. Henning [1970] 2). Den persischen Monatsnamen wird man sowohl als *θwayaxvanta-* ansetzen müssen, mit Überführung in die *a*-Deklination, wie auch als *θwayaxvā*, weil die etwas häufigere Schreibung eben *sa-mi-ya-maš* ist.

*

Der zwölfte Monat, ap. *v^iiyxn*, begegnet in elamischer Umschreibung als *mi-ya-kán-na-iš* o. ä. (rund 60 Belege) und als *mi-kán-na-iš* o. ä. (96 Belege). Entgegen der früher üblichen Umschreibung *viyaxna* wird man daher mit G. G. Cameron (PTT S. 45) entweder *viyaxana-* oder — als die häufigere Form — **vixana* ansetzen und als '[Monat des] Umgrabens (Pflügens)' deuten dürfen, eine für den März passende Bezeichnung.

4. Elamica der Schatztäfelchen

Wenden wir uns nun dem Material zu, welches G. G. Cameron in seinen *Persepolis Treasury Tablets* [Chicago 1948] vorbildlich erschlossen hat.

*

Die bisherige Lesung des persischen Eigennamens *vhuk* als *Vahauka* (DB Abs. 68) ist zwar richtig, weil in der persischen Keilschrift *h* nur vor *a* und *i*, nicht vor *u* geschrieben wird. Gleichwohl gab es auch den Namen **Vahuka*. Die häufig belegte elamische Schreibung *ma-u-uk-qa* ist nicht eindeutig und kann **vahuka-* wie auch **vahauka-* gelesen werden: *ma-u* ist sonst die regelmäßige Wiedergabe von ap. *vahu-*, kann aber, da das elamische Zeichen *u* in der Regel den ap. Diphthong *au* wiedergibt, auch **vahau-* gelesen werden. Entscheidend sind die elamischen Schreibungen *ma-ú-qa* und *ma-ú-uk-qa* (PFT 728) wegen des Zeichens *ú*, das immer gesprochenes *u* meint und somit eine Lesung **vahuka-* erheischt, nicht *vahauka-*.

Zu beachten ist dabei allerdings, daß ein ganz ähnlicher Name bei Hallock (PFT S. 724) in den Schreibungen *man-ú-uk-qa*, *ma-nu-ú-ik-qa*, ja sogar *man-ú-ú-uk-qa* auftaucht. Hierin erblicke ich den gleichen Namen, jedoch in seiner ostiranischen Ausprägung, also **Vanhuka*.

Persische Bruchzahlen

Ich komme auf das elamische Zeichen *u* (gesprochen *o*) zurück, da es auch Signal für ap. *h* vor Konsonant ist. In der elamischen Schreibung *har-ra-u-ma-ti-iš* für 'Arachosien' deutet das *u* sogar auf persisch *x*, denn zu lesen ist auch nach akk. *a-ru-ḫa-at-ti* zweifelsfrei *Haraxvatiš*. Wegen der scharfen Lautung des *x* findet sich in der elamischen Fassung der *Daiva*-Inschrift des Xerxes (XP*h* 16) sogar die Schreibung *har-ku-ti-iš*, wobei el. *ku* ap. *xva* wiedergibt (G. G. Cameron in *WdO* 1959, 473).

Mit dem Signal el. *u-ma* = ap. *xva* vor Augen, betrachten wir nun die altpersischen Bruchzahlen.

Diese hat Karl Hoffmann trotz ihrer elamischen Verhüllung im Prinzip richtig erkannt (KZ 1965, 247–254 und 300), gegen O. Szemerényi und andere, die auf die Ordinalzahlen zurückgriffen. Zu gleicher Zeit wurde dieser Fragenkreis durch I. Gershevitch gefördert (JNES 1965, 183f.), der nicht nur weitere Bruchzahlen ans Licht hob, sondern auch die Bezeichnungen für die Geld-

stücke als Bruchteile eines *krša* (Silber im Wert von 18.— Goldmark) auf-
hellte. Ich möchte hier nur auf die Richtigstellung der Transkription der altpersischen Bruchzahlen hinwirken.

Zwar ist el. *da-sa-u-ma-kaš* in altpersischer Keilschrift *$d\theta uvk$* zu transliterieren; gesprochen aber wurde das 'Zehntel-*Krša*-Silberstück' *$da\theta axvaka$-,
und man darf also nicht *$da\theta auvaka$-* transkribieren. Auch W. B. Henning
hatte noch für das von ihm in aram. *hpt̲h̲-* erkannte 'Siebentel' *haftauva*
angesetzt, weil er vermutete, das altiranische *h/x* sei vielleicht in einem
Dialekt der Persis ausgefallen (Gs. Paul Kahle [Berlin 1968] 144 Anm. 40).
Es ist aber nur in der altpersischen Keilschrift ausgefallen, nicht in der
Sprache. Die altpersischen Bruchzahlen stehen vielmehr in genauestem Ein-
klang mit den awestischen, und die einzige Frage ist, ob auch das Altpersische *h* vor *-va* hatte wie das Awestische, oder ob die alten Perser *-xva*
sprachen, was ich auf Grund eben der aramäischen Schreibung *hpt̲h̲-* für erwiesen halte.

Die aus der elamischen Nebenüberlieferung bekanntgewordenen altpersischen Bruchzahlen lauten:

çišva- 'Drittel'; die elamische Schreibung *ši-iš-maš* erweist, daß vor dem *v*
kein *u* gesprochen wurde. Das 'Viertel', ap. *čaçušva-*, erscheint elamisch umschrieben als *za-áš-ma*, gelegentlich auch als *za-iš-šu-maš* und *za-šu-iš-ma*; es
entspricht aw. *čaθrušva-*. In der Schreibung *za-iš-ma-kaš* (JNES 1965, 184)
erkannte I. Gershevitch den 'Viertel-Schekel', d. h. ein 'Viertel-Stück' bei
Silbergeld, nämlich ap. *čaçušvaka-*. Diese Lesung ist gerechtfertigt, da ein
'Viertel', ap. *čaçušva-*, auch *za-áš-maš* umschrieben wird — die elamischen
Schreiber haben sich bei der Wiedergabe iranischer Wörter oft starke Stücke
geleistet.

Das 'Fünftel', aw. *pantahva-*, ap. *pančaxva-*, erscheint in elamischer Umschrift als *pan-su-ma-iš* (G. G. Cameron, JNES 1958, 175 und I. Gershevitch
apud R. T. Hallock, PFT S. 740). Davon zu unterscheiden ist el. *pan-su-kaš*
oder *ba-su-qa*, was ein ap. *pančuka-* als 'Fünfer' wiedergibt, nämlich als alte
persische Bezeichnung für den Silberschekel, dem Werte nach freilich gleich
dem *daθaxvaka-* oder 'Zehntel-*Krša*'.

Das 'Achtel', aw. *aštahva-*, ap. *aštaxva-*, erscheint elamisch umschrieben
als *áš-du-maš* (PT 15:19), das 'Neuntel', ap. *navaxva-*, als *na-ma-u-maš*
(PT 22:4).

Das 'Zehntel' lautete ap. *daθaxva-* gemäß el. *da-sa-maš* (G. G. Cameron in
JNES 1958, 175). Hierher gehört das oben schon erwähnte persische 'Zehntel-
Krša-Stück', *daθaxvaka-*, elamisch umschrieben *da-sa-u-ma-kaš* (JNES 1965,
184, von I. Gershevitch erkannt), im Werte eines Silberschekels = 1.80 Goldmark.

Vom altpersischen Wort für 'Zwanzigstel' ist bisher nur die auf Silbergeld
bezogene elamische Umschreibung *mi-iš-du-ma-kaš* bezeugt (I. Gershevitch
apud G. G. Cameron, JNES 1965, 184), das ich *vistaxvaka-* lese. Diese Münze
entsprach einem halben Silberschekel oder —.90 Goldmark. R. T. Hallock hat

I. Gershevitch dazu eine Variante *mi-iš-du-ya* mitgeteilt, die dieser ('Garb' [1969] 174f.) als „*ya*-Variante" zu *vīstaxva- (meine Umschreibung) ansetzt, was *vīstaxvya- ergibt. Ein entsprechendes 'Dreißigstel' lautet (ebenda) el. *ši-iš-du-ya-iš* = ap. *çistaxvya-.

*

'*Wächterburschen*'

Mehrfach tauchen in den Schatztäfelchen aus Persepolis 'Burschen' (el. *pu-hu*) auf, die durch einen offensichtlich persischen Zusatz als *ba-ti-ma-nu* oder *ba-ti-ma-nu-iš* näher bestimmt werden. Die Belege dafür finden sich vereinigt in G. G. Camerons Beitrag „New Tablets from the Persepolis Treasury" (JNES 1965, 175f.). Dieses *ba-ti-ma-nu* ist auf verschiedene Weise gedeutet worden. I. Gershevitch hatte ursprünglich *patimāni- 'Becher' erwogen, dann aber (JNES 1965, 176) vorgeschlagen, *pāθimanya- zu lesen in der Bedeutung „one who takes care of (travel-)rations". E. Benveniste (*Titres* [1966] 81) liest *patimāna- mit der Bemerkung: „cf. peut-être pers. *paimān* 'consanguin'."

Gegen eine Lesung ap. *pati*- ist einzuwenden, daß dies im Elamischen *bat-ti*- umschrieben wird. Dagegen bestehen keinerlei Bedenken, die erste Silbe *pā* zu lesen, weil das Elamische dies in aller Regel durch *ba* wiedergibt, z. B. in *Pārsa* = el. *ba-ir-šá*. Abzulehnen ist hingegen eine Lesung -*manya* für el. *ma-nu* oder *ma-nu-iš*. Denn diese Schreibungen bezeugen im Persischen langes *ā*, während ap. -*man*- im Elamischen durchweg durch das elamische Zeichen *man* ausgedrückt wird.

Mein Vorschlag geht dahin, *pātimānya- zu lesen in der wahrscheinlichen Bedeutung 'Wächter', im Vorderglied zur Wurzel *pā*- 'schützen', im Hinterglied zu *māna- 'Haus'. Meine frühere Lesung *pāθmānya- gebe ich auf, weil sie in elamischer Umschreibung mit ziemlicher Sicherheit als *ba-at-ma-nu erscheinen müßte. Für die Deutung des Wortes als 'Wächter' spricht vor allem der Sinnzusammenhang der erwähnten Belegstellen. Ich gebe hier die einschlägigen Beispiele mit einem Versuch einer Übersetzung.

1. hh. *pu-hu ba-ti-ma-nu-iš ap-pa mu-šá-ip* h. *bar-te-taš* f. *am-ma-ši-iš-na-ma* h. *mur-da-ri-iz-za-an* = „Burschen, Wächter, welche beim Park ('Paradies') der Amma-sisna ('der schönen Mutter') in *Vrdaraiča eingetragen ('verbucht') sind."

G. G. Camerons Bedenken, *bar-te-taš* als ap. *paridaiδa- 'Paradies, Wildpark, Domäne' zu deuten (JNES 1965, 175), sind unbegründet. E. Benveniste hat schon in JA 1958, 58, die Deutung als 'Paradies' erhärtet. Auch muß man sich vor Augen halten, daß das Altpersische der Dariuszeit bereits ins Mittelpersische überging, wofür oben die elamischen Umschreibungen mancher persischer Monatsnamen Zeugnis ablegten. So wird man um 500 v. Chr. tatsächlich bereits *pardaiδa- gesprochen haben, was man im Elamischen nur mit *bar-te-taš* wiedergeben konnte. Man vergleiche die Schreibung ap. *prdydꜣm* unter Artaxerxes II. (A2S*d* 3), die ein *pardaiδam* meint, mit Schwund des *i* nach *par*-. Eine solche Aussprache wird sogar schon, worauf mich Rykle

Borger aufmerksam macht, durch ein akkadisches Täfelchen aus der Zeit des
großen Kyrus bezeugt: darin wird, datiert auf den 20. Januar 533, der Verwalter eines *par-de-su* erwähnt (J. N. Strassmaier, *Inschriften von Cyrus*
[Leipzig 1890] Nr. 212:3; zwei weitere Belege für *pardēsu* jetzt in W. von
Sodens *Akkadischem Handwörterbuch*, Lieferung 9 [Wiesbaden 1969]).

2. hh. *pu-hu*. lg. *ba-ti-ma-nu-iš* h. *bar-te-taš. nu-iš-[ki-ip* h. *m]ur-da-ri-iz-za-an*
[f. *am-ma-ši]-iš-na* = „Burschen, Wächter, Parkhüter in *Vrdaraiča [im Park
der] Amma-sisna." Da im Elamischen *nu-iš-ki-ip* eindeutig 'Hüter' (pl.) bedeutet, werden unsere 'Wächter' in erwünschter Weise noch genauer als
'Parkhüter' bezeichnet. Die genannten Burschen sind in dem 'Park der
schönen Mutter' stationiert, der anscheinend schon in vorpersischer Zeit
bestand, weil er einen so kennzeichnend elamischen Namen mit Matriarchatszügen trägt.

3. hh.*pu-hu ba-ti-ma-[nu-iš* hh.]*kur-ri-iš-kar-ra-iš* h.*mi-iš-ba-ši-ya-ti-iš* h.*bar-
te-taš-ma* = „Burschen, Wächter, X-Macher im Park (oder: in der Domäne)
Vispašyātiš ('Allglück')."
Die besondere Berufsbezeichnung der jungen Männer ist nicht ganz einfach
aufzuhellen. Das zweite Glied ist klar: *kar-ra-iš* gibt ap. *kara-* 'Macher' wieder.
Aber was 'machen' die Wächter-Burschen? Ich hatte *kur-ri-iš* ursprünglich
für ap. **krša-* 'Furche' und die Burschen entsprechend für 'Furchenmacher' =
'Pflüger, Landarbeiter' gehalten. Aber man würde dann im Elamischen eine
Umschreibung *kur-šá* erwarten wie bei der persischen Gewichtsbezeichnung
krša-, nicht *kur-ri-iš*. Da indes in den Hofkammertäfelchen PF 409ff. *kur-
ri-um*, wie unten in II, 5 näher auszuführen ist, ap. **xvaryam* meinen dürfte =
vermutlich 'Essen, Warmkost', fasse ich unser *kur-ri-iš-kar-ra-iš* als ap.
**xvaryaskara-* auf, im ersten Glied zu einem Neutrum **xvaryah-*.
Eine genaue Parallele bilden in Schatztäfelchen 62:4f. die *be-ši-iš-kur-ráš-be*,
in PT 30:4f. die *be-a-ši-iš-kur-ra-iš-be* = ap. (genauer: medisch) **paisaskarā-*
'Zieratmacher, Stukkateure, Dekorateure', zu aw. *paēsah-* n. 'Zierat'. Ähnlich
schon G. G. Cameron (PTT [1948] 135), der 'ornament maker' übersetzte;
das *s* ist aber nicht 'intrusive', sondern so korrekt wie in el. *mi-iš-qa-ir-taš* =
ap. **vahyaskarta-* aus *vahyah-* und *k(a)rta-*.
Freilich, um auf unsere Burschen in der Domäne 'Allglück' zurückzukommen: was **xvaryaskara-* genau bedeutet, ist schwierig zu ermitteln.
Waren diese 'Essenmacher' vielleicht 'Verpflegungsbeschaffer', d. h. 'Fourière'?
Ihre Tätigkeit müssen wir wohl mit den landwirtschaftlichen Erträgen der
Domäne **Vispašyātiš* zusammenbringen; war **xvaryam* die 'Warmkost', so
mochte **xvaryah-* für kalte Verpflegung gebraucht worden sein. Es bleibt aber
vorläufig noch unklar.

4. hh.*pu-hu*.lg *ba-ti-ma-nu-iš ak-qa-be gal.nu-iš-ki-ip* = „Burschen,
Wächter, welche Verpflegungshüter (sind)". Hier ist eindeutig von 'Verpflegung' (el. *gal*) die Rede und erweist, daß die altpersischen 'Paradiese'
zugleich landwirtschaftliche Güter waren. Die jungen Männer hatten die 'Ver-

pflegung' nicht zu 'machen', wie im vorigen Fall, sondern zu bewachen. Dabei dürfte es sich jedoch keineswegs (mit Gershevitch) um 'Reiseproviant' gehandelt haben, sondern um Enrtevorräte der Domäne. Die Hofkammertäfelchen aus Persepolis bezeugen nämlich, daß in solchen *bar-te-taš* oder Domänen Früchte aller Art gespeichert wurden.

5. hh. *kur-taš* GIŠ. *ra-za-qa-ra a-ak* hh.*pu-hu ba-ti-ma-nu-iš ap-pa mu-šá-ip* h.*hi-ra-an* = ,,Arbeiter, Weingärtner (ap. **razakara-* 'Rebenmacher', vgl. I. Gershevitch, *Asia Major* 1951, 136ff.) und Wächterburschen, die in Hiran eingetragen sind." Dort hatten die jungen Männer offenbar Weingärten zu hüten.

6. hh.*pu-hu* h.*ba-ti-ma-nu ap-pa ab?-ba-ir.ku-ti-ip* h.*ra-u-da-ma-ti-iš* = ,,Burschen, Wächter, welche Damm(?)wärter in *Rautaxvatiš (sind)". Das elamische Wort *ab?-ba-ir* ist nicht bekannt — falls es nicht persisch ist und zu aw. *ābərəs* 'Wasserbringer' (nom. sg.) gestellt werden, also etwa **āb-bāra-* gedeutet werden darf. Von dieser kühnen Theorie ganz abgesehen, habe ich hinter *ab?-ba-ir* eine Bedeutung wie 'Staudamm' oder 'Wehr' vermutet, weil el. *kutip* 'Halter, Träger, Wärter' (pl.) sind, und weil der Ortsname **Rautaxvatiš* (zu ihm vgl. Karl Hoffmann in KZ 1965, 249) auf eine flußreiche Gegend weist. Eine solche findet sich in der Persis vornehmlich im Gebiet des Band-e Amīr, jenes berühmten Stauwerkes südlich Persepolis, 14 km ostwärts von Zarqān, das zwar in seiner heutigen Gestalt erst auf den Būyiden 'Ażodo'd-Doule (starb 983 n. Chr.) zurückgeht, in seinen Grundzügen aber schon in achämenidischer Zeit bestanden haben dürfte. Ich nehme an, daß die erwähnten Burschen als 'Dammwärter' oder 'Wehrhüter' die Bewässerungsanlagen am unteren Kur zu bewachen hatten.

7. hh.*pu-hu ba-ti-ma-nu-iš qa-ra-bat-ti-iš* = ,,Burschen, Wächter, **kārapati-*". Das letzte Wort ist von mir ursprünglich als 'Edelmann' gedeutet worden (in ZA 1950, 352), und an ähnliches dachte auch W. Eilers (IIJ 1961/2, 214), als er dafür 'Arbeitsherr' vorschlug im Sinne von np. *sar-kār* = 'Aufseher über die Arbeit'. Das Richtige aber hat I. Gershevitch getroffen, der es mit dem ins Armenische eingedrungenen persischen Lehnwort *karapet* 'forerunner, precursor, outrider, guide' gleichsetzte (*Asia Major* 1951, 144). Daran anknüpfend denkt R. T. Hallock (PFT S. 709) für das auch in den Hofkammertäfelchen bezeugte ap. **kārapatiš* an 'caravan leader'.

Zieht man sämtliche Belege gleichzeitig ins Blickfeld, so erscheinen die jungen Männer (**pātimānyā*) als eine Art altpersischer 'Pfadfinder' mit halbmilitärischen oder polizeilichen Aufgaben: sie hüteten Domänen, Magazine, Rebgärten, Staudämme(?) oder zogen Karawanen voran.

*

Ein weiteres persisches Wort, das aus **māna-* n. (aw. *nmāna-*) 'Haus' und der Wurzel *pā-* 'schützen' gebildet ist, findet sich als Lehnwort im Elamischen schon in den Susa-Täfelchen des ausgehenden 7. Jahrhunderts (*Mém.* 9 [1907]). Es lautet *ma-an-ban* und bezeichnet in Täfelchen Nr. 22 einen Gegenstand aus

Bronze, in Nr. 74 einen aus Silber. Schon der Herausgeber V. Scheil erkannte in *ma-an-ban* ein iranisches Wort und bemerkte dazu (*a.a.O.* S. 66): „J'interprète, en matière de bijoux, par 'boucles', ce qui, en bronze, paraît être des verrous, fermetures, etc." Ju. B. Jusifov (Baku) hat das Wort *ma-an-ban* ebenfalls als 'Riegel' erkannt (VDI 85 [1963/3] 248f.). Ich lese **māna-pāna-* und übersetze 'Riegel, Schnalle, Fibel'.

*

Der Name einer Stadt in der Persis, die in der Behistan-Inschrift altpersisch als *uvᵛdičy* (DB 3. 51) erscheint, taucht in den Hofkammertäfelchen rund 40mal auf, meist in einer Schreibung, die der in Behistan ähnelt, nämlich *ma-te-zí-iš*, vereinzelt auch als *ma-te-iz-za* und *ma-tu₄-iz-za*. Die in Schatz-täfelchen PT 83:6 bezeugte Schreibung *ma-še-zí-iš* deutet jedoch darauf hin, daß das *d* in diesem Ortsnamen spirantisiert war. Man wird also wohl *xvāδaičaya* ansetzen müssen.

Das Einfangen des Antaka

In den Zusammenhang der vorhin erörterten 'Wächterburschen' gehören auch die in Schatztäfelchen PT Nr. 5 genannten Leute, die G. G. Cameron (PTT S. 92) *kam-ba-ti-ya-ap* gelesen und als 'herdsmen' gedeutet hatte. Daran sind zahlreiche Erwägungen angeknüpft worden — durch W. B. Henning (*apud* I. Gershevitch in *Asia Major* 1951, 144), I. Gershevitch (ebenda S. 137f.) und zuletzt durch mich in meinem privaten Vorabdruck der vorliegenden Festschriftgabe (S. 28). Alle diese Überlegungen sind etwas zu revidieren. Wohl hatte R. T. Hallock bereits in JNES 1960, 97, betont, das Wort müsse *kam-qa-ti-ya-ap* gelesen werden. In der Tat zeigt das kritische zweite Zeichen im Lichtbild (PTT Plate XX) in Zeile 3 eher ein *qa* als ein *ba*. Beweisend aber ist ein neuer Text, in welchem R. T. Hallock laut brieflicher Mitteilung die Berufsbezeichnung *kam-qat-ti-ya* entdeckt hat. Wie ist dieses ersichtlich iranische Wort zu deuten?

In jedem Falle wird man den ersten Bestandteil *kam* als ap. *gau-* 'Rind' auffassen müssen. Für den zweiten könnte man an eine Ableitung von **kata-* 'Kammer, Haus, Heim' denken, also an **gaukaθya-* (medisch) im Sinne von 'Rinderstallknecht'. Wahrscheinlicher ist mir eine Lesung **gaukaθya-* (medisch) zu aw. *kasyah-*, np. *keh* 'der Kleinere' = 'junger Mann', was für das Wort im ganzen einen 'Cowboy' ergibt. (Persisch müßte er **gaukašyah-* lauten.)

Gemäß dem vorerwähnten elamischen Schatztäfelchen PT Nr. 5 aus Persepolis erhielten nicht weniger als 113 solcher Rinderhirten je 8 *Kršа* = 80 Schekel Silber ausbezahlt. Für diese Summe konnte sich jeder von ihnen entweder rund 700 Liter Wein oder etwa 27 Schafe kaufen (1 Schaf = 3 Schekel, 1 Krug Wein zu 9,7 Liter = 1 Schekel). Diese ganz außerordentliche, von Darius persönlich verfügte Zahlung erfolgte, weil die Cowboys in **Xvarθaška* (h. *mar-sa-iš-kaš*) einen gewissen **Antaka* (Herrn 'Wenig', np. *andak*) gefangen hatten: *an-da-kaš mar-ri-iš*. Daß es sich um eine Person handelt, erweist das dazugehörige Schatztäfelchen PT Nr. 4, wo vor *an-da-kaš* das Personen-Determinativ steht.

Gemäß diesem Schatztäfelchen 4 erhielten auf persönliche Weisung des Großkönigs dreizehn mit Namen genannte Personen die Summe von 530 *Krša* oder 5300 Schekel. Fast alle von ihnen waren Iraner, höchstens einer (hh. *an-nu-gi-ru-iš*) war ein Elamer. Wenigstens vermute ich dies, weil sein Name an el. *an-nu-uk-ir* 'Zinn(?)' anklingt. Vier Mann erhielten je 600 Schekel (also den Gegenwert von 200 Schafen!), drei erhielten je 500 Schekel, zwei je 300, und vier je 200. Als Grund für die fürstliche Zahlung wird angegeben, diese Männer hätten in der Persis den schon erwähnten Antaka in ihre Gewalt gebracht.

Dieser letzte Satz (so schon in meiner Besprechung des Cameronschen Buches in ZA 1950, 351) ist umstritten. Das Elamische hat: hh. *an-da-kaš ma-a-ráš-šá-ip*, was ich früher einfach mit „sie fingen den Antaka" übersetzt hatte, indem ich in *ma-a-ráš-šá-ip* lediglich eine etwas unregelmäßige Form der Wurzel *marr-* 'fangen, ergreifen' erblickte, wie G. G. Cameron ursprünglich auch. R. T. Hallock schlug hingegen vor, hh. *an-da-kaš.ma a-ráš-šá-ip* zu lesen, weil das so entstehende letzte Wort in den Hofkammertäfelchen zweimal belegt ist als Plural zu einem Singular *a-ráš-šá-ra*, abgeleitet als Personale von *a-ráš* (JNES 1960, 96). Dieses letzte Wort hatte ich früher schon (ZA 1952, 243) als 'Besitz, Vermögen' gedeutet. In den Hofkammertäfelchen sind die *a-ráš-šá-ip* so etwas wie 'Intendanten' oder 'Vorgesetzte' der Krone. In Abwägung aller Umstände und im Hinblick auf die enge inhaltliche Verzahnung der beiden Schatztäfelchen PT 4 und PT 5 möchte ich die strittige Wendung mit Hallock jetzt hh. *an-da-kaš.ma a-ráš-šá-ip* lesen, sie aber dem Sinne nach so auffassen: „die über (*ma*) den Antaka Herr wurden" oder „die sich des Antaka bemächtigt haben."

Ganz offenbar war der gefangene Antaka, wohl ein Perser, entweder als Verbrecher oder — wahrscheinlich — als Rebell und Staatsfeind in der Persis verfolgt und durch das Eingreifen der dreizehn Würdenträger und der zu ihren Gütern gehörigen 113 Rinderhirten schließlich eingefangen worden. Soweit ich sehe, kam von sonstigen Forschern nur V. O. Tjurin (Tula) auf diese Schlußfolgerung (in seinem Aufsatz „Antaki. Iz istorii narodnych dviženij v Achemenidskom Irane", VDI 1959/2, 21–44). Wenn Tjurin allerdings in Schatztäfelchen Nr. 4 die Wendung hh. *bar-sìp ha-tu-ma* „in der Persis" mit „*überall* in der Persis" übersetzt, überzieht er die Aussage des Täfelchens. Tjurin meint nämlich, die ganze Persis sei im Winter des Jahres 498 v. Chr. von Persepolis aus durch sogenannte *Antakas* in Aufruhr versetzt worden. Nach Ausweis der beiden (undatierten) Schatztäfelchen handelt es sich aber nur um einen *einzigen* Verfolgten. Der Vorfall muß sich zwischen 492 (die frühesten Schatztäfelchen fallen in dieses, das 30. Jahr des Darius, vgl. G. G. Cameron in JNES 1965, 181) und 486, dem Todesjahr des Darius, ereignet haben.

*

5. *Elamica der Hofkammertäfelchen*

Ganz besonders reichhaltig ist das iranische Sprachgut in den 1969 von Richard T. Hallock veröffentlichten *Fortification tablets* (= Hofkammertäfelchen, früher von mir Walltäfelchen genannt) aus Persepolis. Sind doch schon aus den Namenlisten, welche Hallock vor Erscheinen seines grundlegenden Buches *Persepolis Fortification Tablets* [Chicago 1969] E. Benveniste und I. Gershevitch zur Verfügung gestellt hatte, bedeutsame Aufschlüsse gewonnen worden. Der letztgenannte Cambridger Gelehrte hat überdies viel altpersisches Sprachgut bereits in dem Hallockschen Buche selbst, durch das Sigel [I. G.] gekennzeichnet, ans Licht gefördert.

Vieles aber bleibt begreiflicherweise noch zu tun. Einen Teil der Beobachtungen, die sich mir aus der Durchforschung der Hofkammertäfelchen ergaben, habe ich in meiner Besprechung des Hallockschen Buches in *Orientalia* 1970, S. 241–440, und in meinem Aufsatz „Achämenidische Hofverwaltung" (ZA 1971, 260–311) untergebracht. Hier folgen nun weitere Überlegungen. Soweit sie sich auf das iranische *Namengut* der Hofkammertäfelchen beziehen, finden sie sich im anschließenden Kapitel III.

Ortsnamen

Die Hofkammertäfelchen tragen manches bei zur besseren Lesung schon bekannter Ortsnamen wie auch zur sprachlichen Deutung neuer — doch leider nur sehr wenig zu ihrer geographischen Bestimmung.

In Schatz- und Hofkammertäfelchen begegnet eine Örtlichkeit *an-kur-rák-kaš* und *ha-an-kur-ra-qa-an*, wobei das *-an* am Schluß im Elamischen lokativische Bedeutung hat. G. G. Cameron (PTT S. 141) hat, weil in seinen beiden Belegen von Weinbauern die Rede geht, mit Recht auf eine Bedeutung 'wine press' geraten. Der Vorschlag von I. Gershevitch (*Asia Major* 1951, 134), den Ortsnamen zu np. *angūr* 'Trauben' zu stellen, scheidet aus, weil das elamische Zeichen *kur* — wie schon erwähnt — nur *kir* oder *kr* wiedergibt. Ich schlage eine Lesung **hankrka-* (allenfalls **hankraka-*) vor in der Bedeutung 'Kelterei', wobei sogdisch *ʾngrnd-* (aus *hankṛnta-*) 'zerstückeln, zerstampfen' zu vergleichen ist (vgl. I. Gershevitch, *A Grammar of Manichean Sogdian* [Cambridge 1954] Abs. 245).

*

Die Stadt Kermān ist altpersisch durch *krmʾn* in DSf nicht eindeutig vokalisiert, und in der bisher gekannten elamischen Fassung dieser Inschrift (vgl. meine Veröffentlichung in JNES 1950, 1–7) fehlte sie. Ich hatte hypothetisch *kur-ma-na* eingesetzt, und diese Lesung bieten nun sowohl die Belege in den Hofkammertäfelchen wie auch die neue elamische Fassung der Burgbauinschrift des Darius aus Susa, die Jean Perrot 1969 gefunden und die François Vallat in RA 1970, 149–160 veröffentlicht hat. (Inzwischen habe ich DSf elamisch erneut bearbeitet in meinem Aufsatz „Zu den elamischen Burgbau-Inschriften

Darius I. aus Susa" in *Acta Ant. Acad. Scient. Hung.* 19 [Budapest 1971] 17–24.) Die Schreibung *kur-ma-na* erweist eine altpersische Lesung *Krmāna* (nicht **Karmāna*).

Das Land Sagartien erscheint in PF 1501 als *áš-šá-kur-da*, was eine altpersische Aussprache *Asagrta* bezeugt. An eine solche dachte schon E. Herzfeld (in AMI 9 [1938] 171), der es — wie bereits J. Marquart (in seinen *Untersuchungen zur Geschichte von Eran*, Heft I [Göttingen 1896] 228 — mit dem *Zikirtu* im Bericht Sargons II. über seinen achten Feldzug gleichgesetzt hat, was nicht ausgeschlossen ist.

*

Sprachlich ergiebige neue Orstnamen der Hofkammertäfelchen sind unter anderem die folgenden (Belege im Index zu PFT).

Der häufige Ortsname *qa-u-pír-ri-iš* oder *kam-bar-ri-iš* oder *qa-u-pir-ri-ya-iš* oder *kam-pír-ri-ya-iš* dürfte ein ap. **Gaufrya-* 'Rinderlieb' wiedergeben. *ú-za-ma-na-áš* deute ich als **Hučamana-* 'Schön-Au', zu np. *čaman* 'Wiese'. *ri-ma-na-u-ma* gibt ap. **Raiva-naxva-* = 'Reich-Erster' wieder.

Die folgenden drei Ortsnamen enden auf medisch *-aspa* 'Pferd': *bar-maš-ba*, *ba-ra-áš-ba* und *za-ir-ba-áš-ba*. Das letzte Wort lese ich **Čarpāspa-* 'Fettroß', zu **čarpa-*, np. *čarb* 'fett'. Das mittlere lese ich **Bārāspa-* 'Lastroß', zu **bāra-* 'Last', np. *bār*. Das erste Wort, *bar-maš-ba*, liest M. Mayrhofer (brieflich) einleuchtend **Parvaspa-* = **parv-aspa* 'rossereich' (= aw. *po^{u}ru.aspa-*, gr. πολύιππος).

Weibliche Ortsnamen auf *vatī-* begegnen in den Hofkammertäfelchen mehrfach. **Rautaxvatiš* 'Flußreich' wurde oben schon erwähnt. *man-du-ma-ti-iš* und *man-du-ma-ut-ti-iš* dürften ein ap. **Vantavatiš* 'Lobreich' meinen, zu aw. *vanta-* m. 'Lob, Preis'. *pír-ri-ti-ma-ti-iš* deute ich als **Fritivatiš* 'Gebetsreich', zu aw. *friti-* f. 'Gebet'. *bar-na-ma-ti-iš* bzw. *bar-nu-ma-ti-iš* ist **Farnaxvatiš* 'Glanzreich', zu medisch *farnah-* 'Ruhmesglanz'. Höchst bemerkenswert ist die Schreibung dieses Ortsnamens als *bar-rák-ma-ti-iš* in dem noch unveröffentlichten Hofkammertäfelchen PF 3544, dessen Abschrift ich George G. Cameron verdanke. Aus ihr geht eine bereits 'parthische' Aussprache **farra-* (np. *farr*) für medisch *farnah-* hervor. Ferner beweist das elamische Zeichen *rák* die persische Aussprache *x* für *h* vor *v*. Denn *bar-rák-ma-ti-iš* kann nur **Farraxvatiš* gelesen werden. Hinter *ra-zí-na-ma-ut-ti-iš*, *ra-zí-nu-ut-ti-iš* und *ráš-nu-ma-ut-ti-iš* dürfte sich ein **Raznavatiš* verbergen, vielleicht zu aw. *rǎzan-* n. 'Gebot, Gebühr, Satzung'.

Einige Male findet sich in den Ortsnamen der Hofkammertäfelchen die Wurzel *kan-* (oder auch *xan-*) 'graben'. *bar-ri-qa-na* bzw. *ba-ri-qa-na* dürfte **Parikāna-* zu lesen und als 'Wallgraben' zu deuten sein, zu ai. *parikhā-* f. in dieser Bedeutung. *ap-qa-na* könnte **Āfkāna-* in der Bedeutung 'Wassergraben' sein. *ú-iš-kán-na-iš* ist offenbar **Usxana-*, wörtlich etwa 'Ausgrabung'. Ob *na-ma-qa-nu-iš* ap. **Navakāniš* 'Neugrube' (oder gar 'Neungrube') meint? *da-iš-šá-kán-da-an* deute ich vorläufig als medisch **Dasakanta-* 'Zehndorf' (vgl. Pandjikant in Mittelasien).

Den Ortsnamen *an-tar-ha-pi-ya-iš* möchte ich als *Antar-āpiyā = 'Zwischen den beiden Wassern' auffassen, mit *āpi-* 'Wasser' im dual. acc. fem. Zu vergleichen wäre Daniel 8,17, wo von einer Örtlichkeit bei Susa *bēn* ʾūlāj die Rede ist = 'zwischen den [beiden] Eulaios[-Armen]'. Vgl. np. *Andarāb*.

pír-ra-áš-še-taš bzw. *pír-ráš-še-taš* deute ich als ap. *Frasaita-, zu *saita- 'weiß', aw. *spaēta-*.

Die Wurzel *vand-, der wir schon in *Vantavatīš begegneten, dürfte auch in *ma*(?)-*in-da-kur-da* vorliegen. Dieser Ortsname ist wohl *Vantagrδa- zu lesen = etwa 'Lobhausen'. Zu dem aw. Adjektiv *vanant-* 'siegend' stelle ich den Ortsnamen *ma-na-an-da-nu-iš* = *Vanantāniš.

Ein nicht gerade einladender Ortsname dürfte in *bu-ut-ti-man-da* vorliegen, wenn er ap. *Pūtimanta- wiedergibt im Sinne von 'faulig', zu aw. *pūti-* f. 'Verwesung'. In *šu-ra-u-šá* haben wir anscheinend *Srauša- vor uns, wohl medisch, = aw. *sraoša-* m. 'Gehorsam', zugleich der Name eines zarathustrischen Erzengels; persisch müßte der Ort *çauša- lauten.

Der Ortsname in den Schreibungen *ú-da-rák-qa*, *ú-ma-da-rák-kaš* und *ha-da-rák-kaš* dürfte ein *Xvatāraka- meinen, also eine *ka*-Ableitung zu *xva- 'gut, schön' und der Wurzel *tar-* 'hinübergelangen über', mit Vṛddhi, was einen 'guten Übergang' ergibt (Dieter Weber). Um *Xvataraka- lesen zu können, müßte man eine Schreibung *-tar-* (nicht *-da-*) erwarten.

Den Ortsnamen *ú-iš-šá-kam-pa-an* lese ich *Uššakaufa- = 'Kamelberg'. Ostiranisches *uštra-* m. 'Kamel' wurde im Altpersischen aus *ušça- assimiliert zu *ušša-* (in *ušbʾrim* = 'kamelberitten').

R. T. Hallock vermutet, mit diesem Ortsnamen identisch sei *ur-šá-kam-pa-iš*, aber ich sehe keinen Grund, die fast immer zutreffende Lesung *taš* auszuschließen zugunsten von *ur*, das verhältnismäßig selten belegt ist. So erhält man *Tašakaufa-, zur awestischen Wurzel *taš-* 'zuschneiden, behauen' und ap. *kaufa-* 'Berg', vielleicht auch einen 'Axtberg'. Allerdings ist auch eine medische Lesung *Dasakaufa- 'Zehnberg' denkbar.

Bemerkenswert ist der Ortsname *ha-tu-kur-ra-an-sa-na*, den man wohl *Āθuxranθāna- zu lesen hat, gebildet aus ap. *θuxra-* 'rot' mit Präverb *ā-* und einer Bildung *-θāna-*, die np. *-sān* im Sinne von '-gleich, -artig' entsprechen dürfte, mit eingeschobenem *n* wie im Namen *Čiçantaxma*. Der Ortsname könnte somit 'Rötlich' o. ä. gedeutet werden.

ha-kur-ti-iš und *ha-kar-ti-iš* dürften ein *Āgrδya- meinen, zu *grδa- 'Haus', also etwa ein 'Hausen'. *ba-ir-du-ba-ra* könnte ein *Partu-bāra- meinen in der vermutlichen Bedeutung 'Furt für Lasten', wenn das erste Glied zu aw. *pərətu-* m. 'Furt, Brücke' gehört. Ausnahmsweise, z.B. in DB Abs. 68, gibt el. *du* ap. *θu* wieder (der Name *θuxra* wird el. *du-uk-kur-ra* umschrieben), und so könnte man unseren Ortsnamen auch als *Parθū-bāra- auffassen, zu aw. *parəsū-* f. 'Rippe', np. *pahlū*.

In *áš-da-nu-iz-za-an* vermute ich zögernd ein ap. *Asta-niǰan, zu aw. *ast-* n. 'Knochen' und *ni-ǰan-* 'niederschlagen', was einen Ort 'zum Knochenbrechen' ergäbe. *bar-ma-da-na* könnte *Parvadāna- 'Vorderbehälter' bedeuten,

weniger wahrscheinlich *Parvaδana- 'Vorder-Art' (aw. zana- m. 'Art'). mar-
tan-na-qa-an ist als *Vrδanaka- eine ka-Ableitung zu vrδanam 'Stadt'. In
mi-da-za-na-iš erblicke ich ein *vida-čanah- im Sinne von '[Ort,] der Gefallen
bereitet', zu aw. vaēd- 'finden' oder 'verschaffen' und čanah- n. 'Gefallen';
auch vgl. man den awestischen Eigennamen viδaṭ.xvarənah-.

   bu-na-áš-ti-iš dürfte als *Bunasti- zu lesen und im Vorderglied zu aw. buna-
m. 'Grund, Boden' zu stellen sein, im Hinterglied zu *asti- ,Futter, Essen',
schwerlich zu aw. asti- m. 'Gast'; das ergäbe für den Ortsnamen eine Bedeutung 'Grundfutter'. da-iz-za-rák-qa ist ersichtlich *Tačaraka-, eine ka-Ableitung zu tačara- m. 'Palast'. ha-ap-ru-ma könnte *Abravā 'wolkig' sein, mit
vielleicht spirantisiertem b, zu aw. awra- n. 'Regenwolke', mit Formans
-vant-.

   Hinter dem Ortsnamen, der dreimal als me-maš erscheint, einmal aber, wie
R. T. Hallock richtig gesehen hat (PFT S. 729), als ma-a-ya-mi-iš, dürfte sich
ein ap. *Xvai-ahvaš verbergen. Das Vorderglied ist xvai- 'eigen', das Hinterglied dürfte zur awestischen Wurzel hav- 'antreiben' oder 'zu verschaffen
suchen' gehören, was einen ungefähren Sinn von 'Eigenbetrieb' o. ä. ergäbe.
Man könnte zwar auch *Xvai-ahviš lesen wegen der Schreibung -mi-iš; aber
einmal ist die Schreibung mit -maš doch die wesentlich häufigere, und zum
andern scheinen persische a-haltige Zischlaute elamischen Ohren wie mit i
geklungen zu haben (z. B. gibt ir-da-ha-zí ap. rtā-ča wieder).

   ši-ru-kur-ti?-iš und tur-ru-kur-ti-iš führen im Vorderglied auf *θrū-, das
aw. srū- f. 'Horn, Nagel' entspricht. Das Hinterglied könnte zu aw. kərəti-
f. 'Machen, Zuschneiden' oder zu gərəδa- m. 'Höhle' gehören.

   ap-pi-iš-tap-da-an und ha-pi-iš-da-ap-da dürften ein ap. *Abištāfta- meinen,
PPP zu mp. avištāftan 'hetzen, bedrängen'.

   Den Ortsnamen ba-a-ši-ya-an wollte G. G. Cameron (PTT S. 167) mit dem
heutigen Fasā gleichsetzen. Das geht aber nicht an. Vielmehr lautet der Ort
*Paišya- als Ableitung der Wurzel paiθ- (aw. paēs-) 'bemalen, schmücken',
falls er nicht aus einem mit paišya- 'vor' verkürzten Ortsnamen entstanden
ist. Den altpersischen Vorgänger des heutigen Fasā erblicke ich in dem Ortsnamen pa-iš-šá-taš (PF 913), nämlich *Fasāta-, mit der häufig bezeugten Aussprache fa des elamischen Zeichens pa. Sollte — wegen eben dieses fa — das
im tiefen Süden der Persis gelegene Fasā ursprünglich medisch gewesen sein
wie Sīvand zwischen Persepolis und Pasargadae und wie dieses letzte selbst,
dessen alter Name *Pāθrakata (ZDMG 1970, 376) einwandfrei medisch ist?

Nahrungsmittel

   Als Qualitätsbezeichnung von Nahrungsmitteln ist uns oben (in II, 1) schon
ra-mi-ya = ap. *ramya- 'fein' begegnet. In PF 1254:11 findet sich im Zusammenhang mit Mehlrationen der Ausdruck: „sie erhielten diese hu-ba-šá-
a-taš". I. Gershevitch (apud Hallock, PFT S. 698) erwägt dafür ein ap. *upa-
šaita- „cf. Av. šaēta-, lit. 'upon money, property', though the relevance is

obscure". Ich lese *upa-saita- zu aw. spaēta- 'weiß' im Sinne von 'fast-weiß' (upa = 'unter') als Kennzeichnung einer Mehlsorte.

Eine weitere persische Qualitätsbezeichnung in den Hofkammertäfelchen ist ma-ri-ya. Gemeint ist offenbar dasselbe Wort wie ai. varya- und aw. vairya-, also auch im Altpersischen *varya- im Sinne des 'zu Wählenden'. Das übersetzt man meist mit 'best, köstlich'. Hier wäre es aber zu hoch gegriffen, denn in PF 699 finden sich über ma-ri-ya/*varya- hinaus noch zwei weitere Mehlqualitäten, nämlich ma-nu-ya und bat-ti-ma-nu-ya. Im ersten erblicke ich *vahyah- 'besser' (in DB Abs. 68 im Namen des δātuvahyah- mit man-ya umschrieben), im zweiten *pati-vahyah- 'allerbest'. Daher empfiehlt sich für *varya- eine Wiedergabe einfach mit 'gut'.

Taucht in den Hofkammertäfelchen statt ma-ri-ya die Form ma-ri-ya-um auf, dann kann damit zwar der Accusativ *varyam 'gut' gemeint sein. Meist aber handelt es sich dabei um ein ganz anderes Wort. Gemäß PF 420 erhielt jemand Getreide, gemäß PF 418 Gerste, gemäß PF 408 Mehl, gemäß PF 417 Schafsmilch; in allen diesen Fällen wurde aus besagten Nahrungsmitteln ma-ri-ya-um bereitet. Im Elamischen entspricht diesem altpersischen Wort ab-be-be oder ha-be-ha-be oder ab-be-ab-be; dies deutet lautmalend offenbar auf den Vorgang des Essens hin, eine Art zeitloses Lallwort. Das ihm entsprechende altpersische Wort ma-ri-ya-um lese ich *xvaryam. Es bedeutet wahrscheinlich 'Speise, Essen', vielleicht sogar 'Brei' (aus Getreideschrot) oder 'Grütze'. R. T. Hallock (PFT S. 166) will ma-ri-ya-um mit 'Brot' übersetzen. Allein, zur Brotbereitung verwendet man keine Schafsmilch, und zudem wird gemäß den Urkunden ma-ri-ya-um in aller Regel aus Korn bereitet, nur selten aus Mehl. In PF 1940:7 wäre der ab-be.KI.MIN.hu-ut-ti-ra (abbe-abbe-huttira) oder 'xvaryam-Macher' demnach nicht (mit Hallock) ein Bäcker, sondern ein 'Warmkostbereiter', kurz: ein Koch.

Das altpersische Wort *xvaryam 'Essen, Brei' kommt auch in den elamischen Schreibungen ku-ri-um (PF 412), ku-ir-ra-um (PF 408) und kur-ri-um (PF 409) vor.

Meine Deutung von *xvaryam als 'Warmkost' scheint jedoch auf unüberwindliche Schwierigkeiten zu stoßen in PF 412, wonach jemand rund 300 Liter Mehl erhielt mit der Begründung: KUŠ.GUD.lg. a-ak KUŠ.lg ku-ri-um-ma ha hu-ut-tuk-qa. R. T. Hallock übersetzt dies tastend so: „it [the flour] was utilized for(?) cowhides and (sheep?) hides (and?) bread(?)". Wozu aber sollte man Mehl für Rinder- und Schafhäute benötigen? Ich betrachte die Mehlzuteilung vielmehr als Verpflegung für einen bestimmten Handwerker, weil durch ihn „hier" (ha steht für älteres a-ha 'hier') „Rinds- und [andere] Häute" zwecks xvaryam (ku-ri-um.ma) angefertigt wurden. Demnach ist, wie ich meine, in Hofkammertäfelchen PF 412 von der Anfertigung von „Ledern zum [darauf] Speisen" die Rede, und für diese Arbeit wurde der Handwerker mit Mehl als Ration versorgt. Der Satz hieße demnach: „Rinder- und [sonstige] Häute sind hier zu Speise[ledern] verarbeitet worden." Wir hätten so eine Bestätigung dafür, daß schon die Perser der Darius-Zeit von 'Eßledern' speisten, wie sie, auf den Boden gebreitet, den Iranern bis in die Gegenwart hinein als 'Tischtuch' (np. *sofre*) zu dienen pflegten.

In den Hofkammertäfelchen finden sich indes noch weitere altpersische Wörter, die mit der Wurzel *xvar-* 'essen' zusammenhängen.

Eines ist *ku-ra-qa-ráš* (PF 403) oder *ku-ir-qa-ráš* (PF 404). Es werden jeweils 20 oder 25 Liter Mehl ausgegeben zu einer mit obigen Wörtern angedeuteten Verarbeitung. R. T. Hallock (PFT S. 715) vermutet dahinter eine 'Bäckerei', was ungefähr richtig sein dürfte: genauer könnte *xvarakāra-* gemeint sein, wörtlich 'Speisewerk', freier 'das Brotbacken'.

Ein anderes Wort aus diesem Bereich ist *kur-ru-sa-am*, das ich in *Orientalia* 1970, 436, als 'Gerste' gedeutet habe. Dies wird von PF 424 bestätigt, wo es heißt, man habe daraus Bier gebraut. Doch möchte ich die von mir erwogene Lesung *xruθam*, die irrig war, ersetzen durch *xvarθam*, zu aw. *xvarəθa-* n. 'Nahrung'. Offensichtlich war in jenen frühen Zeiten die Gerste das Nahrungsmittel schlechthin.

Hierher gehört auch wohl das altpersische Wort, das in elamischer Umschreibung belegt ist als *ha-mar-ra-um*, *ha-ma-ra-um*, *ha-mar-ri-iš*, *ha-ma-ra*, *ha-mar-ra*, *ha-mu-ra* und *ha-mar*. R. T. Hallock (PFT S. 689) hat darin mit Recht ein Getreideprodukt erblickt. In PF 1575 erscheint es als 'Wunschkost' (ap. *kāmaka-*, vgl. hierzu meine Ausführungen in *Or.* 1970, 436, sowie I. Gershevitch in 'Garb' 172), und zwar gemeinsam mit Röstgerste sowie mit el. *mi-ut-li*, das ich (*Or.* 1970, 439) als 'Gerste' ermittelt habe. In PF 1098 erscheint unser Wort zusammen mit Mehl, wiederum als Wunschkost und — wie im vorigen Falle — nur in geringer Menge, denn jeder damit bedachte Arbeiter erhielt einmal im Monat bloß rund 0,3 Liter davon. Es dürfte sich somit um eine Art Cerealien-Leckerbissen handeln. Dem widerspricht nicht, daß es gemäß PF 1765 einmal auch an Pferde verfüttert wurde: es handelte sich dabei um Pferde des Königs, für welche ein Reitknecht (el. *mu-du-ra* = *mudunra*) Sorge trug. Ich möchte das unbekannte persische Wort *āxvara-* lesen und es als 'Gerstenmalz' deuten.

In *ba-nu-ra* (PF 725), nach R. T. Hallock (PFT S. 674) „presumably an edible commodity", hat mein Mitarbeiter Günther Korbel wohl zu Recht ap. *panira-* 'Käse' (np. *panir*) erblickt. Er wurde 'vor dem König' verspeist, also bei einer Hofgasterei, und zwar in der vergleichsweise geringen Menge von rund 60 Litern. Ilya Gershevitch schreibt mir dazu, er habe schon vor geraumer Zeit an diese Deutung gedacht, doch habe R. T. Hallock sie für unwahrscheinlich erklärt. Dafür sehe ich überhaupt keinen Grund, im Gegenteil, und dies unbeschadet der H. W. Baileyschen Ableitung von np. *panir* 'Käse' von *pann°* von *pati-n°* (im *Suniti Kumar Chatterjee Volume* 117), auf die mich I. Gershevitch freundlich hinwies. Denn *ba-nu-ra* ist nicht elamisch; es ist ein Nahrungsmittel, das 'vor dem König' verspeist worden ist; und es stimmt mit np. *panir* genauestens überein.

Ein persisches Nahrungsmittel-Wort liegt auch in *ma-du-qa* (PF 720) vor, bzw. in *ma-du-uk-qa* (PF 719) oder *ma-du-kaš* (in dem noch unveröffentlichten

Hofkammertäfelchen Nr. 6767). R. T. Hallock wollte es (PFT S. 25) als Gewürz auffassen, etwa als 'Salz'. I. Gershevitch ('Garb' 173) hat dem lebhaft zugestimmt und es als eine *ka*-Ableitung zu *hwādu- betrachtet, dem Vorläufer von balučisch *wād* 'Salz'. Dem vermag ich mich nicht anzuschließen. Salz gibt es in Iran in solchen Massen, daß es ganz sicher nicht durch die königliche Buchhaltung lief. Wohl wird *ma-du-qa* durchweg in der auffallend geringen Menge von nur einem Maß (1 *qa* = 0,97 Liter) ausgegeben. Bezeichnend ist jedoch, daß dieses Maß *ma-du-qa* 'vor dem König' verbraucht wurde, also — wie oben der Käse — bei einem Festmahl. Es war ersichtlich eine Delikatesse.

Ich hatte zuerst erwogen, in *maduka-, wie altpersisch anzusetzen ist, das Wort für 'Branntwein' zu sehen und es zu aw. *maδu*- 'Beerenwein' zu stellen. Da aber *ma-du-qa* stets mit dem elamischen Zeitwort *ma-ak-qa* 'es wurde verzehrt, gegessen' gebraucht wird, während bei Getränken das Verb *ki-ut-qa* (z. B. in PF 728, von Wein gesagt) lautet, vermutlich im Sinne von 'ausgeschenkt', muß *maduka- eine Speise sein, kein Getränk. Ich stelle es zu ai. *mádhu*- n. 'Honig' (vgl. M. Mayrhofer, *Etym. Wb. d. Altind.* II [1963] 570f.) in derselben Bedeutung. Im Elamischen entsprach diesem 'Honig' (in PF 1578) *hal-la-ki*, das mit altel. *hal-ki* 'süß' identisch sein dürfte. Der Gegensatz zu 'süß' im Altpersischen war wohl *sa-u-ur*, *sa-u-ri*, *sa-u-mar* oder *sa-mar* = *θavar, vgl. meine Beiträge in AMI. N. F. 4 [1971] 22f. und in ZA 1971, 293. Ich habe es dort zu mp. *sōr*, np. *šūr* gestellt im Sinne von 'bitter, herb'. D. N. MacKenzie (BSOAS 1971, 610) ist geneigt, auf meine ursprüngliche Deutung 'sauer' (*Or.* 1970, 424) zurückzugreifen: „it is tempting to see the ancestor of NP *sirka* 'vinegar' in a **s/θavuri-ka*- .. .: the unrounding of the vowels could have been helped by dissimilation from MP *sor* 'salty'." Mit Recht fügt MacKenzie hinzu: „One longs for greater certainty."

In diesen Zusammenhang gehört auch der weibliche Eigenname *ma-at-ma-ab-ba* (PF 1790:8), in dem I. Gershevitch ('Amber' 210) scharfsinnig *madvābā- 'Honigwabe' erkannt hat als indogermanisches Fossil im Altiranischen, „both on account of the pre-Iranian meaning of *madu*-, and because of the otherwise only Germanic conception of a honeycomb as a 'web'."

*

In den Hofkammertäfelchen begegnet in einer Fülle von Schreibungen ein persisches Wort aus der religiösen Welt, nämlich *da-u-šá-um*, *da-u-iš-šá-um*, *du-u-šá-um*, *tam$_5$-u-šá-um*, *tam$_5$-šá-am* und *tam$_5$-ši-ya-am*, so daß sich die Frage stellt, ob wir es mit einem einzigen oder aber mit zwei Wörtern zu tun haben. Schon G. G. Cameron war (PTT [1948] S. 7) darauf eingegangen und hatte ap. *dauça- als Entsprechung zu aw. *zaoθra*- 'Libation' angesetzt, was grundsätzlich richtig erscheint. I. Gershevitch will allerdings, auch unter Heranziehung von *ba-qa.da-u-ši-ya* (PF 336), wobei das erste Glied ap. *baga*- 'Gott' wiedergibt, das fragliche Wort zu aw. *zaoša*- m. 'Gefallen' stellen. „Thus it would represent OP *daušiyam, a neuter adjective used as substantive, meaning 'what serves for satisfaction, propitiatory offering'." (apud Hallock, PFT S. 19)

Ich möchte lieber bei der Herleitung Camerons von aw. zaoθra- bleiben, allerdings in Abwandlung des Begriffes 'Trankspende' in eine allgemeinere Bedeutung 'Opferspende' Denn die Hofkammertäfelchen erweisen, daß nicht nur Wein und Bier geopfert wurde, sondern auch Getreide, Mehl, ja sogar Datteln und Feigen. Man kann also ap. δauça- n. 'Opferspende' ansetzen neben einer Form *δauçya- n. gemäß tam₅-ši-ya-am. In der Bedeutung unterscheiden sich die beiden Formen nicht. Die ba-qa.da-u-ši-ya, die I. Gershevitch *baga-daušyā (pl.) lesen und als 'god-propitiatory offerings' übersetzen möchte, wären in meiner Deutung *baga-δauçyā = 'Gottes-Opferspenden' — was keinen großen Unterschied macht.

Früchtenamen

Von den altpersischen Bezeichnungen für Früchte habe ich einige in meiner Besprechung des *W. B. Henning Memorial Volume* (IF 1973) erwähnt. Ich wiederhole sie hier der Vollständigkeit halber.

Elamisch umschriebenes du-ud-da (PF 215) erwies sich, wie R. A. Bowman gesehen hat, durch die aramäische Beischrift twt als *tūta- 'Maulbeere', np. tūt. ú-ma-ru-ud-da oder hu-ma-ru-ud-da in einem noch unveröffentlichten Hofkammertäfelchen meinen ap. *umrūta- 'Birne', np. armūd, wie 'Abdo'l-Mağīd Arfaʿî (apud R. T. Hallock, PFT S. V) gesehen hat. In PF 1988:27 begegnet zwischen allerlei Trockenfrüchten auch pi(?)-iš-tuk-qa, also ap. *pistaka- 'Pistazie', np. peste. M. Mayrhofer (in Fs. Scherer [1971] 58) führt noch mein ursprünglich mitgeteiltes *pistika- an, das von der Tatsache ausging, daß das elamische Zeichen tuk in achämenidischer Zeit gesprochenes tik wiedergibt (niemals tuk). Es bestehen jedoch keine Bedenken, tuk gelegentlich auch als ap. tak zu lesen, so wie beispielsweise der Eigenname pír-ra-tuk-qa (PF 2011:14) *Frataka- meinen dürfte, also einen 'Vorwärtsläufer'. Parallelfälle liefert das elamische Zeichen kur, das kir gesprochen wurde, aber in der Verbindung -kur-ra häufig ap. kara wiedergibt. I. Gershevitch ('Garb' 181) hält pi-iš-tuk-qa für eine „ka-extension of *pištu- 'pistacio', coexisting with the thematic *pišta- whose ka-extension survives in NP piste?" Aber tuk, ich wiederhole es, enthält schon im 7. Jahrhundert v. Chr. keinen u-Laut mehr, sondern i. Auch setze ich nicht *pištaka- an, was medisch wäre, sondern die echt persische Form *pistaka-, die auch mittelpersisch als pistag bezeugt ist (MacKenzie 69).

In PF 2093 und anderen Hofkammertäfelchen kommt eine Obstart ir-taš-ti-iš vor. Sie deute ich als ap. *rδasti-. Das erste Glied dürfte (man vgl. ir-tup-pi-ya = *rδifya- 'Adler', np. āluh) *rδa- meinen. Das zweite Glied findet sich auch in dem aus der akkadischen Überlieferung bekannten *aspāsti-, wörtlich 'Roßfutter' = 'Luzerne', nämlich *asti- (vgl. oben den Ortsnamen

*Bunasti-). Somit dürfte *rδasti- wörtlich 'rote Speise' bedeuten; gemeint ist offenbar eine 'Rotfrucht', vielleicht die 'Pflaume', np. *ālū*. Zu *āla- 'rot' im von Ktesias überlieferten Frauennamen *Ἀλογούνη* verweise ich auf E. Benveniste (JA 1960, 71) und R. Schmitt (*Beitr. z. Namenf.* 1971, 23 f.).

Landwirtschaftliches

Den altpersischen Ausdruck für 'Korn, Getreide' dürfte PF 139 enthalten, wo sich in paralleler Wendung zu el. *tar-mu* 'Getreide' das Wort *qa-ir* findet, also *kāra-, jedoch schon mittelpersisch *kār* ausgesprochen. Zur Bedeutung vgl. man np. *kār-* als Präsensstamm von *kāštan* 'pflanzen, anbauen'. In PF 794 erscheint entsprechend ein persisch-elamisches Mischwort *qa-har.máš-zi-ra* oder *kār-Schneider = 'Kornmäher'.

PF 1594 verbucht die Ausgabe von Verpflegung für Handwerker in Persepolis, und zwar von Gerste und Mehl, mit einem Nachtrag, der noch die Cerealien *za-li* (elamisch = 'Hirse'?) und *tu*(?)-*qa-kar* erwähnt. Das letzte Wort könnte haplologisch ap. *θūkakāra- meinen, mit einem ersten Glied in der Bedeutung von ai. *śuka-* m. 'Granne', mit zweitem Glied *kār 'Korn', also 'Grannengetreide'. Was damit bezeichnet wird, vermag ich nicht zu sagen. Denn das am meisten mit Grannen versehene Getreide, Gerste, scheidet aus. Sie hieß altpersisch entweder, wie oben gezeigt, *xvarθam, oder, wie I. Gershevitch (*apud* R. T. Hallock, PFT S. 697) gezeigt hat, *yavya-, elamisch umschrieben *hi-ya-mi-ya-iš* = ai. *yávya* von *yava* 'Gerste', np. *ǧou*, wörtlich 'Korn von Gerstenart'.

Von unserem *θūkakāra- zu unterscheiden ist wohl der Eigenname *šu-qa-qa-ra* (PFT S. 758), welcher ein ostiranisches oder medisches *sūkakara- wiedergeben dürfte, wörtlich 'Glanzmacher', zu aw. *sūka-* 'licht', ai. *śucá-*, wie schon E. Benveniste (*Titres* [1966] 93) gesehen hat.

Das altpersische Wort für 'Hirse', np. *gāvars*, hat I. Gershevitch ('Amber' 198) in dem Eigennamen *qa-mi-ir-sa* und *qa-mar-sa* (PF 210 und 211) erkannt; es lautet aber nicht *gāvarθa-, sondern, wie die elamische Schreibung *-mi-ir-* erweist, *gāvrθa-.

In PF 453 ist von Getreide die Rede, das aufgespeichert (*nu-tuk-qa*) wurde; seine nähere Bezeichnung lautet *ba-ir*. Das ist das elamische Wort für 'Same' oder 'Saatgut', das schon in mittelelamischen Urkunden vorkommt und in späterer Zeit meist durch das Sumerogramm NUMUN wiedergegeben wird. In dem ganz parallelen Hofkammertäfelchen PF 444 wird nun Gerste erwähnt mit der Zweckbestimmung GIŠ.*qa-pi-ya-iš*. Das ist ersichtlich die persische Entsprechung für 'Saatgut', vermutlich *kafya- zu lesen, wohl zur mittelpersischen Wurzel *kaf-* 'werfen' zu stellen.

In den gleichfalls hierzu parallelen Texten PF 242 und 243 wird wiederum Gerste aufbewahrt, diesmal aber als *mar-da*. Hierin erblicke ich einen weiteren Ausdruck für 'Saatgut', nämlich ap. *varda-, zur awestischen Wurzel *varəd-* 'wachsen machen'. Dagegen dürfte das hh. *mar-da-um* in PF 48 ein ap. *varδa-

'Arbeiter, Werkmann' meinen, zu aw. *varəz-* 'wirken'. Beide Ausdrücke vereinen sich in PF 47, wo ein Mann als *mar-da-mar-da-um* bezeichnet wird, also wohl als *varda-varδa- = 'Saatgut-Arbeiter' oder 'Sämann'.

*

Das altpersische Wort, das np. *aṃbār* 'Speicher, Lager' entspricht, erscheint in elamischer Umschreibung meist als *am-ba-ra* oder *am-ba-ráš*. In PF 1861:2 erweist die Umschreibung *ha-ba-ráš*, daß das altpersische Wort mit *h* begann. Es wird durchgängig *hampāra- gelesen, seitdem I. Gershevitch (*Asia Major* 1951, 143 Anm. 1) es so angesetzt und J. Harmatta (*Acta Ling. Hung.* 1955, 289) es von *ham-* und der awestischen Wurzel *par-* 'füllen' abgeleitet hat.

Aber warum sollte man nicht *hambāra- lesen dürfen? I. Gershevitch hat (*apud* R. T. Hallock, PFT S. 675) in *ba-ri-ba-ra* bzw. *ba-ri-ba-ráš* ap. *paribāra- erkannt, das im Hebräischen (1. Chronik 26,18) als *prbr* erscheint, aber nicht 'gateway' oder 'porch' oder dergleichen bedeuten dürfte, sondern 'Wall' oder 'Umwallung'. Jedenfalls kann hier kein Zweifel obwalten, daß das zweite Glied von der Wurzel *bar-* 'tragen' abgeleitet ist, nicht von *par-* 'füllen'.

Ferner: bei Ptolemaios VI, 2, 9 kommt ein Ortsname Φαράμβαρα vor, den J. Harmatta (*Acta Ling. Hung.* 1955, 291) über *Frāmbār(a) auf *Frahambār(a) zurückführt, was durchaus einleuchtet; dieses aber wiederum auf *Frahampāra-. Könnte jedoch die Schreibung -βαρα bei Ptolemaios nicht auch schon die altpersisch richtige gewesen sein? Ich möchte daher ap. *hambāra- ansetzen als den 'Ort des Zusammentragens' = 'Speicher'. Daneben gab es übrigens einen persischen Ausdruck *hambārya- in genau derselben Bedeutung, z. B. in PF 68:12, der el. *am-ba-ri-ya-iš* umschrieben wird.

*

Zwei äußerlich ähnliche altpersische Wörter der elamischen Nebenüberlieferung müssen sorgsam auseinandergehalten werden, nämlich *nu-da-nu-iš*, das vornehmlich in Schatztäfelchen vorkommt, und *nu-tan-nu-ya-áš* oder *nu-tan-nu-ya*, das nur in Hofkammertäfelchen auftaucht.

Das letzte hat R. T. Hallock (PFT S. 739) sicher zutreffend als 'stockyard' ('Viehhof') gedeutet; es kommt in der Tat nur vor in Verbindung mit Vieh aller Art. Andererseits dürfte G. G. Cameron *nu-da-nu-iš* ganz richtig mit 'storeroom' übersetzt haben, z. B. in Schatztäfelchen 1963-11:7, wo *kán-za-um nu-da-nu-iš* tatsächlich 'Schatzhaus-Niederlage' bedeuten muß (JNES 1965, 177), ohne den geringsten Bezug auf Vieh. In einem Brief vom 25. November 1970 teilte mir R. T. Hallock mit: ,,New tablets give vars. *nu-tan-nu-iš* and h. *nu-da-nu-ya-iš*, the first applying to cattle, the second to *kurtaš*."

Dies bestätigt meinen Ansatz. Auf Grund der Schreibung h. *nu-da-nu-ya-iš* wird man das *kán-za-um nu-da-nu-iš* besser mit *ganzam-*nidānya- wiedergeben = 'Schatz-Depot'. Dadurch entfällt auch die Notwendigkeit, mit I. Gershevitch (*Asia Major* 1951, 143), der das Wort völlig zutreffend zu ai.

nidhāna- gestellt hatte, für das Persische einen *i*-Stamm anzusetzen, weil das Zeichen *nu* an sich ja *ni* gesprochen wurde. Aber auch die von J. Harmatta (*Acta Ling. Hung.* 1954, 296f.) vorgeschlagene Lesung **nidāna-* für *nu-da-nu-iš* kann entfallen und durch **nidānya-* ersetzt werden. Dagegen wird man aramäisch *ndn* 'Schwertscheide' altpersisch als **nidāna-* m. anzusetzen haben, nicht — mit W. B. Henning *apud* F. Rosenthal (*Grammar* [1968] 59) — als **nidāni*; ap. **nidāna-* wurde mp. zu *nidāman*, np. *niyām*.

Hingegen wird das einen 'Viehhof' kennzeichnende altpersische Wort im Elamischen stets mit dem Zeichen *tan* geschrieben, nie, wie im vorigen Fall, mit *da*. Dies deutet auf eine kurze Silbe. Dieter Weber erwägt daher für *nu-tan-nu-iš* bzw. *nu-tan-nu-ya-áš* eine altpersische Lesung **nitanya-* 'Viehhof', als Ableitung von der Wurzel *tan-* 'strecken', also als eine Stätte, wo sich das Vieh 'niederstreckt'.

*

In Hofkammertäfelchen PF 2078 kommt ein *gi-a-sa-iš-da-na* vor, also ein ap. **gaiθāstāna-* = 'Viehfarm'. Eine bloße Vieh*weide* kann nicht gemeint sein, da es sich offensichtlich um eine Anlage handelte, zu der auch Gebäude gehörten; in einem davon wurde von drei Kronsbeamten eine Abrechnung über die Verwendung von Futtergerste aufgesetzt. I. Gershevitch ('Garb' 173) hat den Ausdruck fragend mit 'place for flocks' übersetzt, was etwas zu allgemein erscheint. R. T. Hallock hatte ihm brieflich eine neue Schreibung mitgeteilt, nämlich *gi-hi*(?)-*sa-i*[*š-da-na*]. Sie liefert einen wertvollen Hinweis auf das Fortbestehen des Diphthongs *ai* im Altpersischen, der eben noch nicht mittelpersisch *ē* geworden war: das Zeichen *gi* steht für gesprochenes *ge*, und das Zeichen *hi* wäre also ganz unnötig gewesen, wenn die alten Perser nicht tatsächlich diphthongisches *ei* (*ai*) gesprochen hätten.

In einer Aufstellung über königliche Kleintierherden (in PF 2083) werden Ziegen und Schafe erwähnt mit dem Zusatz *ha-ut-ri-maš*. Nie findet sich dieser Zusatz bei männlichen Tieren. Ich vermute hinter dem Wort ein altiranisches **haθravā* = 'zu deckende [Tiere], zu aw. *haθra-* 'vereint'. Das Wort ist offenbar medisch.

In mehreren Hofkammertäfelchen, die von trächtigem Vieh handeln, begegnet der Ausdruck *da-at-maš* oder *da-ut-maš*. Er erscheint jeweils berechnet auf zwei Drittel der Zahl der trächtigen Tiere. Ich halte ihn für ap. **dāθva-* im Sinne von 'Ertrag' oder 'Wurf'. Offenbar hatte man im alten Persien die Erfahrung gemacht, daß von drei trächtigen Tieren jeweils nur zwei Jungtiere überlebten.

In PF 2033 sind 85 Zicklein erwähnt, welche 'vor dem König', also bei einem Festmahl des Herrschers, verzehrt wurden und die als *ha-du-ya-iš* näher bezeichnet sind. R. T. Hallock brachte diesen Ausdruck in Verbindung mit el. *ha-du-iš* im Sinne von 'provisions'. Das Wort ist aber persisch, was Hallock inzwischen (brieflich) bestätigt hat. In dem Paralleltext PF 695 werden mehrere hundert Zicklein und Lämmer in gleicher Weise 'vor dem

König' verzehrt mit dem erklärenden Zusatz *ha-du-mi-ya*. Beide Formen zusammen erweisen ein ap. *$\bar{a}\theta vya$- = 'zum Braten [am Spieß] bestimmt', zu der chwaresmischen Wurzel θw- 'brennen'.

PF 300:7 enthält in unklarem Kontext ein Wort *kur-sa*, das ap. *$kr\theta a$- meinen und aw. *kərəsa*- 'mager' entsprechen dürfte.

*

Mehrfach kommt in den Hofkammertäfelchen ein Ausdruck *uk-pi-ya-taš* oder *uk-be-ya-taš* vor, auch *ú-pi-ya-taš* oder *uk-pi-ya-tam$_6$*, den R. T. Hallock (PFT S. 19) vorläufig mit '(royal) food supply' wiedergeben möchte. I. Gershevitch (ebenda Anm. 14) hat das Wort richtig als ap. *upa-$y\bar{a}ta$- gelesen, es aber zu sogdisch *pyʾt* 'schmücken' gestellt und es dementsprechend mit 'ornament', 'decoration' übersetzt, worin ich ihm nicht folgen kann. Der enge Zusammenhang des fraglichen Wortes mit Lebensmitteln, den die Urkunden durchgehends belegen, meist mit dem Zusatz 'des Königs', läßt mich die Deutung in anderer Richtung suchen.

Ein *$upay\bar{a}tam$ des Darius könnte, wenn man an ai. *úpayāti*- 'er kommt herbei, besucht' denkt, ein Gastmahl-Empfang für den Herrscher gewesen sein. In PF 388 heißt es ausdrücklich, rund 1300 Liter Hirse seien einem gewissen Tīriya ausgehändigt worden, welcher „hier ein *uk-pi-ya-at-taš* des Königs gemacht hat". Nach einem noch unveröffentlichten Hofkammertäfelchen Nr. 3544, dessen Abschrift ich G. G. Cameron verdanke, erhielt Vidrna aus den Beständen des Hofkellerwartes Hušaya 65 Krüge Wein. Knechte schafften die 630 Liter Wein nach *$Farnaxvat\bar{\imath}š$ (h. *bar-[nu]-ma-ti-iš*, brieflich berichtigte Lesung Hallocks, der auf PF 46–49 verweist) „für ein *$upay\bar{a}tam$ des Königs". Diese Zusammenhänge legen für *$upay\bar{a}ta$- n. eine Bedeutung 'festlicher Empfang, Bewirtung' nahe. Zwar will D. N. MacKenzie (BSOAS 1971, 610) das Wort zu aw. *yāta*- 'Anteil, Besitz' stellen und es als „a 'bye-portion' of some sort" deuten; allein, der Sinnzusammenhang scheint mir nicht für diese Deutung zu sprechen.

*

Gemäß PF 1696 verzehrten zwei Pferde eine bestimmte Menge Gerste. Das Hofkammertäfelchen macht den Zusatz: 2 *ha-ma-zí ma-ki-iš*, was Hallock übersetzt: „they consumed 2 *hamazi*", wobei er letztes fragend für ein Hohlmaß hält. Es ist aber offenbar persisch *$hama\check{c}i$ im Sinne von „genau gleichviel" oder „jedes [Pferd verzehrte] dasselbe". Anscheinend findet sich unser *$hama\check{c}i$ in aramäischer Umschreibung *hmš* auf dem Hauma-Mörser Nr. 105:3 bei R. A. Bowman (*Aramaic Ritual Texts* [1970] S. 158). Die Stelle bezieht sich auf die Beschaffenheit des Steines, aus dem der Mörser gefertigt wurde: „aus Stein (*zy gll*) von derselben (ap. *$hama\check{c}i$) [Färbung]", oder „aus derselben Steinart"; der Rest der Zeile ist zerstört.

Gemäß PF 1957:7 gab es Kamele mit der Kennzeichnung *nu-šá-qa-ma-qa*. Das habe ich ursprünglich *$nis\bar{a}$-$k\bar{a}maka$- gelesen in der vermuteten Bedeutung

von 'Kamelen, die sich [auf den Ruf des Kameltreibers hin] willig nieder-
lassen'. Vorzuziehen ist aber jetzt I. Gershevitchs Vorschlag ('Garb' 179),
*niša-kavaka- zu lesen im Sinne von Kamelen 'mit niederen Höckern'.

Tiernamen

Das Material der Hofkammertäfelchen hat, besonders in Gestalt von Eigennamen, zahlreiche altpersische Tiernamen ans Licht gefördert. Die meisten
fand I. Gershevitch, einige vorher schon E. Benveniste.

Auf E. Benveniste (*Titres* [1966] *passim*) gehen zurück: *kahrkāsa- 'Geier'
(medisch), *kahrpuna- 'Eidechse', *sukurna- 'Stachelschwein' (medisch) und
*varāza- 'Eber' (medisch). I. Gershevitch (in seinen Aufsätzen 'Amber', 'Lion'
und 'Garb') verdanken wir: *δambara- 'Wespe' (er umschreibt *dambara-),
*gauka- 'Bulle', *gauraka- 'Wildesel', *hafti- 'Stute', *krka- 'Hahn' (er um-
schreibt *karka-), *krkāθa- 'Geier' (er umschreibt *karkāθa-), *kapa- 'Fisch',
*kapauta- 'Taube', *maiša- 'Schaf', *māθiyaka- 'Fisch' (er umschreibt *māθ/
sīka), *mrvaka- 'Ameise' (er umschreibt *marva-), *mūška- 'Maus', *raupāθa-
'Fuchs', *saka- 'Hund', *sausuka- 'Rebhuhn', *spira-hūka- 'Fettschwein',
*syaina- 'Adler' und *šargu- 'Löwe'.

Den 'Käfer', der in den Hofkammertäfelchen sowohl als männlicher wie als
weiblicher Eigenname erscheint, fand I. Gershevitch in PF 1905 als *šu-si-qa*,
männlich, und in einem noch unveröffentlichten Täfelchen als *du-si-qa*,
weiblich. Hierher gehören jedoch auch, was er nicht bemerkte, die Schreibungen
tu-tuk-qa, *du-tuk-qa* und *du-ut-tuk-qa* (PFT S. 684). Alle diese Formen meinen
ap. *θūθikǎ- 'Käfer', np. *sūsk*. Denn ap. θu- gaben die Elamer entweder mit *tu*,
du oder *šu* wieder, während ihr Zeichen *tuk* entweder *tik* oder *θik* bezeichnete.

In dem von G. G. Cameron (PTT [1948] S. 79) erwähnten *ir-tup-pi-ya* hatte
E. Benveniste schon 1954 (JA 242, S. 307) gemäß aw. *ərəzifya- den 'Adler'
erkannt, irrig aber einen Vokal *u* angesetzt; el. *tup* wurde — wie erwähnt —
tip ausgesprochen. R. Schmitt (*Die Sprache* 1970, 77) fand die genauere
Schreibung *ŗdifya-*, die ich zu *rδifya- ausfeile.

Die 'Ente' fand R. E. Emmerick (*apud* I. Gershevitch in 'Garb' 170) in
einer Aufzählung von Geflügel (PF 1940:20) hinter Gänsen als *ha-ti-qa* =
*ātika-, zu ai. *ātí*, khotansakisch *āce*.

Ich habe noch einen Tiernamen beizusteuern. Er verbirgt sich hinter den
Eigennamen-Schreibungen *za-kam-uk-qa*, *za-ak-kam-qa* und *zí-kam-uk-qa* (PFT
S. 772 und 774), zu denen I. Gershevitch (in 'Garb') noch als weitere *za-qa-u-qa*
und *za-ku-qa* beigesteuert hat. Sie alle meinen ap. *čakauka- 'Lerche', zu mp.
čakōk (MacKenzie 21), np. *čagūk*.

Und als Nachzügler noch *qa-i-qa* (PF 313:3), hinter dem sich der altpersische Name für 'Floh' verbergen dürfte, nämlich *kaika-, zu np. *keik*, *käk*.

Fachausdrücke der Hofverwaltung

Gemäß Hofkammertäfelchen PF 1184 erhielten 116 Arbeiterinnen im Monat
je einen halben Liter Bier zugeteilt als *za-a-na-um*. Das könnte im Hinblick

auf aw. *zaēni-* 'eifrig, rege' ein medisches **zaina-* n. meinen in der Bedeutung 'Prämie, Bonus'.

Nicht dazu gehört das häufig belegte *ha-da-za-na-um*, das I. Gershevitch (*apud* Hallock, PFT S. 49) als Ableitung von iranisch *hada-* plus **čāna-* deuten möchte, wobei letztes gemäß H. W. Bailey die Bedeutung 'Reise' haben soll; „*hadazanam* would then mean '(what goes) with the **čāna-*', that is, 'supplementary road provisions'." Ich möchte vielmehr **hada-ǰanam* lesen und es als 'Zuschlag' oder 'Dreingabe' oder 'Extraportion' deuten.

*

In PF 259 werden 35 Weinbottiche oder Amphoren (el. *muš-zí*, gesprochen *mizzi*) erwähnt, für welche noch *bat-ti-zí-kaš* gemacht oder geleistet werden mußte. Gemäß PF 1953:40 wurde für fünfzig Bottiche oder Amphoren, welche jeweils 30 'Krüge' (el. *mar-ri-iš* zu je 10 *qa*), also 291 Liter faßten, *bat-ti-še-kaš-še* geleistet, also „das *bat-ti-še-kaš* dafür", und zwar nicht in Geld, sondern in Gestalt von 150 Krügen Wein. Diese hatten, da der Liter Schiraser Rotwein (wie ich in ZDMG 1960, 238, gezeigt habe) damals —. 18 Goldmark kostete, einen Wert von 261.90 Goldmark. Der Lohn für die Anfertigung eines Bottichs oder einer Amphora betrug daher, in Form von Wein bezahlt, 5.24 Goldmark.

Demnach bedeutet *bat-ti-še-kaš* offensichtlich den 'Gegenwert' der angefertigten Bottiche. In dem parallelen Text PF 1954:4 steht dafür *bat-ti-še-za-na*. I. Gershevitch hat (*apud* Hallock, PFT S. 16) erkannt, daß es sich dabei um dasselbe iranische Wort handeln muß, das in parthischen Urkunden aus dem Nisā des 1. vorchristlichen Jahrhunderts als *ptsyk* erscheint; eine Übersetzung gab er indes nicht. Ich lese das Wort altpersisch als **pati-θaika-* bzw. **pati-θaičana*, beide Male in einer wahrscheinlichen Bedeutung 'Vergütung' oder einfach 'Zahlung'.

Im Parthischen ist danach offenbar *patsēk* zu lesen, und die in den Nisā-Urkunden stereotypen Formeln „MN *ptsyk*" bzw. „HLP *ptsyk*" (vgl. I. M. D'jakonov in dem von ihm gemeinsam mit V. A. Livšic herausgegebenen Buch *Dokumenty iz Nisy* [Moskau 1960] 18f.) sind wohl „als Zahlung" bzw. „statt Zahlung" zu übersetzen, d. h. die Betreffenden lieferten Wein ab statt Geld. V. A. Livšic (*a.a.O.* S. 43) erblickt in *ptsyk* mit Recht eine Art Steuerleistung; in den Hofkammertäfelchen hingegen handelte es sich um eine 'Zahlung' als Lohn an den Böttcher für die von ihm angefertigten Bottiche. In beiden Fällen freilich ist Wein das Zahlungsmittel, nicht Geld.

In PF 1831 ist von einer Weinlieferung die Rede, wobei jeweils auf zehn Krüge ein halber Krug Wein zusätzlich gewährt wird als *bar-ri-še-kaš*. R. T. Hallock betrachtet dies als 'carriage charge(?)'. Ich lese **pariθaika-*; als wahrscheinliche Bedeutung schlägt Dieter Weber 'Provision' vor.

*

Schwierig sind die beiden persischen Wörter, welche elamisch umschrieben als *ab-ba-qa-na-iš* und als *ab-ba-kán-nu-iš* erscheinen.

Das erste hat I. Gershevitch (*apud* Hallock, PFT S. 664) als **apa-kana-* 'deducting(?)' aufgefaßt. Man wird aber genauer **apakāna-* lesen müssen. Hallocks Übersetzung 'handling charge' trifft die Sache ungefähr: gemeint ist offenbar der 'Schwund' bei der Handhabung von Wein, Getreide und Vieh. Der Schwund-Satz beträgt bei Wein und Vieh 10 v. H., bei Getreide $3^{1}/_{3}$ v. H. Man vgl. mp. *abgandan* 'wegwerfen' (MacKenzie 4).

Dagegen ist das zweite Wort wahrscheinlich **apakanya-* zu lesen. Es kommt nur in Zusammenhang mit Wein vor, welcher an Hebammen(?) ausgegeben wurde. Der Sinn ist vielleicht 'Entbinder', nämlich für Wein gesagt, der die Entbindung erleichtern soll, wörtlich etwa '[Frucht-]Herauswerfer'.

*

Den gleichfalls schwierigen, offenbar persischen Ausdruck *qa-ra-ma-ráš* in den Hofkammertäfelchen will R. T. Hallock (PFT S. 710) seiner Bedeutung nach aufteilen in eine Art Gebrauchsgegenstand und in eine Berufsbezeichnung. Das erste dürfte nicht, das zweite nur bedingt zutreffen. Sehen wir uns die Belege an.

Gemäß PF 779 erhielt ein Perser täglich einen Liter Wein zugeteilt, was ihn als einen Würdenträger ausweist. Er wird als *qa-ra-ma-ra*-Macher bezeichnet. In PF 1245 wird derselbe Perser erwähnt: er habe, vom Großkönig kommend, sich in *A-tu₄-ik*, also in der Stadt Ayahitek der früheren Zeit Elams, eingefunden, von drei Dienern begleitet, um dort einen Monat hindurch *qa-ra-ma-ráš* zu machen. Ich vermute dahinter ein ap. **kārahmāra-*, wörtlich eine '*kāra*-Zählung', also vermutlich eine 'Musterung'.

In dieselbe Richtung weist PF 1256. Hier erscheint ein Beamter mit dem elamischen Titel *li-ip-te.ku-ti-ra*, also ein 'Kämmerer' (wörtlich: 'Gewandträger') wie Aspathines, mit drei Dienern. Dieser Würdenträger mit Namen **Daiθaka* (?, el. *te-a-tuk-qa*, den ich als *ka*-Ableitung zu aw. *daēsa-* m. 'Omen, Zeichen' stelle) blieb volle sechs Monate auf dem Landsitz (**rmātam*) eines gewissen Bagapāta, wurde aber samt seinen drei Knechten aus königlichen Magazinen verpflegt. In diesem Hofkammertäfelchen 1256 wird der Kämmerer selbst als *qa-ra-ma-ráš* bezeichnet, aber doch wohl in ähnlicher Weise, wie auch wir sagen: „die Kontrolle kommt", damit jedoch eine Person meinen.

Der Ausdruck **kārahmāra-* dürfte somit 'Inspektion' oder 'Musterung' besonders im Lehenswesen bedeuten und gelegentlich personifiziert erscheinen. Ähnlich äußerte sich auch I. Gershevitch ('Garb' 173).

Gemäß PF 2032 haben vier namentlich genannte Perser den Getreidebestand (el. *h.šu-lu-um*) des Ortes Kirra besichtigt (*zi-ya-iš-da*) und darüber ein h. *mi-ma-na-um* aufgesetzt. R. T. Hallock (PFT S. 666) erwägt für dieses Wort fragend eine Übersetzung 'inventory', was richtig sein dürfte. Ich stelle das Wort zu ai. *vimāna* 'Ausmessung, Maß' und lese entsprechend ap. **vimānam* = 'Schätzung, Bestandsaufnahme'. In PF 1857:6 kommt dafür die Schreibung *a-ma-nu-iš* vor, die wohl ein **vimānya-* meint.

Berufsbezeichnungen

Wie zu erwarten, finden sich in den Hofkammertäfelchen aus Persepolis zahlreiche altpersische Berufsbezeichnungen.

Ein persischer Titel *da-a-ú-bat-ti-iš* (PF 1902) oder *da-i-bat-ti-iš* (PF 1250) wird von I. Gershevitch (*apud* R. T. Hallock, PFT S. 681) als **tāyu-pāti-* oder **tāyu-pāta-* gelesen und mit 'police officer (?)' übersetzt, wohl in Anlehnung an diese Deutung, die W. B. Henning dem aramäischen *typty'* (pl.) gegeben hat, zu aw. *tāyu-* 'Dieb', im Sinne von 'der die Diebe bewacht (auf sie achtgibt)' (Gs. Paul Kahle, 143). Damit hat aber unser *da-a-ú-bat-ti-iš* nichts zu tun. Das Wort gibt offensichtlich ein ap. **dahyu-patiš* 'Landvogt' wieder. M. Mayrhofer macht mich dazu auf das ins Armenische eingedrungene iranische Lehnwort *deh-pet* 'Landesherr' aufmerksam.

*

Mehrfach kommt in den Hofkammertäfelchen eine Berufsbezeichnung *hal-nu-ut.ha-iš-ši-ra* oder *hal-la-at.ha-ši-ra* vor (Belege in PFT S. 688). Für die elamische Sprache kennzeichnend ist dabei zunächst, daß *halnit* und *hallat* dasselbe bedeuten, nämlich 'Tontafel'. Für das zweite Glied hat R. T. Hallock aus dem Zusammenhang auf eine Bedeutung 'reckoner' geschlossen, was für die Berufsbezeichnung im ganzen einen 'auditor' ergibt.

Allerdings kann ich Hallock nicht folgen, wenn er für das zweite Glied des zusammengesetzten Ausdruckes ein elamisches Verb *haša-* ansetzt, obwohl es davon eine ganze Anzahl verbaler Ableitungen gibt. Ich hege nämlich den Verdacht, daß sich hinter *ha-ši-* ein ap. *hašya* 'wahr' verbirgt; gelegentliche Schreibungen mit *ha-si-* könnten auf medisches **haθya* weisen. Vermutlich hat dieses *hašya*, von den Vertretern der iranischen Herrenschicht gesprochen, bei den elamischen Buchhaltern einen Sinn angenommen, wie bei uns heute das amerikanische *o. k.* Wenn der die Tontafelbuchungen überprüfende Perser *hašya* sagte, waren diese damit in Ordnung befunden. In Verbindung mit dem elamischen Personale *-ra* entstand so ein persisch-elamisches Mischwort **hašya-ra* = 'o. k.'-Macher' = 'Revisor'. Im Passiv wurde daraus *ha-šá-qa* oder *áš-šá-qa* = 'ge-o. k.-eit' = 'geprüft und in Ordnung befunden'. Mit anderen Worten : ap. *hašya* 'richtig' wurde zum Lehnwort im Elamischen.

Nicht hierher gehört jedoch meiner Meinung nach in PF 1957:3 der Ausdruck x-*ul áš-sìp*. Ich möchte das x durch *e* ersetzen und [*e*]-*ul.áš-sìp* 'Horntiere' lesen, zu el. *e-ul* 'Horn' (*Or.* 1970, 433) und im zweiten Glied als Plural von *áš* 'Vieh'. Dem Perser Bagapāta, der mit ägyptischen Fachleuten 'arbeitete' (*su-man-ra*), ging es dabei anscheinend um die Herstellung von 'Leim', el. GIš.*gal-la-tam₆*, ein Ausdruck, der mehrfach auch in den Susa-Täfelchen des ausgehenden 7. Jahrhunderts vorkommt, bisher aber noch nicht sicher ermittelt ist.

*

In PF 999 werden achtzehn Frauen als *kán-su-uk-qa ra-mi-ya hu-ut-ti-ip* bezeichnet, also als 'Verfertigerinnen' (*huttip*) von 'feinen' (ap. **ramya-*) Gegenständen mit der ersichtlich altpersischen Bezeichnung **kančuka-*. Dabei dürfte es sich um ein dem *Kandys* der griechischen Quellen verwandtes Kleidungsstück handeln. Parthisches *qnjwg*, auf das mich Dieter Weber aufmerksam machte, ist von W. B. Henning (BSOAS 9 [London 1937] 84) gemäß ai. *kañcuka-* als **coat* übersetzt worden. Ich denke eher an jene 'Umhänge' oder 'Überwürfe', die zur persischen, aus Elam entlehnten Hoftracht gehörten (vgl. meine *Altiranischen Funde und Forschungen* S. 74) und el. *kuktu* hießen, zum Unterschied von dem darunter getragenen, ärmellosen Gewand, das el. *tikli* hieß. Dazu paßt gut die Deutung 'bodice, jacket', die H. W. Bailey (in Fs. Morgenstierne [Wiesbaden 1964] 10, vgl. auch I. Gershevitch in 'Garb' 172) dem Sanskritwort gegeben hat.

In PF 1834:7 dürfte — es handelt sich um Wein, welcher an Pferde (!) ausgegeben wurde — *uk-ba-áš-šá* wohl ap. **upāsa-* (**upa-asa-*) sein im Sinne von 'Roßknecht'. (So jetzt auch I. Gershevitch in 'Garb' 183, der 'groom' übersetzt.) Dagegen ist der *áš-šá-bat-ti-iš* in PF 1978:15, wie schon I. Gershevitch (*apud* Hallock, PFT S. 670) gesehen hat, ein **asa-patiš*. Er übersetzt es mit 'horse master', aber das erscheint etwas zu gering angesetzt. Denn diesem 'Hofgestütsmeister' unterstanden sehr wahrscheinlich die Roßherden des Großkönigs in derselben Weise, wie die Viehherden dem *gi-sa-bat-ti-iš*, d. h. dem **gaiθă-patiš* oder 'Hofherdenmeister' unterstanden (ZA 1971, 237 Anm. 2).

Den in PF 1943:9 vorkommenden *ha-ma-ir-na-bat-ti-iš* wollte ich als **hamarna-patiš* = 'Kampf-Führer' = 'Offizier' deuten. Das Richtige aber fand I. Gershevitch ('Garb' 170): wir haben hier den **āxvarna-patiš* oder 'Hofstallmeister' vor uns.

In dem unveröffentlichten Hofkammertäfelchen Nr. 3568, dessen Abschrift ich G. G. Cameron verdanke, erscheint ein *pír-ra-šá-kur-ra*, also ein persischer Berufsname mit der Endung -*kara*. Der Betreffende erhielt sechs Krüge Wein ausgehändigt, er war also ein hoher Herr. Wolfgang P. Schmid erwägt eine Deutung als Vollform der von W. Eilers (*Beamtennamen* [1940] 8ff.) ermittelten Berufsbezeichnung **frasaka*, also **frasa-kara*, was einen 'Untersuchungsrichter' bezeichnen dürfte. Dies ist tatsächlich der Fall, wie ich in *Orientalia* 1970, 434, nachweisen konnte. R. T. Hallock teilt mir jetzt freundlicherweise mit, daß ein gewisser Bagadáta in einem neuen Text *pír-ra-šá-kur-ra* genannt wird, in einem anderen aber *pír-ra-iš-šá-ik-qa*, was erweist, daß **frasa-kara* und **frasaka* dasselbe meint.

Eine andere persische Berufsbezeichnung erscheint in den Hofkammertäfelchen als *hu-ba-za-nu-ya-ip* oder *uk-ba-za-nu-ya-ip* (mit elamischer Pluralendung -*p*). I. Gershevitch (*apud* Hallock, PFT S. 39) liest **upāzaniya-* „meaning presumably 'one who strokes (with a whip)'." Er nennt diese Männer fragend 'drivers'. Hiergegen habe ich Bedenken. Zum einen erhalten sie nach dem Täfelchen PF 1348 eine tägliche Mehlration von eineinhalb Litern, was nur Angehörigen gehobener Berufe zustand, nicht aber gewöhnlichen 'Treibern'. Zum anderen geht I. Gershevitch bei seinem Ansatz *upāzaniya- offenbar von ai. ájana- 'Treiben' aus; dies ergäbe aber im Altpersischen ein -δ-, kein -z-. Ich lese vielmehr *upajanyā im Sinne von 'Dreinhauern'. In ihnen erblicke ich jene 'Peitschenträger', welche, den Ferraschen des Mittelalters entsprechend, bei den Achämeniden als Polizisten fungierten und schon von Xenophon erwähnt werden, wie ich in meinen *Altiranischen Funden und Forschungen* 67 darlegte.

In PF 1079 nun erscheint ein gewisser *Saita (šá-a-da, also ein Herr 'Weiß') als solcher Polizist im Jahre 500 v. Chr., in der elamischen Umschreibung ib-ba-za-nu für *upajanya. In diesem selben Jahr wird er jedoch in PF 1011 und in PF 1044 als mar-šá-bar-ra = *xvaršabara oder 'Fourier' bezeichnet. In sämtlichen drei Urkunden beschaffte er von Speicherwart *Karma in einer Stadt der Elymais zwischen Susa und Persepolis Mehl als Proviant für durchziehende Reisende. Also konnte ein 'Polizeiwachtmeister' des Darius auch als Verpflegungsbeamter eingesetzt werden.

Durch die Hofkammertäfelchen PF 1836 bis 1839 gab Fürstin Artystone (*Rtastūnā) ihrem Intendanten (*grδapatiš) Salamana zu Kuganakā in der Persis Anweisung, einem ihrer Beauftragten (einmal ist dieser ein Buchhalter) 20, 50 oder 100 Krüge Wein auszuhändigen, mit der zusätzlichen Bemerkung, *Rtivā (ir-ti-ma, zu aw. ašivant-, vgl. I. Gershevitch, 'Lion' 86) sei dessen hi-ra-kur-ra. Dieses Wort deute ich als *ira-kara-, wörtlich 'Energie-Macher', also etwa 'Kommissar'.

Das elamische Wort für 'Keller' ist pi-lu (R. T. Hallock, PFT S. 743: „evidently a place for storing wine"). Der Vorsteher eines solchen Weinkellers trug nach PF 1998:12f. den Titel ab-bar-na-bar-ráš, nach PF 2001 ap-pír-na-bar-ra, nach PF 2003 ɢɪš.ab-bar-nu-ba-ra. Das sumerische Determinativ ɢɪš deutet, wie bekannt, auf einen Gegenstand aus Holz. Fest steht, daß -bara einen 'Träger' oder 'Wart' bezeichnet und daß in unserem Falle das, was er trägt oder wartet, aus Holz verfertigt ist. Da der Keller nicht aus Holz bestand, können nur die Fässer dort gemeint sein. Daher vermute ich im ersten Bestandteil des uns beschäftigenden persischen Wortes ein *āprna- eben im Sinne von 'Faß' oder 'Bottich', zu aw. pərəna- 'gefüllt'. Dann wäre der 'Kellermeister' wörtlich ein *āprna-bara oder 'Faßwart'.

Das in den Hofkammertäfelchen häufig belegte bar-ri-iš-da-ma hat I. Gershevitch (apud Hallock, PFT S. 42) zu aw. bairišta- 'der am besten pflegt, hegt' gestellt und als doppelten Superlativ mit Haplologie aus *barišta-tama = 'very best safe-keeper' aufgefaßt. Das paßt so gut in den Zusammenhang — es handelt sich bei diesen Personen um Gastwarte oder Reisebegleiter —, daß ich diesen Lösungsvorschlag in *Or.* 1970, 430, als richtig begrüßte. Doch sind mir Zweifel aufgestiegen wegen der Schreibungen bar-ri-iš-tam₅-na und bar-ri-iš-da-u-na. Ich gebe zu erwägen, bar-ri-iš-da-ma als *paristāvă (oder medisch als *parištāvă) zu lesen, aus der Wurzel stā- 'stehen' mit Präverb pari- 'herum . . . um', in Parallele zu pāvan- aus der Wurzel pā- 'hüten, schützen' im Wort für 'Satrap', xšaçapāvă. Die Bedeutung wäre dann 'der [um den Gast oder Reisenden] Herumstehende' = 'Gastwart' oder 'Reisebegleiter'; vgl. auch mp. *paristag* 'Diener' (MacKenzie 65). Die Schreibungen *bar-ri-iš-tam₅-na* und *bar-ri-iš-da-u-na* meinen dagegen das Abstractum **paristāvana-* (oder medisch **parištāvana-*) 'Begleitung', 'Betreuung', zu dem man **ništāvana-* 'Verfügung', **xšaçapāvana-* 'Satrapie' und **abištāvana-* 'Gau' vergleiche.

In PF 1549 ist *na-pi-iš-da-kur-ra* ein **napišta-kara* oder 'Inschriften-Verfertiger', kein 'miller'.

In PF 778 würde ich den *kur-da-qa-ra*, den I. Gershevitch ('Garb' 173) **krta-kara-* las und fragend mit 'Schneider' übersetzte, für einen **grδa-kara-* 'Hausmacher' = 'Baumeister' halten.

In PF 830 erscheint ein *qa-du-qa-bar-ra*, also offenbar ein **gāθuka-bara* oder 'Stuhlträger', wie er in Persepolis neben der Apadāna-Treppe in der Reihe der 'Ferraschen' (**upajanyā*) abgebildet ist.

*

Achtmal ist in den Hofkammertäfelchen ein Ausdruck belegt, der sich auf ein altpersisches, elamisch verkleidetes *nu-ma-qa* zurückführen läßt als Kennzeichnung gewisser Arbeiter und — überwiegend — Arbeiterinnen, die aus Ionien, Lykien, Syrien und Baktrien stammten. I. Gershevitch erwägt (*apud* Hallock, PFT S. 53) für *nu-ma-qa* eine Deutung 'irrigation(?) (workers)', indem er ap. **nāvaka-* ansetzt: „(OIr. *nāv-* plus -*aka*), perhaps meaning 'a person concerned with the making, laying, or maintaining of channels' (cf. modern Persian *nāv-*, 'canal, aqueduct')."

Aber sollte man gerade für eine solche Tätigkeit vornehmlich Frauen aus entlegenen Reichsteilen herangezogen haben? Auch müßte ap. **nāva-* in elamischer Umschreibung als *na-ma-* erscheinen; so deutete I. Gershevitch selber *nu-mar-qa-ra* (PT 1963-6:4 in JNES 1965, 174) zutreffend als **nāvara-kara-* 'Seilmacher'. Da die elamische Zeichenfolge *nu-ma-* für ap. **naxva-* stehen kann (z. B. in dem Ortsnamen *bar-nu-ma-ti-iš* = **Farnaxvatīš*), lese ich unser *nu-ma-qa* als ap. **naxvaka-* und stelle es als *ka*-Ableitung im Sinne einer Berufsbezeichnung zu np. *naḫ* 'Garn', was für unsere **naxvakā* eine Bedeutung 'Garnspinner' ergäbe.

In PF 1842 und 1844 werden syrische *nu-ma-qa-ip* ergänzend als GIŠ.TIN. TAR.lg.*hu-ut-ti-ip* bezeichnet. Das Pseudo-Logogramm TIN.TAR ist in Wahrheit das elamische Wort *te-en-ta-ar*, das schon in mittelelamischen Urkunden auftaucht. Als Beiwort von 'Vieh' (*áš*) habe ich es (in ZA 1967, 70) als 'üppig' zu deuten versucht; genauer wäre vielleicht 'wollig'. Mit dem Determinativ GIŠ, das auch bei Pflanzen benutzt wird, könnte das Logogramm möglicherweise 'Baumwolle' bedeuten, und unsere 'Garnspinner(innen)' wären dann zusätzlich gekennzeichnet als 'Baumwoll-Macher(innen)'.

*

Gemäß PF 1968:2 erhielten Verpflegung Leute mit der Berufsbezeichnung *ru-iš-da-ba-zi-iš-be*. Das sind offenbar ap. **rusta-bāžiyā* = 'Grundsteuerbeamte', zu aw. *raose-* 'zu wachsen' und np. *rost* 'Boden'; *bāži-* 'Steuer' ist bekannt.

In diesem Zusammenhang möchte ich meine Ausführungen zu el. *da-la* in meinem Buche *Altiranische Funde und Forschungen* [1969] S. 18 berichtigen. Älteres *te-la* und jüngeres *da-la* 'Dargebrachtes' entwickelte sich im Elamischen über den Begriff 'Opfer' zu 'Steuer, Abgabe'; meine Einschränkung von *da-la* auf 'Trankopfer' trifft also nicht zu. Daß dieses Wort in jungelamischer Zeit vielmehr einfach 'Steuer' bedeutete, erhellt aus PF 2025, worin gewisse Perser als *da-la.la-ki-ip* bezeichnet werden. Da die von ihnen entnommenen Tiere in Zeile 21 des Täfelchens als *ba-zi-iš-šá* hh.LUGÀL.*na-ma* = „für den König bestimmte Abgaben" näher umschrieben werden, dürften die *da-la.la-ki-ip* 'Steuer-Einheber' gewesen sein. Mit einer (wahrscheinlichen) Bedeutung 'Abgaben, Steuern' für *da-la* lösen sich viele Schwierigkeiten in jungelamischen Urkunden.

In PF 1942:19 dürfte *da-sa-zí-ya* ein persisches **daθačiya-* wiedergeben in der vermutlichen Bedeutung 'Zehnten-Einheber'.

*

Gemäß PF 1011 erhielten in der Elymais ein vornehmer Reisender und seine elf arabischen 'Burschen' (*pu-hu*) Reiseproviant für fünfzig Tage. R. T. Hallock liest hierbei: m. *Bat-ti-iš-mar na-par-ra-is* h. *li-ba-ip* und übersetzt: „from Battiš, (for?) the *naparras* (of?) the servants". Ich schlage vor zu lesen: hh.*bat-ti-iš-mar-na-bar-ra-is* h.*li-ba-ip*, was ein ap. **patišxvarna-bara* samt Dienern ergibt, allerdings mit einem an *-bara* angehängten *-s*, wie es die Elamer persischen Wörtern mit Vorliebe hinzufügten. Das jungawestische *paitiš.xvarəna-* bedeutet nach dem *AirWb* 838: 'was den Kinnladen gegenüber liegt'. Ich fasse es als 'Mundtuch' auf. Trifft dies zu, dann hätten wir in dem vornehmen Reisenden den 'Mundtuch-Träger' des Darius vor uns, also seinen 'Leibkammerherrn', der mit zehn arabischen Pagen, wohl auch Eunuchen, von Susa aus zum König unterwegs war. Vielleicht ist er es, der auf dem Schatzhausrelief aus Persepolis links neben Xerxes abgebildet ist, des Königs Mundtuch in der Hand haltend? Schade, daß das Täfelchen seinen Namen verschweigt.

*

Eines der aufschlußreichsten Hofkammertäfelchen ist PF 1853. Es enthält eine Anweisung des bekannten Kämmerers des Darius, Aspačanāh (Aspathines), 60 Maß Mehl für die Zeit vom 17. IV. bis 17. VI. des Jahres 28 = vom 30. Juli bis 26. September 494 v. Chr. aushändigen zu lassen. Empfänger des Mehles, das also für genau sechzig Tage eine tägliche Mindesration von 0,97 Liter ausmachte, war ein gewisser *Zi-ma-qa*, der gemäß PF 783 aus Babylon stammte. Trotz seiner Herkunft aus dem Zweistromland dürfte es sich bei ihm um einen

Iranier handeln; denn W. Eilers (*Beamtennamen* 27) hat denselben Eigennamen beim Vater eines *Bagaina in Nippur vorgefunden („also sicherlich persisch") und wohl zutreffend *Jīvaka gelesen (zu ap. *jiva-* 'lebend').

In dem vorerwähnten Hofkammertäfelchen 1953 wird von unserem Jīvaka gesagt, er sei beim König Darius als *uk-ba-a-in-za-kar-ráš* tätig gewesen.

Diesen persischen Ausdruck deutete I. Gershevitch (*apud* Hallock, PFT S. 53) als *upahinča-kara* 'irrigation-maker'. Das dürfte schwerlich richtig sein. Ich stelle den ersten Wortteil zu ai. *upāñjana-* 'das Salben', woraus sich für *upāñja-kara* ein 'Salber' ergibt. Das Hofkammertäfelchen fügt hinzu: hh.*si-ut-ma-qa kap-pa-ak* h.*ba-ir-šá-iš*, was ich so verstehe: „Er [König Darius] wurde in Persepolis gänzlich wiederhergestellt", indem ich *sitmaka* 'genesen' zu *sitme* 'Gesundheit' stelle und *kappak*, wörtlich 'eingeschlossen', als 'gänzlich' auffasse (das letzte ähnlich auch R. T. Hallock, PFT S. 709).

Unser beim Großkönig so erfolgreicher 'Salber' Jīvaka aus Babylon war gemäß PF 783 mit einem Diener schon im Frühjahr 500 v. Chr. in Iran eingetroffen. Sechs Jahre danach konnte er Darius in zwei Monaten 'gesundsalben'. In PF 783 wird seine Berufsbezeichnung elamisch als *ha-su-ra* vermerkt. Die Bedeutung dieses Wortes wurde seit langem gesucht. Im Susa des ausgehenden 7. Jahrhunderts erhielt einmal ein solcher *ha-su-ra* oder 'Salber' als Präsent „ein weißes, plissiertes Hemd" (Susa-Täfelchen Nr. 281, Vs. Z. 19).

Aus dieser Bedeutungssphäre des 'Salbens' heraus klärt sich auch das el. GIŠ.*ha-su-ur*, das in den Hofkammertäfelchen fast stets zwischen Feigen, Datteln und Maulbeeren auftaucht. R. T. Hallock (PFT S. 693) hält diese Frucht *ha-su-ur* — mit einem Fragezeichen — für identisch mit akkadisch *hašḫūru* 'Apfel'. Ich möchte in *ha-su-ur* vielmehr die elamische Bezeichnung für 'Olive' erblicken. Unser *ha-su-ra* wäre dann strenggenommen ein 'Öler', d. h. ein Masseur, der seine Patienten mit Olivenöl einreibt. Mit allem Vorbehalt gebe ich zu erwägen, ob el. *ha-su-ur* identisch sein könnte mit akkadisch *hašur*, nach dem *Akkadischen Handwörterbuch* von Wolfram von Soden eine 'Zypressenart' — von der es jedoch ein Öl gab! Vielleicht ist *ha-šur* in Wahrheit der Ölbaum? Mein Göttinger assyriologischer Kollege Rykle Borger teilt mir in desem Zusammenhang seine neue Lesung aus dem akkadischen Epos „Enūma eliš" mit, wo es heißt: *ha-šur-ru* ì (?) [*z*]*u-mur-šu ú-raq-*[*qi*], wo also von Gott Marduk, der sich königlich gewandet, gesagt wird, „mit *hašurru* (und) [ ]-Öl (?) parfümierte er seinen Leib". Man wird einwenden, Olivenöl sei kein Parfum; aber es kann ja mit Duftstoffen versetzt gewesen sein.

In den Hofkammertäfelchen kommen 'Salber' (el. *ha-su-ip*) noch in PF 1806 und 1814 vor; diesmal war der Ort ihrer Herkunft nicht Babylon, sondern Ägypten. Nach dem einen Täfelchen hatte sich der Perser Čiçavahuš, der Stellvertreter des medischen Hofmarschalles Farnaka in Persepolis, im Jahre 500 v. Chr. drei ägyptische 'Salber' verschrieben, zwei Männer und eine junge Frau. Ein Jahr darauf ließ es sich sein Vorgesetzter Farnaka nicht nehmen, selber einen solchen 'Salber' aus Ägypten kommen zu lassen.

Endlich tauchen *ha-su-ip* auch im Schatztäfelchen PT 55 auf. Darin gibt Hofmarschall *Rtataxma dem Hofschatzmeister *Vratayanta Anweisung, die Summe von 23³/₄ Schekel Silber auszuzahlen an drei Männer und ihre Angehörigen, die der Hofmarschall selbst in Dienst genommen hatte (nach einer berichtigten Lesung G. G. Camerons, auf die mich R. T. Hallock brieflich hingewiesen hat). In dem erwähnten Täfelchen aus dem 20. (also letzten) Jahr des Xerxes werden diese 'Öler' als *ku-pír-ri-ya-iš ha-su-ip* bezeichnet. Das erste Wort hat I. Gershevitch (*Asia Major* 1951, 139) scharfsinnig zu np. *korf* 'flüssiges Pech' gestellt. Diese *kufriyā ha-su-ip* waren also 'Pechöl-Leute'. Ich glaube nicht, daß es sich dabei um die Gewinnung von Erdöl zu Beleuchtungszwecken handelte. Vermutlich bestand die Tätigkeit dieser 'Pechöler' in der Gewinnung jenes Teerproduktes, das in späterer Zeit in Iran *mūmiyā* hieß und für Salben sehr begehrt war, vor allem zur Heilung von Prellungen usw. — nämlich für unsere Ichtyolsalbe.

*

Ich habe oben angezweifelt, daß *uk-ba-a-in-za-kar-ráš* mit I. Gershevitch *upahinča-kara* zu lesen und zur awestischen Wurzel *haēk-* 'gießen', Präsens *hinča-* zu stellen sei, was einen 'irrigation-maker' ergäbe, sondern ich habe ein ap. *upānja- 'Salbe' angesetzt, was zum Zusammenhang des genannten Hofkammertäfelchens besser paßt. In der Berufsbezeichnung *ha-be-iz-zí-iš* in PF 1256 hingegen, die in einem noch unveröffentlichten Täfelchen (Fort. 6575) als *ha-be-iz-zí-ya* erscheint (PFT S. 685), könnte sich ein ap. *apahaičya-verbergen, mit Präverb *apa-* 'fort, weg' zu einer Ableitung der Wurzel *haēk-* 'gießen', und hier könnten wir es so wirklich mit einem 'Bewässerer' zu tun haben. Im Falle des Täfelchens PF 1256 handelt es sich nämlich um den schon erwähnten Perser Bagapāta, der ein Landgut (*rmātam*) besaß, also einen 'Bewässerer' brauchen konnte.

Die 'Augen des Königs'

Von den 'Augen' und 'Ohren', d. h. den 'Spähern' und 'Horchern' des Großkönigs, die Xenophon in seiner *Kyrupaideia* (VIII 2,10) erwähnt, kannte man bisher nur, aus aramäischer Quelle, die 'Horcher', *gwšky* (pl.) in Cowleys Elephantine-Papyrus 27,9, schon von Eutin und Hübschmann zutreffend als ap. *gaušaka- gedeutet, armenisch *gušak* = 'Informant'. Über ihr Gegenstück, die 'Späher', ist viel gerätselt worden. Hans Heinrich Schaeder (*Iranica* [1934] 1ff.) dachte an ein mögliches *spasaka-, Wilhelm Eilers (*Beamtennamen* [1940] 23 Anm. 2) an *kasaka-, zu ossetisch *käsag* 'guter Seher'. Antonino Pagliaro erwog bereits 1930 und erneut 1954 (in den *Rendiconti Acc. Naz. Lincei* Bd. 9, 145) dafür mp. *bidyaxš*, den er als ap. *patyaxša- im Sinne von 'Aufseher' deutete. Dieses Wort habe ich jedoch in den *Altiranischen Funden und Forschungen* [1969] 153 als ap. *dvitiyaxša- = 'Zweitherrscher, Vizekönig' ermittelt, und mein Göttinger indogermanistischer Kollege Wolfgang P. Schmid hat dies ebenda näher begründet.

Ich glaube aber, die 'Späher' als 'Augen des Königs' in den Hofkammertäfelchen aufgespürt zu haben, und zwar hinter der elamischen Umschreibung *ti-ti-kaš* bzw. (mit elamischer Pluralendung) *ti-ti-qa-ap, ti-ti-qa‍-be* oder *ti-ti-kaš-be* (Belege bei R. T. Hallock, PFT S. 763).

Zwar könnte man erwägen, darin ein ap. **dītaka-* zu erblicken und es zu np. *dīde* 'Auge' zu stellen. Das Richtige aber bietet PF 1089 mit der Schreibung *ti-ti-ya-kaš-be*, woraus sich ein ap. **didiyaka-* ergibt. Die weit überwiegenden Schreibungen *ti-ti-qa* bezeugen — worauf mich M. Mayrhofer hinweist — dieselbe sprachliche Entwicklung von **didiyaka-* zu **didīka-*, wie wir sie bei *marīka-* 'Bursche' beobachten, das auf **maryaka-* zurückgeht. Unser **didiyaka-* ist eine reduplizierte Ableitung der Wurzel *dī-* 'sehen'.

Erfreulicherweise findet sich eine Bestätigung meiner Deutung in dem in achämenidischen Keilschrifturkunden aus Mesopotamien überlieferten Berufsnamen [lu]*di-dak-ku* (vgl. W. Eilers, *Beamtennamen* [1940] 24, Anm. 4 von S. 23), der eben unser ap. **didiyaka-* meint. Übrigens ist der Inhaber dieses Titels auf dem Siegel eines Täfelchens aus Nippur ein gewisser Zabini, also kein Iraner, sondern ein Aramäer (vgl. L. Koehler/W. Baumgartner, *Hebräisches und aramäisches Lexikon zum Alten Testament* [³1967] 252). W. Eilers hat in den Nachträgen zu seinem Buche (*a.a.O.* S. 119) das Richtige bereits geahnt, indem er schrieb: „... so erinnert mich selbst keilschriftliches [lu]*di-dak-ku* ... ebenso unverbindlich an den ὀφθαλμὸς βασιλέως — *ka*-Bildung vom Präsensstamme *didā-* zu [2]*dā(y)-* 'sehen' (*AirWb* 724; Part. Praes. NSg. *didạs* in Yasna 49,9)?" Doch äußerte er sich brieflich (am 18. Dezember 1971), er möchte darin lieber einen **didāka-* sehen (*akk* = *āk*: periodische Äquivalenz nach *WdO* 3 p. 86), einen 'Festungskommandanten' *dežbān, rab birti/ḫalṣi*. *-ka* bildet solche Berufsnamen im Indoiranischen."

Dagegen ist dreierlei einzuwenden. Zum einen würde man für ap. **didāka-* in Mesopotamien eher medisches **dizāka-* erwarten. Zum zweiten findet sich der persische Ausdruck für 'Festungskommandanten', nämlich *ti-ud-da-bat-ti-iš-be* als elamischer Plural von ap. **didā-patiš*, in einem noch unveröffentlichten Hofkammertäfelchen (Fort. 1682), auf das R. T. Hallock (PFT S. 761) hingewiesen hat. Nebenbei bemerkt: hier haben wir wieder einmal eine Durchbrechung des Reiner-Testes, insofern trotz *-ud-da-* nicht *-t-* zu lesen ist, sondern *-δ-*. Daß einwandfrei 'Festungskommandanten' gemeint sind, erhellt aus PF 1812:6, worin dieselben Personen wie in Fort. 1682 als *hal-mar-ráš.nu-iš-ki-ip* bezeichnet sind, was elamisch wörtlich 'Festungs-Hüter' bedeutet. Zum dritten folgt aus dem Zusammenhang der Belege für *ti-ti-kaš-be* in den Hofkammertäfelchen, daß keine Festungskommandanten gemeint sein können.

Im einzelnen schält sich nämlich für unsere Beamten folgendes Bild heraus. Gemäß PF 1344 erhielten drei 'Herren' (*šá-lu-ip*) als Tagesverpflegung je eineinhalb Liter Mehl, ihre acht 'Diener' (*li-ba-ip*) je einen Liter. Ihr Chef hieß **Xvavaka* (el. *ma-ma-ak-qa*, Lesung in Anlehnung an I. Gershevitch, 'Amber' 203). Von ihm heißt es in dem Täfelchen: „Er hatte eine vom König gesiegelte Urkunde bei sich. Selbige **didiyakā* (*ti-ti-qa-be*) waren vom König unterwegs zum Marstall in Rusta." Alle übrigen Hofkammertäfelchen, welche die uns beschäftigende Berufsbezeichnung enthalten, insgesamt elf, erwähnen ihre Träger als Verteiler von zusätzlichen Rationen an gewisse Gruppen von Arbeitern und Arbeiterinnen. In PF 1953:25 beispielsweise erhielt der *didiyaka Bagabuxša Wein für Frauen, welche Kinder geboren hatten. In PF 1089 erhielten 165 Handwerkerinnen eine Mehlzulage durch mehrere *didiyakā. Die relativ meisten Urkunden beziehen sich auf die Zuteilung von Wein, Bier oder Mehl an Wöchnerinnen durch *ti-ti-kaš-be*.

Im Hinblick darauf erscheint für den altpersischen Ausdruck *didiyaka- bzw. *didīka- eine Übersetzung 'Aufseher' am passendsten. Ihr Rang war ersichtlich nicht allzu hoch, er dürfte dem eines 'gehobenen mittleren Beamten' entsprochen haben. In der erwähnten akkadischen Urkunde aus Nippur vom 16. April 417 v. Chr. siegelte der *di-dak-ku* Zabini an dritter Stelle nach dem Richter des Sîn-Kanales, dem Iraner *Xvardāta (*ur-da-a-tú*), und nach einem Babylonier ohne Titel (vgl. *Babylonian Expedition* Bd. 10, 118 ob. Rand). Gemäß der Urkunde ebenda S. 102, Zeile 6f., wird unser Zabini als lú*šak-nu* lú*si-pi-ri*pl *šá ú-qu* näher bezeichnet, was CAD Band *D* [Chicago 1959] S. 135 mit „foreman of the army scribes" wiedergibt. Auch der Verpflegungssatz für den vorerwähnten 'Aufseher' *Xvavaka und seine zwei Kollegen, nämlich lediglich das Eineinhalbfache des Normalsatzes, weist auf Beamte mittlerer Kompetenz. Immerhin waren die drei 'Herren' vom König selber entsandt worden, um den Marstall in Rusta zu inspizieren.

Offensichtlich gab es von solchen 'Augen des Königs' (*didiyakā) wie auch von seinen 'Ohren' (*gaušakā) eine ganz beträchtliche Anzahl. Während man die letzten treffend als 'Horcher' oder 'Lauscher' bezeichnen kann, paßt für die ersten eine Übersetzung 'Späher' weniger — sie waren eher 'Inspizienten'. Es fällt auf, daß in den Hofkammertäfelchen keine *gaušakā vorkommen; die 'Horcher' waren wohl im eigentlichen Sinne Beamte des Geheimdienstes. Wem sie unterstanden, wissen wir nicht. Im Mittelalter unterstand der Geheimdienst dem Großwesir; aber in der Achämenidenzeit gab es dieses Amt noch nicht. Ich vermute, daß die 'Horcher' dem Hofmarschall unterstanden.

An der Spitze der 'Späher' hingegen stand ein Würdenträger, den man das eigentliche 'Auge des Königs' nannte. Unter Xerxes hieß er Alpistos, wie Aischylos in seinen 'Persern' (982) zu berichten weiß, und fiel in Hellas. Der Dichter nennt ihn des Großkönigs „in allem verläßliches Auge, den Zähler der Zehntausende und aber Zehntausende". Ich vermute in diesem 'Auge des Königs' den Kommandanten seiner persönlichen Leibwache, der zugleich als Truppeninspizient fungierte. Unter Artaxerxes II. im Jahre 401 v. Chr. war der Vorgesetzte der 'Späher' Artasyras (*Rtasūra). Nach Ktesias bei Plutarch (*Artoxerxes* 12) überbrachte er nach der Schlacht von Kunaxa dem Großkönig die Meldung vom Tod seines jüngeren Bruders und Widersachers Kyrus. Artasyras war, wie aus einer griechischen Inschrift aus Pergamon hervorgeht, auf die mich dankenswerterweise R. Zwanziger hinwies, ein Baktrer, der Vater jenes Orontes (*Arvanta), der sich später als Satrap von Mysien gegen Artaxerxes II. empörte.

Zur Einrichtung des großköniglichen Nachrichten- und Überwachungsdienstes vgl. man A. L. Oppenheims Beitrag „The Eyes of the Lord" zur Gs. für E. A. Speiser [New Haven 1968] 173–180, der den ganzen Bereich des Vorderen Orients einbezieht.

*

Metrologie

Auch zur altpersischen Metrologie steuern die Hofkammertäfelchen neues Material bei. Es bestanden die folgenden Hohlmaße:

Das dem akkadischen *qa* (0,97 Liter) entsprechende persische Hohlmaß hieß bei Getreide *da-du-ya* (PF 1696) = **daθvya-* im Sinne von 'Zehntel[-*bar*]'. Bei Flüssigkeiten entsprach ihm *iš-ba-mi-ya* (PF 1209) = **spǎvya-*(?), anscheinend medisch.

Ein nur den Iranern eigenes Hohlmaß von 3 *qa* (2,91 Liter) = eine Zehntel-*Artabe*, war *ba-u-iš* oder *ba-maš* (PF 975:14 bzw. PF 1960:8) = **pǎvya-* (oder **pǎxvya-*?).

Das dem akkadischen *bar* (9,7 Liter) entsprechende iranische Hohlmaß erscheint in den Hofkammertäfelchen als *ki-ri-ma* oder *kur-ri-ma* oder *ik-ri-maš* oder *ik-ri-ma* = **grīva-* (so I. Gershevitch *apud* Hallock, PFT S. 72f.).

Das persische Hohlmaß einer *Artabe* (30 *qa* = 29,1 Liter) erscheint in den Hofkammertäfelchen entweder als *ir-ti-ba* oder als *ir-du-ma-um*, was, wie oben schon erwähnt, **rdβa-* (wohl Neutrum) wiedergeben dürfte, griechisch ἀρτάβη, aramäisch *ʾrdb*. Die wörtliche Bedeutung 'Hochgerecktes' und die Tatsache, daß die Artabe in elamischer Umschreibung mehrfach das Determinativ GIŠ aufweist, lassen an ein verhältnismäßig hohes, wohl viereckiges Maßgefäß aus Holz denken. Vgl. auch R. Schmitt in Glotta 49 [1971] 100–102.

Der 'Krug' hieß bei den Persern nach der elamischen Umschreibung *ba-zi-iš* (gemäß PF 57, wo es statt des sonst allein anzutreffenden el. *mar-ri-iš* vorkommt), mittelpersisch *bāj*, armenisch *bažak*; es ist offensichtlich dasselbe persische Wort wie *bāžiš* 'Steuer, Abgabe'. I. Gershevitch (*Asia Major* 1951, 143) hat das griechische Flüssigkeitsmaß μάρις für ein persisches Lehnwort gehalten. Ich erblicke darin vielmehr ein ins Persische eingedrungenes elamisches Lehnwort, nämlich das eben erwähnte *mar-ri-iš*, gesprochen *marris*, von der Wurzel *marr-* 'greifen, fassen', also wortwörtlich 'Faß', aber nur 9,7 Liter messend. Dieses Maß dürfte auch noch in parthischer Zeit fortbestanden haben. Es taucht regelmäßig auf in den Urkunden aus den Hofweinkellern von Nisā aus dem 2. und 1. vorchristlichen Jahrhundert. I. M. D'jakonov und V. A. Livšic haben auf Grund allgemeiner statistischer Erwägungen für den *mari* etwa 11,1 Liter errechnet (*Novye nachodki dokumentov v Staroj Nise*, im *Peredneaziatskij Sbornik* II [Moskau 1966] 137–138). Ich glaube jedoch, daß er noch immer 9,7 Liter maß wie in achämenidischer und vorher in elamischer Zeit.

Was ich in meinem Vorabdruck über *bat-ti-qa-na-iš* = persisch *patikāna-als großes Hohlmaß ausgeführt habe, ist irrig. R. T. Hallock schreibt mir: „*battikanaš* actually expresses a proportion", was vollkommen richtig ist. Ich glaube jetzt, daß man es mit '-fach' übersetzen und *patigāna lesen muß.

Als Beispiel verweise ich auf PF 1959:16–18, eine Bilanz. Gemäß Spalte I wurden 22 Artaben Gerste als Saatgut aufbewahrt; nach Spalte II wurden 220 Artaben *ha-du-qa* = 'geerntet'. Gemäß Spalte III der Bilanz wurde „nichts verausgabt" (O *máš-zik-qa*). In Spalte IV steht: ŠE.BAR.lg HAL.A.lg 10 *bat-ti-qa-na* h. *be-ul* 23-*me-ma*, was ich so übersetze: „[somit an] Gerste auf bewässertem Land das Zehnfache [geerntet] im 23. Jahr [des Darius]".

Auf Trockenland wurde entsprechend weniger geerntet. So heißt es in PF 1857:24–28, in dem Landgut des *Parnuš sei auf bewässertem Land (HAL.A.lg) das Zehnfache geerntet worden, auf Trockenland (h. *sa-a-in*) nur das Dreifache (3 BAR.lg *bat-ti-qa-na-iš*). Im Trockenbau scheint das Zehnfache ein Maximum gewesen zu sein, im Bewässerungsanbau das Dreißigfache, und zwar bei Weizen (PF 1956:36).

*

In diesen Zusammenhang gehört auch GIŠ.*šá-u-mar-ráš*, das ich oben, in II, 1, zu aramäisch umschriebenem *šr'* 'Schale, Untersatz, Napf' auf den entsprechenden Hauma-Kultgeräten aus Persepolis gestellt habe.

In der elamischen Umschreibung deutet das Determinativ ursprünglich auf einen Gegenstand aus Holz; es könnte sich also wirklich um eine Schale oder einen Napf gehandelt haben. R. T. Hallock äußerte (PFT S. 63) zu dem schwierigen *šá-u-mar-ráš*: „Whether it is a commodity, a container, or, possibly a technical term is completely obscure. Therefore the true significance of its mathematical relationships is presently inexplicable." Es läßt sich aber zeigen, daß dieses *saxvara- (wie man persisch wohl wird lesen müssen), auch wenn es ursprünglich ein hölzernes Hohlmaß gewesen sein sollte, in den Hofkammertäfelchen als *Wertbezeichnung* gebraucht wurde, und zwar nach Geldeswert ein Fünftel-Silberschekel oder —.36 Goldmark.

Dies ergibt sich aus der vergleichenden Betrachtung der einschlägigen Hofkammertäfelchen. Ich greife als Beispiel PF 1980 heraus. Es enthält eine Abrechnung aus der Festung *Hištiyāniš aus den Jahren 503 und 502 v. Chr. Wir erfahren aus dem Täfelchen, daß es in der Festung einen Weinkeller, einen Kornspeicher und einen Obstspeicher gab, natürlich alle der Krone gehörig. Die Buchungen wurden in allen drei Magazinen durch den örtlichen 'Feuerschürer' (*ātrvaxša-) mitunterzeichnet, d. h. kontrolliert. Näheres zu den Aufgaben dieses Zweitpriesters am örtlichen Feuerheiligtum im Rahmen der achämenidischen Verwaltung findet sich in meinem Beitrag „Die elamischen Buchungstäfelchen der Darius-Zeit" in *Orientalia* 1970, S. 429. Die Leitung des Weinkellers hatte ein 'Kellerwart' inne, die Leitung des Kornspeichers ein 'Speicherwart', die Leitung des Obstlagers ein 'Vize-Obstwart'. Alle drei Magazine besaßen jeweils auch einen 'Lagerverwalter' als zweiten Beamten.

Gemäß besagtem Buchungstäfelchen PF 1980 wurden dem Weinkeller 227 *qa* (22,7 Krüge) Wein entnommen. Davon erhielt ein gewisser *Grīva 6 Krüge. Dementsprechend wurde er mit 30 GIŠ.*šá-u-mar-ráš* „belastet" (*ha-rák*). Da, wie wir aus den Schatztäfelchen wissen, ein Krug Wein einen Schekel (1.80 Goldmark) kostete, ergibt sich für den Wert des *saxvara genau 0,2 Schekel oder —.36 Goldmark. Die restlichen 167 *qa* Wein haben die drei Beamten (Kellerwart, Feuerschürer und Lagerverwalter) „nicht ausgeschenkt" (*in-ni ki-ti-iš*), „um [den Wein] zu einem Ankauf zu verwenden" (*ap-pa su-ut hu-ud-da-man-ba*). Entsprechend wurden sie — jeder einzelne, aber offensichtlich gesamthaftend — mit $83^1/_2$ *saxvara „belastet". Wiederum ergibt, wenn man den *saxvara zu 0, 2 Schekel ansetzt, die Rechnung den genauen Tarifpreis von 1 Schekel für 10 *qa* Wein (einen Krug).

In ähnlicher Weise hatten die drei für den Kornspeicher zuständigen Beamten ihre Abrechnung aufgestellt, also der Speicherwart, der Feuerschürer und der Lagerverwalter. Sie entnahmen 92 Artaben (2760 *qa*) Gerste. Davon gingen 60 Artaben an einen Bewohner von *Sisudāna(?); für die restlichen 32 Artaben, die er offenbar hinzukaufte, mußte er 160 *saxvara entrichten. Der Preis einer Artabe (29,1 Liter) Gerste betrug also, wie R. T. Hallock (PFT S. 62) richtig gesehen hat, 5 *saxvara, d. h. einen Schekel (1.80 Goldmark). Da Gerste in der amtlichen Tarifordnung der Achämenidenverwaltung nur ein Drittel soviel kostete wie Wein, folgt auch aus dieser Rechnung für den *saxvara ein Wert von 0,2 Schekel.

Im Obstspeicher endlich verausgabten die drei zuständigen Beamten 832 *qa* Obst. „Darauf erwarben sie damit eine ausgewachsene Eselin mindester Qualität, und zwar zum Preis von 500 *qa* Obst. Der Esel wurde sodann dem [Herdenmeister] *Bagafarnāh überstellt am 12. I. 20 [= 25. April 502]. Die restlichen 332 *qa* Obst haben sie nicht verbraucht, um sie zu einem Ankauf zu verwenden. Ihnen wurde [gesamthaftbar] $55^1/_3$ *saxvara zu zahlen auferlegt gemäß früherem Gesetz (*da-tam₅* = ap. *dātam*)." Wiederum stimmt die Rechnung genau, wenn man das Obst „gemäß früherem Gesetz" gleich teuer bewertet wie Gerste.

Wir erhalten so folgende Preise: ein Liter Schiraser kostete 0,1 Schekel = rund —.18 Goldmark; die Artabe (29,1 Liter) Gerste kostete 5 *saxvara = 1.80 Goldmark. Sesam kostete (nach PF 297) das Dreifache von Gerste, d. h. die Artabe Sesam galt 3 Schekel oder 5.40 Goldmark. Obst war „gemäß früherem Recht" gleich teuer wie Gerste, d. h. ein Liter kostete rund $^1/_{30}$ Schekel = —.06 Goldmark. Die Eselin „von geringster Qualität" kostete 500 *qa* Obst = $16^2/_3$ Schekel = 30.— Goldmark. Ein zweiter Esel-Preis findet sich in PF 1976: dort wurde eine Eselin mit der Kennzeichnung *ma-a-kur-ti-ya* für 700 *qa* Gerste eingehandelt, also für 42.— Goldmark. Den Ausdruck *ma-a-kur-ti-ya* fasse ich altpersisch als **xvai-grδya-* = 'im eigenen Haus [aufgezogen]'.

Der wahre Preis für Obst indes, sozusagen „gemäß neuem Tarif", war 9 *saxvara für die Artabe nach PF 1987. Damit stimmt auch PF 1986:27–31 überein, wenn man von den 51 Artaben der Spalte V dort ausgeht und sie zu den 153 *saxvara* (nicht 155, wie Hallock meint) in Zeile 30 in Beziehung setzt: 51 Artaben Obst zum Preise von je 9 *saxvara* ergeben nämlich die im Täfelchen vermerkten 459 *saxvara*, und von den drei zuständigen Beamten war entsprechend jeder einzelne mit 153 *saxvara* belastet worden. Nach neuer Tarifordnung kostete somit ein Liter Obst rund —.11 Goldmark, nicht mehr wie früher —.06 Goldmark.

Geradezu horrend muten die Preise an, die gemäß PF 1978 für einen Maultierhengst „erster Güte" und für eine Kuh derselben Qualität bezahlt wurden: $366^2/_3$ Artaben Gerste kosteten die beiden Tiere = ebenso viele Silberschekel zu je 1.80 Goldmark. Das ergäbe für jedes Tier, falls sie unter sich gleich viel wert waren, 329.— Goldmark!

Freilich, auch wenn alle diese Rechnungen für den *saxvara* einen Wert von 0,2 Schekel = 0.36 Goldmark ergeben, ist doch immer noch dunkel, um was für eine *Geldeinheit* es sich dabei gehandelt haben mag. Ich vermute, daß sie lediglich eine Recheneinheit darstellte, die dann jeweils auf Silbergewicht umgerechnet wurde.

* * *

Aus Kapitel II dürfte, bei aller Unsicherheit im einzelnen, soviel deutlich geworden sein: *neue Wege* lassen sich im Altpersischen vor allem durch Einbeziehung *elamischer Studien* beschreiten.

Auch nach der Veröffentlichung von 2087 Hofkammertäfelchen ist noch lange nicht alles vorhandene elamische Material erschlossen. Denn seitdem R. T. Hallock Anfang 1966 das Manuskript zu seinen *Persepolis Fortification Tablets* in Druck gegeben hatte, sind von ihm, wie er im Vorwort mitteilt, binnen drei Jahren weitere 1300 Hofkammertäfelchen entziffert worden. Am 25. November 1970 schrieb er mir: „I have now read 1,930 texts, with more to come." Obschon diese Texte im ganzen weniger gut erhalten sind als die bereits veröffentlichten, besteht ein unabweisbares wissenschaftliches Bedürfnis auch nach ihrer Herausgabe — von den noch ausstehenden *Siegeln* ganz zu schweigen. Ja, auch die nach Tausenden zählenden kleinen Bruchstücke enthalten gewiß noch bedeutsames Sprach- und Kulturgut, das ebenfalls erschlossen werden sollte.

ZUM IRANISCHEN NAMENGUT
DER HOFKAMMERTÄFELCHEN

Die zahlreichen *Eigennamen* der elamischen Hofkammertäfelchen aus Persepolis erfordern ein Studium für sich. Namhafte Linguisten haben sich diesem
Studium bereits unterzogen und unterziehen sich ihm noch.

Zu nennen sind hier zunächst E. Benveniste mit seinem Buch *Titres et noms
propres en iranien ancien* [Paris 1966] und I. Gershevitch in seinen drei grundlegenden Beiträgen 'Amber', 'Lion' und 'Garb' [1969–1970], die im vorigen
schon oft zitiert wurden. M. Mayrhofer hat sich die systematische Er-
schließung dieses Stoffes zum Ziel gesetzt in seinen *Onomastica Persepolitana*,
die in den Sitzungsberichten der Wiener Akademie der Wissenschaften erscheinen sollen. Derzeit liegen von ihm bereits vier einschlägige Aufsätze vor:
„Zu den neuen Iranier-Namen aus Persepolis" (Fs. A. Pagliaro III [Rom
1969] 107–117), „Das Altpersische seit 1964" (Gs. Henning [London 1970]
290ff.), die selbständige Schrift *Aus der Namenwelt Alt-Irans* [Innsbruck 1971,
24 Seiten] und „Neuere Forschungen zum Altpersischen" (Fs. A. Scherer
[Heidelberg 1971], insbes. S. 55–63). Ferner sind hier zu nennen sechs Beiträge
von R. Schmitt: „Neues Material zur altiranischen Namenkunde" (*Beiträge
zur Namenforschung* 1968, 63–88), „Kritische Bemerkungen zur Deutung
iranischer Namen im Elamischen" (KZ 1970, 11–26), „Nachlese zur achai-
menidischen Anthroponomastik" (*Beiträge zur Namenforschung* 1971, 1–27)
sowie „Persepolitanisches. I" (*Die Sprache* 1972, 49–52), II (ebenda 188–193)
und III (KZ 1972, 82–92).

Im folgenden bringe ich — mit gebührender Zurückhaltung — meine
eigenen Vorstellungen zu diesem höchst schwierigen Material, im wesentlichen
als Auseinandersetzung mit den vorerwähnten Forschern. Manches ist freilich
schon im Voraufgehenden, durch den Sachzusammenhang bedingt, an-
geschnitten worden.

Im Gegensatz zu E. Benveniste, der (*a.a.O.* S. 76) dieses Namengut aus den
Hofkammertäfelchen für überwiegend elamisch hielt, hat I. Gershevitch
('Amber' 168) recht behalten mit der These, es bestehe in der Mehrheit aus
iranischen Eigennamen. Aus der Sicht des Historikers ist dabei zu bedenken:
in der Persis der Dariuszeit trafen sich Menschen eines Weltreiches, und daher
ist bei jedem einzelnen Namen zu fragen, ob er wohl einem Perser gehöre,
einem Meder, einem Ostiraner — oder aber einem Elamer. Dies zu entscheiden,
ist nicht immer einfach. Zwei kleine Hilfsmittel zur Bestimmung elamischer
Namen bieten sich auch dem Nicht-Elamisten an: Namen mit *l* (wie *hal-ba-qa*)

oder mit verdoppelter Endsilbe (wie *ak-ru-ru* oder *ú-ni-ni*) weisen auf elamische Herkunft ihres Trägers.

Es folgen nun meine Bemerkungen zum iranischen Namengut der Hofkammertäfelchen in alphabetischer Ordnung gemäß den elamischen Umschreibungen.

*

ab-ba-qa-ma wird von E. Benveniste (*Titres* 77) als **apa-kāma-*? *-gava-*? gedeutet, von I. Gershevitch ('Amber' 178) als thematische Erweiterung von **haba-gav-* 'he who assembles cattle'. Warum nicht **apa-kava-* 'der hinten einen Höcker hat', aw. *apa-kava-* in eben dieser Bedeutung?

ak-su-iš-da ist von E. Benveniste (*Titres* 77) mit Recht als Kompositum auf *-zušta* erkannt worden; er hat dies dann aber aufgegeben, weil er mit *ak-* nichts anzufangen wußte. I. Gershevitch ('Amber' 175) übernahm zunächst Benvenistes Lesung **ăxšusta-*, deutete sie aber als 'unwashed' (zu np. *šostan* 'waschen'). In 'Garb' (S. 185) gab er diese Lesung auf zugunsten von **haxθa(t)-ušta-* 'he who achieves his wish'. Das elamische Zeichen *su* hat jedoch niemals einen anderen Lautwert als *zu*, mit welchem Zeichen es schon Jahrhunderte vor der Achämenidenzeit zusammengeflossen war. Darum muß es m. E. bei der Lesung *-zušta* bleiben. Für das erste Zeichen *ak* wird man am besten iranisch *hax-* einsetzen, also **hax-zušta-* lesen als bereits mittelpersische Lautung für **haxa-zušta-*, was einen (vermutlichen) Meder 'vereintgeliebt' ergäbe.

am-ma-mar-da, *ha-ma-mar-da* und *ha-am-ma-mar-ud-da* wird von E. Benveniste (*Titres* 77) als **ama-varda-* 'qui accroît la force'? gedeutet; „autres possibilités: *-marda-* 'qui écrase', *varda-* (av. *varəz-*) 'qui pratique'." Die Schreibungen des Namens mit *ha-* weisen jedoch auf **hama-*, und die Schreibung *-mar-ud-da* würde nach dem Reiner-Test eine Lesung *-varta-* nahelegen. Daher lese ich **hamavarta-* 'gleichwendend', als Ausdruck von der Rennbahn für zwei Fahrer, die zu gleicher Zeit die Kurve nehmen, zu aw. *varət-* 'drehen, wenden'.

am-ma-su-za-ú-iš? deutet I. Gershevitch ('Amber' 176f.) als **ama-aθču-* 'having strong shins'. Wenn statt *ú*, das nicht sicher lesbar ist, *ku* gelesen werden dürfte, würde ich **ama-čŭ-čakuš* 'stark wie ein Hammer' vorziehen.

a-mu-sa(?) wird von I. Gershevitch ('Amber' 176) als **ham-uθa-* 'the willing' gedeutet, zu aw. °*usa-*, aber das elamische Zeichen *a* bezeichnet eben nicht *a*, sondern *ai*, weshalb ich **aivuθa-* ansetze = 'eines wollend'.

áš-pu-iš-da wird von E. Benveniste und I. Gershevitch als bloße Variante zu *áš-ba-áš-da* angesehen, was ich nicht glaube. Ob sich dahinter ein **aspavasta-* 'Roßgelobt' verbirgt?

áš-šá-šu-tuk-qa deutet I. Gershevitch ('Amber' 184f.) als **asasta-tauka-* „in which **asasta-* would be the proper OP variant of **aspasta-*". Das geht aber am epigraphischen Befund vorbei. Ich erwäge **asa-šŭti-ka-* als ka-Ableitung zu *asa-* 'Pferd' und aw. *šūti-* f. 'Bewegen, Sichbewegen', was einen 'Rosse-

beweger' ergäbe. M. Mayrhofer faßt (brieflich) den Namen als *Asa-çuta-ka-
auf als Ableitung eines Namens, der 'durch Rosse berühmt' (aw. sruta-) bedeutete, unter Verweisung auf gr. ῾Ιπποκλῆς. Diese Deutung dürfte der meinen
vorzuziehen sein.

áš-ti-ya hat I. Gershevitch ('Amber' 185) mit aw. azdya- 'the fat' gleichgesetzt, aber das müßte wohl el. az-ti-ya umschrieben werden. Ich lese daher
*astiya- zu aw. asti- n. 'Knochen', was einen 'Knochigen' ergibt.

a-za-ak-qa (PTT S. 88) ist von G. G. Cameron (ebenda S. 91) als ,,doubtless
a hypocoristic form based on Av. āza-, 'directing, guiding'" gedeutet worden,
während E. Benveniste (JA 1958, 51) das Wort zu dem Sanskritnamen Ajaka
stellte. I. Gershevitch ('Amber' 191) bekräftigte hingegen Camerons Deutung,
und zwar auf Grund des neugefundenen sogdischen Eigennamens ꜣzꜣkk. Aber
dieser Name müßte el. ha-za-ak-qa umschrieben werden; el. a hingegen ist
ap. ai. Ich lese daher *aizaka- (medisch oder ostiranisch) als ka-Ableitung zu
aw. aēza- 'verlangend'.

ba-du-ma-iš-da wird von I. Gershevitch ('Amber' 223) als *pādah-vazda(h)-
'whose face and back surfaces are fat, well nourished' gedeutet. Allein,
vazda(h)- müßte im Elamischen wohl ma-is-da umschrieben werden. Ich erwäge
*bāδū-vasta- 'Armgelobt', zu *bāδū- 'Arm', aw. bāzū- und dem PPP der
Wurzel vand- 'loben'.

bad-du-ma-qa und bad-du-ma-ak-qa wird von I. Gershevitch ('Amber' 223)
als ka-Ableitung von *pāda(h)vā- gedeutet. Das geht aber nicht wegen der
Schreibung mit bad-, welche Kürze wiedergibt. Ich lese *paθvaka- als ka-Ableitung zu aw. pasu- m. 'Kleinvieh', was eine Bedeutung 'Schafhirte' o. ä. ergäbe.

ba-ku-ib-ba-ma, ba-ku-ba-ma und ba-ku-uk-ba-ma sind identisch mit ba-qa-
uk-ba-ma in PF 1770. Der letztgenannte Eigenname wird von I. Gershevitch
('Amber' 215) als *baga-bāma- = 'deriving lustre from Baga' gedeutet; die drei
ersten faßte er (ebenda) als *baga-upăhva- 'whose preoccupation is, pre-
occupied with, Baga'. In 'Lion' (S. 86) zog er diese Deutung zurück zugunsten
von *baga-hubāma- 'deriving good lustre from Baga'. Ich lese alle vier Namensformen als *bagā-upama- = 'durch Gott der Oberste'.

ba-qa-pír-ru (PF 1957:21), welchen Namen E. Benveniste (Titres 79) als
*baga-ƒru ou -ƒrava? ansetzte, ist unvollständig. Er lautet ba-qa-pír-ru-ir-ti-
[. . . . . .]. Von den drei Zeichen in der Lücke dürften die beiden letzten ein
Prädikat sein, wahrscheinlich du-šá 'er hat erhalten'; für das erste Zeichen in
der Lücke würde ich iš ansetzen, was für den Namen *baga-fravartiš ergäbe,
etwa 'von Gott erwählt'.

ba-ri-tuk-qa, bar-ri-tuk-qa und ba-ir-tuk-qa — den Namen bar-du?-uk-qa?
ziehe ich nicht hierher — wird von I. Gershevitch ('Amber' 220) als *pari-
θăka- 'shining all round' gedeutet. Aber das elamische Zeichen tuk kann nur
tik (allenfalls tak) wiedergeben. Ich erwäge eine Lesung *pardika oder *pardaka-
zur awestischen Wurzel parəd- 'furzen', als ka-Ableitung und Spottnamen.

ba-ti-qa-mi-iš bzw. ba-ti-qa-maš wurde von E. Benveniste (Titres 81) als
*pati-kāma- oder -gāma- erwogen (peut-être aussi avec vrddhi *pāti-kāmi-).

Aber schon I. Gershevitch ('Amber' 222) hat gesehen, daß jedenfalls *pati*-el. *bat-ti-* geschrieben werden müßte. „Perhaps = *paθi-gami-*, patron. of **paθi-gama-* 'path-walker = traveller'.'' Allein, *ba-ti-* deutet auf lang *ā*, und so lese ich **pāti-gāvya-* im Sinne von 'Rinderhüter', zur Wurzel *pā-* 'hüten' wie in **pātimānya-*, el. *ba-ti-ma-nu-iš* in II, 4 oben.

ba-tuk-ku-qa wird von I. Gershevitch ('Amber' 222) als **paθu-gau-ka-* 'owner, or herder, of sheep (or/and goats) and cattle' gedeutet. Aber **paθu-* müßte el. *bat-tu-* umschrieben werden, während *ba-* auf langes *ā* weist. Auch kann *tuk*, wie mehrfach erwähnt, nur *tik* (bzw. *tk*), allenfalls *tak*, wiedergeben. Ich erwäge daher **pātigauka-* = etwa 'Rinderhirt' wie vorhin **pātigāvya-*.

ba-ud-da-kaš-da wird von I. Gershevitch ('Amber' 223) als **pāda-gašta-* 'the foot-bitten' gedeutet, zu np. *gašta*, parth. *gšt-*. Ich würde lieber, in Berücksichtigung des Reiner-Testes, **pāta-gastā* = 'geschützt vor Unheil' lesen.

ba-u-tin-na, noch unveröffentlicht, nach I. Gershevitch ('Amber' 223) **bauθina-*, „perhaps them. extension of **bauθin-* ('playful, merry', to Khot. *būs-* 'to play', Arm. *zbōs-* 'to be merry'.'' Da aber das elamische Zeichen *tin* in achämenidischer Zeit *ten* gesprochen wurde, lese ich **baudaina-* 'duftig', zu aw. *baoδa-* m. 'Geruch'.

ba-ya-u wird von I. Gershevitch ('Amber' 215) als **pāyu-* gelesen und zu ai. *pāyú* 'Beschützer' (auch als Name) gestellt. Ich lese **pāya-vahu-* 'das Gute beschützend'. Die *ka*-Ableitung dazu erscheint in den Schreibungen *ba-a-ú-qa*, *ba-a-uk?-qa* und *ba-u-qa*, also **pāya-vahu-ka-*.

ba-u-uk-šá-mi-ra (PF 1786) und *bu-ik-ši-ra* (PF 1787) — derselbe Mann! —, von E. Benveniste (*Titres* 81) **buxša-vīra-* gelesen, muß wegen der Schreibung mit *u* als **bauxša-vīra-* angesetzt werden.

da-qa-qa könnte als *ka*-Ableitung zur altindischen Wurzel *hakk-* 'schreien' gestellt und altpersisch als **δakkaka-* 'Schreihals' gedeutet werden. *tak-qa-u-qa* dürfte aber nicht dazugehören, sondern ap. **taka-vahu-ka-* meinen, also einen 'tüchtigen Läufer'; anders I. Gershevitch ('Amber' 234). Dagegen könnte in den Zusammenhang des erstgenannten Namens *da-qa-ma-nu-iš* gehören (noch unveröffentlicht, nach I. Gershevitch, *a.a.O.*), ein Frauenname, den ich **δakka-vahvī-* 'Schön-Stimme' deuten möchte.

d.*da?-u-si-qa* (PF 772:9) wird von I. Gershevitch ('Garb' 169) **dauθaka-*, allenfalls **dauθĭka-* gelesen und zu christlich-sogdisch *dwsyt* 'Nachbarn' gestellt. „The '*dausika* of the *lan*' für whom wine was supplied may have been the 'entourage of the ceremony', whoever exactly was meant by this description.'' Dagegen sind Bedenken anzumelden. Der Text besagt, daß zwei Magier rund 70 Liter Wein erhalten hatten, welchen sie in einer Anzahl von *la-an-ku-el* = etwa 'Kapellen' zu d.*da?-u-si-qa la-an.na* verwendeten. *la-an* bedeutet 'Anwesenheit [der Gottheit]', 'göttliche Gegenwart' oder einfach 'Kult'; das Determinativ d. (= DINGIR, sumerisch für 'Gott, Gottheit') kennzeichnet *da-u-si-qa* als eine religiöse Handlung. Eine Lesung *-aka* ist trotz el. *-si-qa* unbedenklich: ap. *kāsaka-* 'Edelstein' wird el. *qa-si-qa* umschrieben. Ich lese **δauçaka-* als *ka*-Ableitung zu aw. *zaoθra-* n. 'Opferguß', was für *δauçaka lan.na eine Übersetzung '[göttliche] Opfertrankspende für den Kult' ergibt, frei eine 'Kultlibation'.

du-iš-mur-da wird von I. Gershevitch ('Amber' 238) als *duš-vṛta- 'the irresistible' (ai. durvártu) angesetzt, was an sich möglich ist. Freilich wird das Zeichen mur in der Regel har gelesen; du-iš-har-da ergäbe dann *dušharta- im Sinne von 'mißachtet', zur awestischen Wurzel har- 'acht haben auf'.

ha-pír-sa ist von I. Gershevitch ('Amber' 179) scharfsinnig als der altpersische 'Wacholder' erkannt worden. D.-O. Edzard (ZA 1970, 159) vermutet in der Heilpflanze, die im Akkadischen als apruša überliefert ist, ein iranisches Fremdwort; es dürfte eben unser 'Wacholder' sein, also *haprθa-, aw. haparəsī.

har-ba-u-uk-ba-ma deutet I. Gershevitch ('Lion' 86) als zusammengesetzt aus *arpa(h)- 'support' als Name einer Gottheit, „which would be related to Av. rap- as Av. arəza(h)- is to raz-", im ganzen also *arpahubāma 'deriving lustre from Arpa'. Nach meinen Beobachtungen gibt el. uk-ba fast stets ap. upa wieder, so daß ich das zweite Glied in jedem Falle -upama 'der oberste' deuten würde, zu Namen wie *Arya-upama- (akk. a-ri-ya-ú-pa-am-ma, vgl. W. Eilers, ZDMG 1936, 172 Anm. 1). Das Vorderglied würde ich *arba- lesen, also im ganzen *arba-upama- in der möglichen Bedeutung 'als Kind der Oberste'.

ha-tur-ma-šá in PF 752 hat zu vielen Erörterungen Anlaß gegeben. E. Benveniste (Titres 83) erwog *ātr-vǎzah im Sinne von 'das Feuer fördern' o. ä. I. Gershevitch ('Amber' 189) setzte *ātr-vasa- 'wanting fire' an. Gemeint ist in Wirklichkeit *ātr-vaxša- 'Feuerschürer' wie in PF 1957:34, wo dafür an-tar-ma-šá steht. Es handelt sich an dieser Stelle aber zweifelsfrei um den *ātr-vaxša- oder 'Zweitpriester' am Orte, der wie alle seine Kollegen in der Persis von Darius als Rechnungsprüfer für die örtliche Verwaltung eingesetzt worden war (vgl. Or. 1970, 429).

hi-ya-u-tar-ra und hi-hu-ut-ra wird von I. Gershevitch ('Amber' 246) als *yā(h)u-dāra- 'holder, possessor, of movable property' gedeutet, was schlecht zum Schriftbild paßt: dāra- müßte da-ra geschrieben sein. Ich lese *yauxdra- und stelle es zu aw. yaoxəδra- n. '(kriegerische) Anspannung, Angriff', ai. yóktra- n. 'Strang, Gurt'.

ir-da-mi-ya-iš-da ist von E. Benveniste (Titres 84) als *ṛta-myazda- angesetzt worden, „avec av. myazda- 'banquet rituel'". I. Gershevitch ('Amber' 194) erwägt *ṛta-vyāzda- 'observing Truth'. Das elamische Zeichen iš deutet jedoch einen s-Laut an, kein z; sonst müßte is stehen. Daher schlage ich vor, *ṛta-myasta- zu lesen = 'mit der Rechten Ordnung vereint', zu aw. myas- 'vereinigen'.

ir-du-ba-ma und ir-tam₅-ba-ma wird von I. Gershevitch jetzt (in 'Lion' 86) als *ṛta-hubāma- 'deriving good lustre from Truth' gedeutet. E. Benveniste (Titres 85) hatte *ṛtam-pāva- 'qui garde l'ordre' lesen wollen; aber dann müßte 'Satrap' ebenfalls entsprechend *xšaçam-pāva- heißen, und nicht *xšaçapāva-, ohne m. Ich lese *rtā-upama- 'durch die Rechte Ordnung der Oberste'. Bestätigt wird dies durch den akkadisch umschriebenen Eigennamen ar-tu-ú-pa-am (vgl. W. Eilers in ZDMG 1936, 164 Anm. 1), „d. i. *Artôpam aus altiran. *Arta'upama-."

ir-tab-ba-u-uk-ša verlangt durch seine Schreibung mit *u* eine Lesung **rta-bauxša-*, nicht **rta-buxša-*. Daher wird man auch statt *Bagabuxša* besser *Bagabauxša* zu lesen haben.

ir-zab-bar-ra (männlich) und *ir-za-pír?-ra* (weiblich) wird von I. Gershevitch ('Garb' 187) als **hr̥za(t)-pāra-* 'the forgiving' angesetzt, zu aw. *harəz-* und *pāra-*. Das geht nicht an, denn ap. **hr̥δa-* 'verlassen' müßte im Elamischen etwa *har-da-* geschrieben werden, und *-pāra* müßte als *ba-ra* erscheinen. Ich lese den Namen **rza-barā̆-* als ungefähre Parallele zu dem awestischen Eigennamen *ərəzavant-* (m.) und zu *ərəzvant-* 'gerade gewachsen, stramm'. Wörtlich wäre **rzabarā̆-* (medisch oder ostiranisch) etwa 'sich gerade tragend'.

iš-ba-qa-tuk-qa wird von I. Gershevitch ('Amber' 196) als **spaka-tauka-* 'dog-offspring' oder gar als **spakā-tauka-* 'son of a bitch' gedeutet. Allein, *tuk* kann nie und nimmer für ap. *tauk* stehen, höchstens — ich wiederhole es — für *tik*, *tk* oder allenfalls *tak*, alles auch mit Spirantisierung. Ich erwäge (zögernd) eine Lesung **spa-kaθya-ka-* im Sinne von 'dogboy' als ungefähre Parallele zu **gau-kaθyah-* 'cowboy' in II, 4.

iš-ba-ra-mi-iš-ti-ma, *iš-ba-ra-mi-iš-du-ma* und *iš-ba-ru-u-mu-iš-ti-ma* ist von I. Gershevitch ('Amber' 196) als **spara-vistama-* angesetzt worden, als Superlativ von **spara-vid-* 'shield-piercer'. Das überzeugt nur hinsichtlich des Vordergliedes **spara-* 'Schild', mp. *spar*, np. *separ*. Die Endung *-du-ma* deutet auf ein persisches Wortende *-va*. Die sehr verschiedenen Schreibungen des Namens brauchen uns nicht zu beirren, denn es handelt sich durchweg um ein und dieselbe Persönlichkeit, einen 'Reisebegleiter'. Da die Zeichenfolge *mi-iš-du-ma* auch in der Geldbezeichnung *mi-iš-du-ma-kaš* (Schatztäfelchen PT 1963-20:20) begegnet, wo sie einwandfrei **vistaxvaka-* 'Zwanzigstel-*Krša*-Stück' wiedergibt, dürfen wir eine ähnliche Lesung auch hier anwenden, nämlich **vistāxva-* 'kühn'. Wir erhalten so für den Namen **spara-vistāxva-*, also einen Herrn 'Schildkühn', mp. *vistāx*, np. *gostāḫ*.

iš-ku-su-a-ma wird von I. Gershevitch ('Lion' 86) als **hišku-θwa(x)ma-* 'the dry-skinned' gedeutet und fragend zu ai. *tvák* gestellt. Aber el. *su* kann nur *zu* gelesen werden, und el. *a* weist auf gesprochenes *ai*. Darum lese ich, wenn auch mit Bedenken, **hišku-čū-aiva-* 'trocken wie [je] einer'.

kam-pa-qa wollte I. Gershevitch ('Amber' 198) entweder als **gaubaka-* 'speaker' oder als **gaupāka-* 'cow-herd' deuten; wahrscheinlicher ist mir eine Lesung **kaufaka-* 'Gebirgler', da das elamische Zeichen *pa* vielfach iranisches *fa* meint.

kam-pi-ya wird von I. Gershevitch ebenda als **gaubiya-* 'speaker' angesetzt, während ich entsprechend **kaufya-* als 'Gebirgler' vorziehe — hier als *ya*-Ableitung, oben als *ka*-Ableitung zu *kaufa-* 'Berg, Gebirge'. In dem Namen *kam-be-iz-za* und *kam-pi-iz-za* (dieselbe Persönlichkeit meinend) hätten wir dann die Verkleinerungsform **kaufyača-*. Dagegen deute ich den Namen *qa-u-pi-ya-u* als **gaubya-vahu-* im Sinne von 'Gut-Sprecher'.

ku-ri-iz-za wird von I. Gershevitch ('Amber' 186) zu **kura-* 'family' gestellt. Die weibliche Namensform *ku-ra-a-za* zeigt, daß das *ri* in *ku-ri-iz-za* hier *re*

gelesen werden muß, was im elamischen Syllabar auch sonst vorkommt. Da
ku für ap. *xva-* stehen kann (z. B. in *har-ku-ti-iš*, das *Haraxvatiš* 'Arachosien'
meint), lese ich den Namen **xva-raičă-*, indem ich das zweite Glied zur
awestischen Wurzel *raēk-* 'freilassen, freimachen' stelle, was zu einer Bedeutung
'gut-freimachend' führt.

ku-ri-ma wird von I. Gershevitch ('Garb' 188) als **grīva-* 'Nacken' gelesen, aber
dieses Wort erscheint in elamischer Umschreibung als *kur-ri-ma*, *ki-ri-ma* oder
ik-ri-ma. Da, wie eben erwähnt, das Zeichen *ku* für ap. *xva* und das Zeichen *ri* für
ap. *rai* stehen kann, lese ich **xva-raivă-* 'gut-reich', zu aw. *raēvant-* 'reich'.

ku-un-da wird von I. Gershevitch ('Amber' 199) zu aw. *kunda-*, „name of
a daēva", gestellt. Ich ziehe vor, **gunda-* anzusetzen, das aw. *gunda-* m. 'Teig-
ballen' entspricht. Mit Recht hat W. Eilers (ZDMG 1940, 205 Anm. 4) den
gu-un-dak-ka-aᵓ aus Nippur (421 v. Chr.), Sohn eines *Tigra*, als 'Dickerchen'
wiedergegeben im Gegensatz zum 'pfeilschlanken' Vater. Auch hat W. Eilers
(in *Beiträge zur Namenforschung* 15 [1964] 187 Anm. 23) unseren **gunda-* in
dem gr. Flußnamen *Gyndes* in Mesopotamien erkannt.

kur-ra-ba-da wird von I. Gershevitch ('Amber' 200) als **kura-pada-* 'belonging to the family-stock' aufgefaßt. Aber *kur* kann nur ap. *kir*, *kr* oder *xr*
wiedergeben. Ich würde daher **xră-pāda-* im Sinne von 'Wanderfuß' erwägen
(vgl. 'Amber' 223 *s. v. PATIKRA*).

kur-ra-tu-man-ya ist von Rüdiger Schmitt (KZ 1970, 16) als **xratu-vanya-*
'durch seinen Verstand siegend' angesetzt worden, was richtig sein dürfte. Da
das elamische Zeichen *tu* fast durchweg (in iranischen Wörtern) *θu* wiedergibt,
ist die genauere Lesung **xraθu-vanya-*, deren Möglichkeit R. Schmitt in Anm.14
bereits erwogen hatte. Auch würde ich den Namen mit 'durch Weisheit siegend'
übersetzen; np. *ḫerad* ist immer 'Weisheit', nicht 'Verstand'.

kur-ru-te-iz-za hatte I. Gershevitch ursprünglich ('Amber' 186) zu khota-
nesisch *uysgruta-* 'torn open' (base **xru-*) gestellt, danach aber (in 'Garb' 189)
zu mp. *grwdg* 'lamentation'. Ich würde lieber an aw. *xrūta-* 'grausam' an-
knüpfen und **xrūtaiča-* lesen, allenfalls **xrūtayača-*.

kur?-ši-ba-na (Fort. 8863:2 in PFT S. 717) ist nach I. Gershevitch ('Amber'
201) „oddly reminiscent of Hurrian *gur-zi-pa-an*, discussed by Bailey, *Donum
Nyberg*, 12." Man könnte erwägen, es **grðya-pāna-* 'Gesinde-Schützer' zu deuten.

ma-a-da-da (nach 'Amber' 211) wird von I. Gershevitch fragend als **va(h)ya-
dāta-* 'the better born' erwogen. Aber ein solcher Name hieße *Vahyazδāta*. Da
el. *a*, wie wiederholt betont, ap. *ai* meint, lese ich **xvaidāta-*, der als
awestischer Eigenname *xvaδāta-* lautet im Sinne von 'der über sich selbst bestimmt' = 'unvergänglich' (*AirWb.* 1862). *ma-a-da-ti-qa* ist entsprechend
*xvaidātika-, nach Gershevitch eine *ka*-Ableitung zu einem *i*-Patronymicon.

ma-a-za-na wird von I. Gershevitch ('Amber' 211) **vahyazăna-* gelesen,
„either 'knowing (*zāna-*) what is better', or 'belonging to a better race
(*zana-*)'." Ich lese **xvaičanah-* 'selbstgefällig'.

ma-da-áš-ba ist im Hinterglied klar medisch -*aspa* 'Pferd'. Das Vorderglied
haben gedeutet: E. Benveniste (*Titres* 86) als **vāta-* 'Wind', gebilligt von

M. Mayrhofer (Fs. Pagliaro III [Rom 1969] 113), I. Gershevitch als *vata-
'gering, klein' ('Amber' 211), R. Schmitt (*Die Sprache* 1972, 51) als *māda-
'medisch'. Alle diese Vorschläge sind denkbar. Ich lege einen vierten vor: da
es einen Ortsnamen *ba-ra-iš-ba* bzw. *ba-ra-áš-ba* gibt, den ich oben, unter II, 5,
als *Bārāspa-* 'Lastpferd' deutete, könnte es auch ein *vaδāspa-* 'Zugpferd'
geben, welcher Name awestisch als *važāspa-* belegt ist.

ma-man-nu-ú-iš lese ich *xva-manuš-*, zu dem awestischen Heldennamen
manuš- und zu ai. *mánuṣ-* 'Vater der Menschheit' (M. Mayrhofer, *Etym. Wb.*
II 575), mit Präfix *xva-* 'gut', also etwa 'Gut-Mann'.

ma-te-me-sa, noch unveröffentlicht, nach I. Gershevitch ('Garb' 191) angeführt, wird von ihm als 'the wonderful' gedeutet, nämlich als *vati-hammyāθa-*,
wörtlich 'he who mixes up, confounds, the understanding', to Av. *vat-* 'to
understand' and Av. *ham-myāsa-* 'to mix'. Ich würde lieber an *xvāδai-vaiθa-*
denken, im ersten Glied zu dem (noch ungedeuteten) Ortsnamen *xvāδaičaya*,
im zweiten zu aw. *vaēsa-* m. 'Knecht'.

man-nu-un-da, *ma-nu-un-da*, *man-nu-man-da* und *un-nu-un-da* lese ich als
xvanvanta- 'herrlich, sonnig, licht' wie im Awestischen, nur mit Überführung
in die *a*-Deklination.

mar-su-un-da findet sich in den Susa-Täfelchen aus dem ausgehenden
7. Jahrhundert (*Mém.* IX [1907] Nr. 110:3 und 187:7). M. Mayrhofer hat
diesen Eigennamen in seiner Schrift *Aus der Namenwelt Alt-Irans* [Innsbruck
1971] nicht aufgeführt, aber ich halte ihn für iranisch, genauer für medisch,
nämlich für *mrzvanta-*, wohl zu aw. *marəz-* im Sinne von 'vergebend, verzeihend', mp. *āmurz-*.

mi-da-sa könnte *vidāθa-* sein = 'überklug', zu aw. *dāθa-* 'klug' mit vorgesetztem *vi-*[4] 'durch und durch'.

mi-iš-be-sa und *mi-iš-be-a-sa* wurde von E. Benveniste (*Titres* 88) als *visa-
paiθa-* 'qui a tous les ornements' gedeutet mit Auslassung des *a*, von
I. Gershevitch ('Amber' 209) als *vispa-paiθa-*, mit Auslassung von *pa*. Ich
ziehe eine Lesung *vahyas-paiθa-* 'besser schmückend' vor.

mi-ra-um-pa (PT 1957-2:6) will I. Gershevitch ('Lion' 87) *vi-raupa-* 'the
destructive' lesen. Eine Lesung *viramfa-*, die sich ohne weiteres anbietet,
weil el. *pa* meist für ap. *fa* steht, meint er ablehnen zu sollen, weil sonst im
Elamischen nach seiner Meinung *-ranp-* hätte geschrieben werden müssen.
Zur Begründung verweist Gershevitch auf die Schreibung *tan-ba-ra* 'Wespe'
für ap. *dambara-* (genauer: *δambara-*). Aber diese Schreibregel gilt nur für
el. *tan* zur Wiedergabe von ap. *tam*, weil el. *tam₅* zur Wiedergabe von ap. *tau-*
oder *tahm-* verwendet wird. Ich lese daher *viramfa-* und entsprechend *bat-ti-
ra-am-pa* als *patiramfa-*, gr. Patiramphes. Ich halte den letzten Namen für
identisch mit *bat-ti-rap-pa* = *patirafā-*, so daß für das Hinterglied all dieser
Namen die Wurzel *rap-* 'unterstützen' in Frage kommen dürfte.

mi-iš-šá-na-pa wird von I. Gershevitch ('Amber' 209) fragend als *miça-nāfa-
'of mixed family' gedeutet, zu ai. *miśrá*, aw. *misvan-*. Eine an sich mögliche
Lesung *visa-nāfa-* 'Ganz-Familie' ergibt nicht eben guten Sinn. Die Lösung

bringt der von I. Gershevitch (in 'Garb' 190) erschlossene Eigenname *mi-iš-šá-mi-iš-šá* = **visā-miça-* = ai. *viśvāmitra* 'friend of all'. Unser Name ist also so zu lesen, wie Gershevitch vorgeschlagen hat, nämlich **miça-nāfa-*, aber als 'Freund der Sippe' zu deuten. Man vgl. (mit Gershevitch) medisch *ú-mi-ut-ra* = **hu-miθra-*, ap. *ú-mi-iš-šá* = **hu-miça-*, beides im Sinne von 'Gutfreund'.

na-ab-ba-ik-qa und *na-pa-ak-qa* werden von E. Benveniste (*Titres* 89) — ohne Entscheidung — als **nabaka* oder **nāfaka* gedeutet. Da aber el. *pa* in der Regel iranisch *fa* wiedergibt, ist der zweite Name (*na-pa-ak-qa*) eindeutig als **nāfaka-* anzusetzen als *ka*-Ableitung zu **nāfa-* m. 'Sippe', während der erste Name (*na-ab-ba-ik-qa*) zu aw. *nabā-* f. 'Sippe' zu stellen und entsprechend **nabāka-* zu lesen ist.

na-pa-bar-tan-na gehört ebenfalls hierher. E. Benveniste (*Titres* 89) deutete den Namen zunächst als **nāfa-pṛtana-* 'dont le combat est pour sa lignée'. „Toutefois, . . . l'original pourrait être v. p. **bardana-* = βαρζάνης", was richtiger ist. I. Gershevitch ('Amber' 230) erkannte in dem Namen ein *āna*-Patronymicon, las aber **Nabā-bṛza-* 'he who exalts the clan' (to Av. *barəz-*). Die bessere Lesung dürfte (wegen el. *pa* = iran. *fa*) **nāfa-bṛδāna-* sein als Patronymicon zu einem, 'der die Sippe hochbringt'.

na-pi-ya-pi?-iš wird von I. Gershevitch ('Amber' 212) m. E. richtig **nāfyabi(š)* gelesen, aber zu aw. *nāfyō.ṭbiš-* 'hostile to his relatives' gestellt, was nicht so recht einleuchtet. Warum nicht **nāfyā-biš-* = 'Verwandten-heilend' parallel zu aw. *ahūm.biš-* 'Welt-heilend'?

ni-da-ir-ma (sofern ich den von I. Gershevitch in 'Amber' 214 als *NIDARMA* wiedergegebenen, in PFT noch nicht enthaltenen Namen richtig transliteriere) wird von ihm **nidruva-* gelesen, „cf. Skt *nidhruva* (pr. n.), Ved. *nídhruvi* 'faithful'. The El. spelling agrees with *tarma*, rendering OP *druvā* in Beh., para. 55." Aber warum hat ihm R. T. Hallock dann nicht eine Transkription *nitarma* (statt *nidarma*) gegeben? Diese zusammengezogene Umschrift elamischer Wörter mag wohl praktisch nützlich sein — wissenschaftlich taugt sie nichts. Gegen den Ansatz von Gershevitch spricht außerdem das erste Zeichen *ni*, welches *ne* gesprochen wurde, also ap. *nai* meint. Ich erwäge daher eine Lesung **naiδarma-* 'Speer-Arm', zu aw. *naēza-* n. '[Speer-]Spitze' und *arma-* m. 'Arm'. Weniger sinnvoll erscheint eine Lesung **naidārma-* zu aw. *naēda-* 'schmähen', was einen 'Schand-Arm' ergäbe.

pa-nu-uk-qa und *pa-nu-qa* wurden von I. Gershevitch ('Amber' 218) fragend als **bānuka-* gelesen. Allein, die **bānūkā-* 'Großkönigin' erscheint in PF 1078:3 in der Schreibung f. *ba-nu-qa*, also nicht mit *pa-*. Da aber wie mehrfach erwähnt el. *pa* meist iranisches *fa* wiedergibt, lese ich den oben erwähnten Namen **fanika-* und deute ihn als *ka*-Ableitung zu aw. *xvaini-* 'schön, wohlgefällig'. Der Name ist in jedem Falle medisch.

pa-zí-iš-šá wird von I. Gershevitch ('Amber' 225) als **bāha(h)-čiça-* 'bright with lustre' gedeutet. Gälte auch in diesem Falle unsere Regel el. *pa* = iran. *fa*, so ergäbe sich ein **fačiça-*, was einem persischen **xvačiça-* 'von guter Herkunft' entspräche. Für einen medischen Namen würde man allerdings eine

Schreibung *fačiθra- erwarten; gleichwohl ist eine hybride Schreibung *fačiça-
an sich nichts Ungewöhnliches angesichts der Tatsache, daß das Altpersische
der Dariuszeit von Medismen durchsetzt war. Will man *fačiça- nicht hin-
nehmen, könnte man eine Lesung *pā-čiça- 'Hüter der Herkunft, Abstammung'
in Erwägung ziehen.

pír-da-qa-mi-ya, Name einer Gottheit (PF 303), wurde von I. Gershevitch
zuletzt ('Garb' 179) als *Frāda(t)-gav-ya- gedeutet, „evidently the name of a
feast held in honour of *Frāda(t)-gav-, cf. the Roman *Saturnalia.*'' Das geht
aber aus Gründen des elamischen Syllabars nicht, denn pír-da- kann niemals
*frāda wiedergeben, das vielmehr pír-ra-da- umschrieben wird. Ich lese den
Namen der bisher unbekannten Gottheit *Brta-kāmya- = 'Wunscherfüller',
vgl. np. *kām bordan*.

pír-du-ma will I. Gershevitch ('Amber' 221) als *fratama- 'first' deuten. Dies
erscheint jedoch in elamischer Umschrift als pír-ra-tam₆-ma (PTT S. 140). Ich
lese *prθva-, zu aw. pərəθu- 'breit'.

pír-ru-man-ba wird von I. Gershevitch ('Amber' 219) als *parvam-pā-
'drinking first, before others' gedeutet. Aber parva- wird el. bar-ma umschrieben. Ich lese vorläufig *fravān-pā- 'häufig trinkend', zu np. faravān 'oft'.

pír-ti-iš wird von I. Gershevitch ('Amber' 221) *prθi- gelesen, doch würde
das el. pír-si-iš umschrieben werden. Ich stelle das Wort zu ai. pŕt- f. und aw.
pərət- f. 'Kampf' und lese es *prtiš- in der Bedeutung 'Kämpfer'. pír-ti-iš-ba
wäre dann sinngemäß ein *prtiš-pā- oder 'Kampf-Schützer'.

qa-ap-ri-ya wird von I. Gershevitch ('Amber' 199) m. E. richtig *kafrya-
gelesen. Wenn er es dann aber zu np. kahra 'Zicklein' stellen will, vermag ich
ihm nicht zu folgen. Ich würde lieber *ka-frya- = 'wie lieb!' lesen.

qa-ba-šá-ik-qa wird von I. Gershevitch ('Amber' 200) wohl richtig als *kapa-
saka- gelesen. Statt seiner Deutung als 'dogfish(?)' würde ich lieber 'Fisch-
hund' = 'Fischotter' ansetzen.

qa-da-qa-ra (PF 2011) stelle ich zu aw. gaðā- f. 'Keule', was für den Namen
*gaðǎ-kara- 'Keulenmacher' ergäbe.

qa-da-u-ra wird von I. Gershevitch ('Garb' 189) als *Gǎda(t)-ahura- 'adressing
request to Ahura' gedeutet, was mir als unwahrscheinlich gilt. Ich lese
*gada-vara- 'der die Wurfkeule führt' entsprechend dem Beiwort des Helden
Krsāspa, aw. gaða-vara-. Der Name ist wohl ostiranisch.

ra-iš-da-u-qa ist von I. Gershevitch ('Amber' 226) als *rāštā-va(h)u-ka- gelesen worden. Allein, dieser in PF 1508 belegte Eigenname erscheint höchstwahrscheinlich für dieselbe Person in PF 1461 als har-ra-iš-tam₅-qa. Das
Zeichen har des elamischen Syllabars darf auch mur gelesen werden, und so ist
vielleicht mur-ra-iš-tam₅-qa die bessere Lesung. Sie führt auf ein ap. *vrās-
tauka-, dessen Vorderglied ich zu aw. urvāz- 'erfreuen', urvāsman- 'froh machend'
stelle, was für den Namen eine Bedeutung 'erfreulicher Nachwuchs' ergäbe.

ra-qa-an-da wird von I. Gershevitch ('Amber' 225) fragend mit ir-qa-an-da
gleichgesetzt, was ich nicht glaube; eine Deutung wird nicht gegeben. Ich lese
*vraganta- zu aw. urvag- 'wandeln', was einen 'Wandler' ergäbe.

su-ir-ku-um-ba, noch unveröffentlicht, wird von I. Gershevitch ('Garb' 194) als *zāv(a)r-xumba- 'kicking hard, forcefully' gedeutet, zu aw. *zāvar-*, mp. *zōr* 'strength' und Yaghnobi *xumbak* 'kicking', mit Fragezeichen. Ich lese *zūra-xumba-, zu medisch *zūra-* 'Frevel' und aw. *xumba-*; letztes bedeutet nicht nur 'Topf', sondern auch den *pathicus* in der Paederastie. Der Name war also ein Schimpfwort, wenn meine Deutung zutrifft. Die Schreibung *su-ir-* gibt schon die mittelpersische Lautung *zūr-* (statt *zūra-*) wieder.

šá-man-da dürfte als *savanta- zu deuten sein, zur awestischen Wurzel *sav-* 'nützen', was einen 'Nutzenbringer' ergäbe.

še-ut-tuk-qa deutet I. Gershevitch ('Garb' 196) als *šyāta-vahuka- 'happy (and) good'. Das geht nicht, weil el. *tuk*, wie schon oft betont, nur *tik*, allenfalls *tak* wiedergeben kann; ein Beleg für letztes ist *ma-ti-iš-tuk-kaš-be* in PF 1063, in dem I. Gershevitch selbst (*apud* Hallock, PFT S. 35) eine Ableitung von ap. *maθišta-* erkannte — gemeint ist *maθištakā 'Vorgesetzte' (pl.). Unser Wort lese ich *xšaitaka- als *ka*-Ableitung zu aw. *xšaēta-* 'licht, strahlend'.

šu-du-ma-da, von I. Gershevitch ('Amber' 233) als *çūtā-māta- 'having a famous mother' angesetzt, dürfte vielmehr *šūta-vāta- 'windbewegt' sein, zu aw. *vātō.šūt-* 'im Wind sich bewegend'.

šu-ru-ba dürfte *qat-ru-ba* zu lesen und mit *qa-tur-ru-ib-ba* und *qa-iš-ru-ba* gleichzusetzen sein, in denen I. Gershevitch ('Amber' 201) den persischen 'Bernstein', nämlich *kāθrupā-, erkannt hat.

tak-ma-tur-ri-iš wird von I. Gershevitch ('Garb' 196) als *i*-Patronymicon von *taxma-tura- 'having valiant coursers' gedeutet, zu ai. *turá* 'quick'. Aber *tur* kann ja nur *tir* oder *tr* (auch spirantisiert) wiedergeben. Ich lese *taxma-θriš (medisch) im Sinne von 'stark: dreimal!'.

tam₅-gi-sa, noch unveröffentlicht, von I. Gershevitch ('Garb' 197) als *tamkesa* angeführt, wird von ihm *tauka-yāθā- gelesen und als 'wanting offspring' gedeutet. Ich würde in *tam₅* lieber ein ap. *tahm- 'stark' sehen wie etwa in dem Namen *tam₅-ma-áš-ba* = *tahmāspa-, und das Hinterglied *-gi-sa* würde ich wie anderwärts als ap. *gaiθā-* 'Vieh' deuten. Dies ergäbe für den ganzen Namen ein *tahm-gaiθā- in schon mittelpersischer Lautung für *tahma-gaiθā- = 'dessen Vieh stark ist'.

tam₅-ma-ma, ebenfalls noch unveröffentlicht, ist von I. Gershevitch ('Amber' 235) richtig als *ta(x)ma-ama- 'valiant (and) strong' gedeutet worden, während seine spätere Ansetzung ('Lion' 90) als *davahva(nt)- 'the accursed' nicht überzeugt. Denn das elamische Zeichen *tam₅* meint in persischen Wörtern entweder *dau/tau* oder aber, wie im vorigen Abschnitt gezeigt, *tahm-*, während medisches *taxma-* durch *da-ak-ma* wiedergegeben wird. Der Eigenname lautet somit persisch *tahmāma- 'stark-kräftig'.

tan-du-iš-da wird von I. Gershevitch ('Amber' 236) als Haplologie zu aw. *zantu-zušta- 'tribe's darling' aufgefaßt. Ich würde *δantau-stā- 'auf dem Stamm stehend' vorziehen.

tar-qa-šá?-ú-iš in Fort. 707:4f., in dessen Vorderglied E. Benveniste (*Titres* 95) *darga-* 'lange' erkannte, ist bezüglich des Hintergliedes von I. Gershevitch

('Amber' 236) zu aw. *sru-* 'Ruhm' gestellt worden, und zwar in dessen Dehn-
form °*srāuš*, ap. *çāuš. Tatsächlich ist statt *šá* in diesem Namen das ihm
sehr ähnliche Zeichen *a* zu lesen, was *tar-qa-a-ú-iš* und damit den bekannten
Eigennamen *dargāyuš 'langlebig' ergibt. Gemeint ist eine wohlbekannte
Persönlichkeit der Darius- und Xerxeszeit.

ti-kur-qa, nach I. Gershevitch ('Garb' 196) ein weiblicher Eigenname, wird
von ihm (mit zwei Fragezeichen) als **t/θiga-varkā-* 'aspen' erwogen. Wahrscheinlich taucht derselbe Name für männliche Träger in der Form *ti-ik-rák-qa*
(PF 1955:19) auf. Dies führt zu einer Lesung **tigrkā-* bzw. **tigraka-*, als *ka*-
Ableitung zu *tigra-* 'spitz' = 'schlank'. Die weibliche Namensform zeigt
lediglich bereits mittelpersische Lautung.

tur-ma-mi-iš-du-ma, noch unveröffentlicht, von I. Gershevitch ('Garb' 197)
mitgeteilt, wird von ihm als Verschreibung von *tur-mi-iš-du-ma* und *du-ra-
mi-iš-du-ma* betrachtet. Die beiden letztgenannten Namensformen hat er (in
'Amber' 237) als **druviš(ta)-tama-* 'he who is in most excellent health' gedeutet, mit Superlativ-Suffix *-tama*, doch mit Ausfall des *ta*, unter Heranziehung von parth. *drwšt*, np. *dorost*. Ich halte alle drei Schreibungen vom
Blickwinkel des Elamischen aus für 'korrekt', vornehmlich aber die erste. Das
Vorderglied *tur-ma* ist offensichtlich ap. *drva-* 'fest'. Das Hinterglied *mi-iš-
du-ma* habe ich oben bereits als ap. **vistāxva-* 'kühn' gedeutet, was für den
Namen im ganzen **drva-vistāxva-* 'urkühn' ergibt.

tu-za-za wird von I. Gershevitch ('Amber' 187) **tŭja-* gelesen und zu sogdisch
twž- 'to pay' gestellt. Das Zeichen *tu* wird aber von den Elamern in aller Regel
zur Wiedergabe von ap. *θu* benutzt. Ich lese daher **θučača-* als Verkleinerungsform zu **θŭča-* 'licht', aw. *suča-*, ai. *śucá-*.

ú-ir-da-ad-da wurde von E. Benveniste (*Titres* 95) als **ahuradāta-* gedeutet,
und I. Gershevitch ('Amber' 210) billigte dies. Allein, *Ahura* wird elamisch
stets *u-ra* umschrieben, nie *ú-ra*; es kann also kein *ahuradāta vorliegen. Anlautendes *ú* kann aber in elamischen Umschreibungen iranischer Wörter für *v*
stehen, z.B. in dem Ortsnamen *ú-ra-an-du-iš*, der auch einfach *ra-an-du-iš*
geschrieben wird und wahrscheinlich ein *Vrantuš meint. Daher lese ich
unseren Namen als **vrdāta-*, haplologisch verkürzt aus **vrda-dāta-* 'aus der
Fülle geschaffen', zu aw. *vərəd-* f. 'Mehrung', ai. *vṛdh-* 'mehrend'.

ú-iš-šá-ba wird von I. Gershevitch ('Amber' 243) als **hu-šaba-* 'belonging
to good society' angesetzt, zu ai. *sabhá* 'assembly, society'. Ich gebe zu erwägen, ob man nicht ap. **ušša-pā-* 'Kamelhüter' lesen sollte?

uk-ba-ti-ik-ra liest I. Gershevitch ('Garb' 198) als **hupaθixrǎ-*, also *hu-* 'gut'
einem Namen vorgesetzt, den er (in 'Amber' 223) — bisher unveröffentlicht —
als *PATIKRA* wiedergab und als **paθi-xrā-* 'path-walker'? deutete. Allein,
falls das letztgenannte Wort el. *pa-ti-ik-ra* zu transliterieren ist (sonst würde
Hallocks zusammengezogene Umschrift wohl *batikra* gelautet haben), würde
man dafür eher **fa-tigra-* (medisch) ansetzen können, was ein ap. **xva-tigra-*
'schön-schlank' ergäbe. Unser *uk-ba-ti-ik-ra* wäre dann ein **upa-tigra-* oder
'Fastschlanker'.

u-ma-qa und *u-ma-ak-qa* wird von I. Gershevitch ('Amber' 240) als **hu-maxa-* gedeutet und zu ai. *sú-makha-* gestellt, das unterschiedlich übersetzt wird ('freigebig, kampftüchtiger Held' usw.). Aber das elamische Zeichen *u* kann nie für ap. *u* oder *hu* stehen, es ist immer gesprochenes *o* = ap. *au* oder *hau* oder *ahu* oder gar *vahu*. Unser Name lautet daher **haumaka-* als *ka*-Ableitung zu *hauma*, dem bekannten Rauschtrank. Als weiblicher Name **haumakā-* erscheint er in PF 822 als f. *u-ma-ik-qa*.

u-man-na wird von I. Gershevitch ('Amber' 241) zu aw. *hu-manah-* gestellt. Aber wie im vorigen Falle, kann auch hier *u* nicht für ap. *hu* stehen. Ich ziehe vor, **vahu-manah-* zu lesen wie den Namen des bekannten zarathustrischen Erzengels 'Guter Sinn'. Daß el. *u* für ap. *vahu* stehen kann, bezeugt der Eigenname *ši-ra-u-qa*, den I. Gershevitch ('Amber' 230) zu Recht als **çira-vahu-ka-* 'schön und gut' (natürlich als *ka*-Ableitung) gedeutet hat.

ú-mi-iš-du-ma, ú-mi-iš-ti-ma, hu-mi-iš-du-ma, hu-muš-ti-ma und *hu-maš-du-ma* meinen alle einen und denselben Eigennamen; ihn hat I. Gershevitch ('Amber' 241) als **hu-vis(ta)-tama-* 'most well-found' deuten wollen. Allein, die Schreibungen mit *-du-ma* deuten auf ein ap. End-*va*. Tatsächlich haben wir das uns schon bekannte altpersische Wort für 'kühn' mit vorgesetztem *hu-* 'gut' vor uns, nämlich **hu-vistāxva-* 'tollkühn'.

ú-mi-iz-za und *ú-me-iz-za* dürfen wegen der Schreibung mit *ú* nicht (mit Gershevitch, 'Amber' 187) als **haumya-* gelesen werden. Ich fasse den Namen als **humǎyača-* als Koseform zu **humǎya-* 'Glückspilz' (el. *ú-ma-ya* und *hu-ma-ya*), mp. *humāy* als Name eines glückbringenden Vogels (etwa 'Phoenix').

um-ma-na-na darf nicht zu aw. *hu-manah-* gestellt werden, der Name ist nur eine andere Schreibung für el. *hu-ban-na-na*. Schon R. T. Hallock (PFT S. 769) hat gesehen, daß ein und derselbe Mann in PF 1528 *hu-ban-na-na* heißt, in PF 1533 *um-ma-na-na*.

ú-na-ba-nu-iš wird von I. Gershevitch ('Amber' 242) **hunāfani-* gedeutet als Patronymicon zu **hunāfa-*, Letztes wird aber *ú-na-pa* geschrieben, wobei el. *pa* ap. *fa* wiedergibt. Ich lese **hu-nabanuš* 'gute Quelle', zu ai. *nabhanú*.

ú-ra-iš-tuk-qa, noch unveröffentlicht, bei I. Gershevitch ('Garb' 198) *uraštukka* umschrieben, wird von ihm **hu-raštǎ-vahuka-* gedeutet. Das geht nicht an, da el. *tuk* nur ap. *tik*, allenfalls *tak* wiedergibt. Darum lese ich den neuen Namen **hu-rāsta-ka-* als *ka*-Ableitung zu 'gut und recht'. Die mehrdeutige zusammengezogene Umschrift *uraštukka* erlaubt nicht zu entscheiden, ob vielleicht *ú-ráš-tuk-qa* gemeint ist. Träfe dies zu, so würde man besser **hu-rašta-ka-* ansetzen = 'gutausgerichtet', zu aw. *rašta-* (PPP von *raz-* 'richten').

u-za-ak-qa wird von I. Gershevitch ('Amber' 244) fragend als **hu-zǎga-* 'having a beautiful voice' gedeutet. Da aber — wie mehrfach erwähnt — el. *u* gesprochenes *o* meint, lese ich **auǰyaka-* als *ka*-Ableitung zu aw. *aoǰya-* 'rühmenswert'.

ya-u-man-iz-za ist von E. Benveniste (*Titres* 96) mit Recht zu ap. *yͮumini-* gestellt worden. I. Gershevitch ('Amber' 187) verweist zusätzlich auf H. W.

Bailey (JRAS 1951, 194), der den altpersischen Ausdruck *yᵛumini*- 'geübt, trainiert' mit sogdisch *ywk, ywč* 'lernen' zusammenstellte. Ich lese den Namen als **yauxmaniča*- 'der kleine Tranierte', als Koseform zu *yauxmaniš*.

zí-iš-šu-ba-ma wird von E. Benveniste (*Titres* 96) entweder als **čiça-bāma*- = etwa 'éclat de la lignée' oder als **čiça-pāva*- 'qui protège la lignée' gedeutet. Aber diese Lesungen lassen den Vokal *u* im Zeichen *šu* außer acht. Ich lese **čiça-upama*- = 'nach Herkunft der Oberste'.

zí-šá-ma-iš soll nach I. Gershevitch ('Amber' 250) ap. **čiçā-va(h)va*- wiedergeben. Da es sich dabei jedoch der Person nach um den bekannten Vize-Hofmarschall **Čiçavahuš* handelt, liegt nur eine flüchtige elamische Umschreibung vor. Dasselbe gilt für *zí-iš-šá-hu-maš* — auch er meint **Čiçavahuš*. Entsprechend ist der Name *zí-iš-šá-ma-ak-qa* weder (mit Gershevitch) als **čiçavahvaka*- noch (mit Benveniste) als **čiçamaga*- 'aux dons brillants' anzusetzen, sondern als **čiçavahuka*- 'von Herkunft ein Guter', gr. *Sisimákēs* — trotz R. Schmitt (*Die Sprache* 1971, 180 Anm. 19), der selbst zugeben mußte, daß seine Benveniste folgende Deutung sich nicht den „an das Herodot-Material angelegten strengen Maßstäben" einfügte.

zi-ya-na wird von I. Gershevitch ('Amber' 251) zu aw. *zayana*- 'winterlich, winterliche Zeit' gestellt, was einen 'Wintergeborenen' ergäbe und an sich nicht unmöglich ist. Doch würde man dafür eine Schreibung *za-ya-na* erwarten. Ich erwäge daher einen medischen Namen **zyānā*- 'Schaden' wie im Awestischen. Da aber el. *zi* gelegentlich ap. *ča* wiedergibt, ist die Deutung von Gershevitch vielleicht vorzuziehen.

*   *
*

Diese vorläufigen Bemerkungen zum iranischen Namengut der Hofkammertäfelchen aus Persepolis versuchen im wesentlichen, über das von E. Benveniste und vor allem von I. Gershevitch auf diesem Gebiet Erarbeitete hinaus vorzudringen. Sie lassen nicht erkennen, wie zahlreich die von diesen beiden Gelehrten erzielten, unbestreitbaren Lösungen sind; Entsprechendes gilt auch für die Beiträge von M. Mayrhofer und R. Schmitt. Gleichwohl ist auf diesem Felde noch viel Arbeit zu leisten.

IV

DER WORTSCHATZ DER ALTPERSISCHEN
INSCHRIFTEN IN NEUER UMSCHRIFT

Dieses letzte Kapitel meines Buches bildet in gewissem Sinne eine Neuauflage des *Altpersischen Wortschatzes* von 1942, doch mit Weglassung der
Belegstellen. Ich will damit lediglich dem Altpersisch-Lernenden ein Arbeits-
gerät an die Hand geben, das mit dem bisherigen unwissenschaftlichen
Gemisch von Schriftbild- und Lautbild-Wiedergabe Schluß macht. Im folgenden
bringe ich sowohl die neue Transkription gemäß dem altpersischen Lautbild
als auch (in Klammern dahinter) meine vereinfachte Transliteration des
Schriftbildes der Urkunden.

Jedem Kundigen ist ersichtlich, wieviel ich dabei meinen Vorgängern verdanke, im besonderen A. Meillet, E. Benveniste, R. G. Kent und M. Mayrhofer.
Ohne die Arbeiten der beiden letztgenannten Gelehrten hätte ich mich überhaupt nicht dazu entschließen können, den altpersischen Wortschatz der
Inschriften neu herauszugeben.

In diesem Kapitel bedeuten die Sigel „el., akk., aram." lediglich die
elamischen, akkadischen und aramäischen *Umschreibungen* des betreffenden
persischen Wortes. Das Zeichen *x* (= *h̬*) folgt alphabetisch auf *h*. Trotz der
Schreibung ⁾*r*- für mit vokalischem *r* beginnende Wörter sind diese nicht
unter Alef, sondern unter *r* eingereiht. Mit *u* = *hu*- und *uv* = *xv*- beginnende
Wörter sind unter *h* bzw. *x* eingereiht. Quellenhinweise beschränken sich auf
besondere, neue Einsichten und Forschungsergebnisse.

*

ā (⁾), praep., bis nach, hin zu, aw. *ā*, ai. *ā́*.

abara (⁾*br*), impf. 3. sg., er brachte, zu *bar*- 'tragen'.

abaram (⁾*brm*), impf. 1. sg., ich brachte.

abaran (⁾*br*, einmal ⁾*brn*, einmal verschrieben ⁾*brh*), impf. 3. pl., sie brachten.

abaranta (⁾*brt*), impf. med. 3. pl., sie brachten.

ābarati (⁾*brtiy*), praes. 3. sg., er schafft herbei, zu *bar*- 'tragen' mit Präverb *ā*.

abarya (⁾*briy*), impf. pass. 3. sg., es wurde gebracht, geholt.

abava (⁾*bv*), impf. 3. sg., es (er) wurde, war geworden, zu *bav*- 'werden'.

abavam (⁾*bvm*), impf. 1. sg., ich wurde, war geworden.

abavan (⁾*bv*), impf. 3. pl., sie wurden, waren geworden.

abičariš (⁾*bičriš*), acc. pl. (m.?), Grundstücke, Gehöfte (A. Prosdocimi, *Riv.
Studi Or.* 42 [1967] 40–43).

abirāduš (⁾*bir⁾d^u uš*), nom. sg. m., Abirāduš, Name einer Ortschaft in Elam.

ābiš (⸰*biš*), nom. sg. f., Flußbett(?).

abi (⸰*biy*), praep., hin zu, gegen, aw. *aibī, aiwi,* ai. *abhí.*

abiyažāvayam (⸰*biyǰ⸰vym*), impf. 1. sg., ich fügte hinzu, gestaltete aus, vermehrte, zu *ǰav-* 'vorwärtstreiben' mit Präverb *abi* 'hinzu'. *abīžāvayam* (⸰*bīǰ⸰vym*) dasselbe, nur spätere Sprachstufe.

abyapara⟨m⟩ (⸰*bypr*), adv., später, in der Folgezeit, aus *abi* und *aparam.*

ačči (⸰*čiy*), adv., da, als, zu aw. *aṱčiṱ.*

āçina (⸰*çin*), nom. sg. m., Eigenname eines Elamers, wohl persisch, vielleicht verkürzt aus **āçidāta-* 'Feuergeschaffen', el. *ha-iš-ši-na,* akk. *a-ši-na.* *āçinam* (⸰*çinm*), acc. sg. m.

açiyāδiyahya (⸰*çiy⸰d*iyhy*), gen. sg. m., des Āçiyāδiya, Name des 9. Monats = bab. *Kislīmu,* '[Monat der] Feuerhege', el. meist *ha-ši-ya-ti-iš,* was ap. **āçiyādiš* voraussetzt, gelegentlich *ha-ši-ya-ti-ya.*

adā (⸰*d⸰*), aor. 3. sg., er schuf, hat geschaffen, zu *dā-²* 'setzen, schaffen', aw. *dā-,* ai. *dhā-.* (W. Cowgill, KZ 1968, 262).

adadā (⸰*dd⸰*), impf. 3. sg., er schuf, hat geschaffen.

adakai (⸰*dkiy*), adv., damals, dann.

adāraya (⸰*d⸰ry*) [einmal ⸰*d⸰riy*], impf. 3. sg., er hielt (besetzt), besaß, hielt sich auf, zu *dar-* 'halten, wohnen', aw. *dar-,* ai. *dhṛ-.*

adārya (⸰*d⸰riy*), impf. pass. 3. sg., er wurde gehalten.

adrši (⸰*dršiy*), aor. med. 1. sg., ich nahm in Besitz, zu *dar-.* (W. Cowgill, KZ 1968, 262).

adršnauš (⸰*dršnuš*), impf. 3. sg., er wagte, zu *darš-* 'wagen', aw. *dərəš-* 'Gewalttat', ai. *dhṛṣ-ṇóti* 'er wagt'.

ada-tai (⸰*dtiy*), adv. mit pron. pers. dat. 2. sg., dann ... dir.

ādukanišahya (⸰*dᵘuknišhy*), gen. sg. m., des Ādukaniš, Name des 1. Monats = bab. *Nisannu,* '[Monat des] Kanalgrabens', el. *ha-du-kán-nu-iš,* häufiger *ha-du-kán-na* o. ä. = ap. **ādukana-* und *ha-du-kán-nu-ya* = ap. **ādukanya-.*

adruǰya (⸰*dᵘurᵘuǰ*iy*), impf. 3. sg., er log, belog (mit Dativ), zu *draug-* 'lügen, trügen', aw. *družaiti* und ai. *drúhyati* 'er trügt'.

adruǰyašan (⸰*dᵘurᵘuǰ*iyš*), impf. 3. pl., sie (fem.) belogen.

aδam (⸰*dm*), pron. pers. nom. 1. sg., ich, aw. *azəm,* ai. *ahám.*

aδam-šai (⸰*dmšiy*), pron. pers. non. 1. sg. mit pron. pers. dat. 3. sg., ich ... ihm.

aδam-šām ('*dmš⸰m*), ebenso mit pron. pers. dat. 3. pl., ich ... ihnen.

aδam-šim (⸰*dmšim*), ebenso mit pron. pers. acc. 3. sg., ich ... es (ihn, sie).

aδānā (⸰*d⸰n⸰*), impf. 3. sg., er kannte, zu *xšnā-* 'kennen, merken', aw. *xšnā-,* ai. *jñā-*; parth. *zān-,* np. *dānest.*

aδinā (⸰*d*in⸰*), impf. 3. sg., er entriß, raubte, zu *δyā-* 'rauben', aw. *zināiti* 'er schädigt', ai. *jināti* 'er beraubt'. (R. Schmitt, MSS 30 [1972] 143.)

aδinam (⸰*d*inm*), impf. 1. sg., ich entriß (mit Acc. für deutsch Dativ).

afvāyā (⸰*fuv'y*), dat. sg. f., der lähmenden Angst, Panik, ai. *apvắ-.* (K. Hoffmann, Fs. F. Sommer [1955] 80ff.)

agaubata (⸰*gubt⸰*), impf. med. 3. sg., er nannte sich, zu *gaub-* 'sagen', np. *goftan.*

agaubanta (⸰*gubt⸰*), impf. med. 3. pl., sie nannten sich.

agrbāya (ᵓgrbᵓy), impf. 3. sg., er ergriff, nahm gefangen, zu *grab-* 'greifen', aw.
   grab-, ai. *gr̥bhāyáti* 'er ergreift'.
agrbāyam (ᵓgrbᵓym), impf. 1. sg., ich ergriff, nahm gefangen, eroberte.
agrbāyan (ᵓgrbᵓy), impf. 3. pl., sie ergriffen, nahmen gefangen.
agrbāyata (ᵓgrbᵓytᵓ), impf. med. 3. sg., er riß an sich, nahm ein, besetzte.
agrbya (ᵓgrbi̧[y]), impf. pass. 3. sg., er wurde gefangen. (So mit K. Hoffmann,
   MSS 8 [München 1956] 18, statt mit R. G. Kent *agrbī[ta]*; R. Schmitt,
   KZ 1967, 62, tritt für Vollstufe *agrabi[ya]* ein.)
āgrya (ᵓgriy), adj. nom. sg. m., treu, zu aw. *āgrə-mati-* 'loyal-gesinnt'. (E. Benveniste, BSL 1951, 32f.)
āgryānām (ᵓgriyᵓnᵓm), adj. dat. pl. m., treuen [Mannen].
āha (ᵓh), impf. 3. sg., er war, es gab, zu *ah-*[1] 'sein', aw. *ah-*.
ahahi (ᵓhy), subj. 2. sg., du seiest, mögest (wirst) sein, ai. *ásasi*.
āham (ᵓhm), impf. 1. sg., ich war, bin geworden, el. *ha-um*.
āhan (ᵓh), impf. 3. pl., sie waren, ai. *ásan*.
ahani (ᵓhniy), subj. praes. 1. sg., ich sei, möge sein, el. *ha-nu*, ai. *ásāni*.
āhanta (ᵓhtᵓ, zweimal ᵓht geschrieben), impf. med. 3. pl., sie waren (gewesen),
   sie wurden, waren vorhanden.
ahati (ᵓhtiy), subj. praes. 3. sg., er sei, mag sein, soll sein, ai. *ásati*.
ahištata (ᵓišttᵓ), impf. med. 3. sg., hatte sich aufgestellt, zu *stā-* 'stellen', aw.
   stā-, ai. *sthā-*. (E. Benveniste, BSL 1951, 23.)
ahmahi (ᵓmhy), praes. 1. pl., wir sind, zu *ah-*[1] 'sein', aw. *mahi*, ai. *smási*.
ahmāxam (ᵓmᵓxm), pron. pers. gen. 1. pl., von uns (= unser), aw. *ahmākəm*,
   ai. *asmákam*.
ahmi (ᵓmiy, nur in XDN*b* ᵓhmiy), praes. 1. sg., ich bin, zu *ah-*[1] 'sein', aw. *ahmi*,
   ai. *ásmi*.
ahurahya mazdāha (aurhy mzdᵓh), gen. sg. m., [des Gottes] Ahuramazdah ['des
   Herrn Weisheit', nur in XP*c* 10].
ahuramazdāh (ᵓurmzdᵓ), nom. sg. m., Ahuramazdah, Gottesname Zarathustras,
   frei: 'der Allweise Herr', el. *u-ra-maš-da*, spät *u-mar-maš-da*, akk. *a-ḫu-ru-*
   ma-az-da, aram. ᵓhwrmzd, aw. *ahurō mazdå*, zu ai. *ásura* 'göttlicher Herr'
   und *medhá* f. 'Weisheit'.
ahuramazdāha (ᵓurmzdᵓh, auch ᵓurmzdh und ᵓurmzdᵓhᵓ geschrieben), gen. sg. m.,
   [des Gottes] Ahuramazdah.
ahuramazdām (ᵓurmzdᵓm), acc. sg. m., [den Gott] Ahuramazdah.
ahuramazdā-mai (ᵓurmzdᵓmiy), nom. sg. m. mit pron. pers. dat. 1. sg., Ahuramazdah . . . mir.
ahuramazdā-tai (ᵓurmzdᵓtiy), nom. sg. m. mit pron. pers. dat. 2. sg., Ahuramazdah . . . dir.
ahuramazdā-hiδūgam (ᵓurmzdᵓhdᵘugm), acc. sg. n., einen Ahuramazdah-Eid.
   (E. Benveniste, BSL 1951, 50, I. Gershevitch, JAOS 1959, 198, und
   M. Mayrhofer, Gs. Henning [1970] 285.)
āhyata ([ᵓ]h[yt]ᵓ), impf. med. 3. sg., er wurde fortgetrieben, zu *ah-*[2] 'werfen',
   aw. *ah-*, ai. *as-*.

ahyāyā (ʾhyˋyˋ, einmal ˋhiyˋyˋ), pron. dem. gen./loc. sg. f., dieser, auf dieser, el.
   a-ya-a-e, aw. *a-* 'der hier', ai. *a-* 'dieser'.
axšaina (ʾxšin), adj. nom. sg. m., Türkis, el. *ak-še-na*, ai. *akṣa* 'blue vitriol'.
   (H. W. Bailey, JRAS 1951, 194.)
āxšnauvai (ʾxšnuviy), praes. med. 1. sg., ich höre mir an, zu *xšnav-* 'zufrieden-
   stellen', aw. *xšnav-* 'freundlich aufnehmen'. (ZDMG 1965, 229.)
āxšnavāhi (ʾxšnvˋhiy), subj. praes. 2. sg., du hörest, vernehmest.
āxšnūdi (ʾxšnᵘudⁱiy), impf. 2. sg., höre! vernimm!
āxšnūmi (ʾxšnᵘumⁱy), praes. 1. sg., ich höre. (*Altiran. Funde und Forschungen*
   [1969] 46.)
āxštā (ʾxštˋ), adj. nom. sg. f., friedvoll, ungestört. (E. Herzfeld, *ApI* [1938] 70.)
ainairahya (ʾin[ir]hyˋ), gen. sg. m., des Aniri, Eigenname eines Babyloniers,
   el. *ha-a-na-a-ra*, akk. *a-ni-ri-iˋ*.
āiš (ʾiš), impf. 3. sg., er ging, zog, zu *ay-* 'gehen', aw. *ay-*.
āišan ([ʾ]iš), impf. 3. pl., sie gingen, zogen.
aita (ʾit), pron. dem. nom./acc. sg. n., dieses, aw. *aētaṭ*, ai. *etát*.
aitā (ʾitˋ), acc. pl. f., diese.
aita-mai (ʾitmiy), pron. dem. acc. sg. n. mit pron. pers. gen./dat. 1. sg. dieses
   . . . mir.
aiti (ʾitiy), praes. 3. sg., er geht (aus von), verläuft, zu *ay-* 'gehen', aw. *aēti*,
   ai. *éti* 'er geht'.
aivam (ʾivm), num. acc. sg. m., den einen, aw. *aēva-* 'einer'.
ājamyā (ʾĵmⁱiyˋ), aor. opt. 3. sg., er möge kommen, heranziehen, zu *gam-*
   'kommen', aw. *gam-*, ai. *gam-*, mit Präverb *ā*.
akanya (ʾkniy), impf. pass. 3. sg., es wurde ausgehoben, ausgeworfen, ausgeschachtet, zu *kan-²* 'graben', aw. *kan-*, ai. *khan-*.
akarya (ʾkriy), impf. pass. 3. sg., es wurde gemacht, verarbeitet, zu *kar-*
   'machen', aw. *kar-*, ai. *kṛ-*.
akaryanta (ʾkriytˋ), impf. pass. 3. pl., sie wurden gemacht. (R. Schmitt, KZ
   1967, 62.)
ākaufačyā (ʾkufčiyˋ), adj. nom. pl. m., 'Bergbewohner', das Volk im Bergland
   von Bašākerd im südlichen Kermān, Ableitung von **ākaufaka-*, zu *kaufa-*
   'Berg' mit Präfix *ā*, el. *ha-ku-pi-zi-ya*, akk. *a-ku-pi-i-iš*.
akunā (ʾkᵘunˋ), verderbt statt *akunavam*.
akunaš (ʾkᵘunš), verderbt statt *akunauš*.
akunauš (ʾkᵘunuš), impf. 3. sg., er machte, tat, führte aus, erbaute, zu *kar-*
   'machen', aw. *kar-*, ai. *kṛ-*.
akunavam (ʾkᵘunvm), impf. 1. sg., ich machte, erbaute, brachte zustande.
   (F. B. J. Kuiper, IIJ 8 [1964–65] 306f. tritt für eine Lesung **akunva-* ein
   statt der üblichen *akunava-*, aber vgl. ai. *ákṛṇavam*.)
akunavan (ʾkᵘunv), impf. 3. pl., sie machten, vollführten.
akunavašan (ʾkᵘunvš), impf. 3. pl., sie verarbeiteten.
akunavanta (ʾkᵘunvtˋ), impf. med. 3. pl., sie machten, bearbeiteten.
akunavayanta (ʾkᵘunvytˋ), impf. med. 3. pl., sie taten, vollführten.

akunma (ʾkᵘumʾ), impf. 1. pl., wir machten, erbauten. (W. Cowgill, KZ 1968, 263f.)

akunta (ʾkᵘutʾ), impf. pass. 3. sg., er erbaute sich, machte für sich. (W. Cowgill, KZ 1968, 264.)

amānaya (ʾmʾny, einmal ʾmʾniy), impf. 3. sg., er erwartete, zu *man-*[2] 'bleiben', aw. *mānayeitī* 'er hält auf', ai. *man-* 'zögern', np. *māndan* 'bleiben'.

amanyai (ʾmniyiy), impf. med. 1. sg., ich gedachte, erwog, ersann, zu *man-*[1] 'denken', aw. *mainyete* und ai. *mányete* 'er denkt', mp. *menīdan* 'denken'.

amata (ʾmt), adv., von (hier) an. (E. Benveniste, *Language* 1953, 259.)

āmātā ([ʾ]mʾtʾ, ʾ[m]ʾtʾ), adj. nom. pl. m., Freie, Adlige. (I. Gershevitch, 'Amber' [1969] 177.)

amryata (ʾmriytʾ), impf. med. 3. sg., er starb, zu *mar-* 'sterben', aw. *miryeite* und ai. *mriyáte* 'er stirbt', np. *mordan*. (R. Schmitt setzt [KZ 1967, 62] die Vollstufe *amariyatā* an.)

amunθa (ʾmᵘuθ), impf. 3. sg., er flüchtete, floh, zu *mauθ-* 'fliehen'.

ana (ʾnʾ), pron. dem. instr. ʂg. m., mit (*hada*) diesem, durch diesen, über diesen hin, aw. *ana* 'über — hin'.

anāhitā (ʾnht), nom. sg. f., Anahita, Name einer Göttin, el. *an-na-hi-ud-da*, akk. *a-na-aḫ-i-tu-uʾ* und *an-na-i-tu*, gr. Ἀναῖτις.

ānāmakahya (ʾnʾmkhy), gen. sg. m., des Ānāmaka, Name des 10. Monats = bab. *Ṭebētu*, el. *ha-na-ma-kaš* oder *ha-na-ma-qa*.

anaya (ʾny), impf. 3. sg., er führte, brachte, zu *nay-* 'führen, leiten', aw. *nayeiti* und ai. *náyati* 'er führt, leitet'.

anayan (ʾny), impf. 3. pl., sie führten, brachten.

anayata (ʾnytʾ), impf. med. 3. sg., er wurde geführt, gebracht.

antar (ʾtr), praep. c. acc., in, innerhalb, zwischen, aw. *antarə*, ai. *antár*, np. *andar*.

anu (ʾnᵘuv), praep. c. instr., gen. et acc., gemäß, entlang, längs, aw. *anu*, ai. *ánu*.

anu-dim (ʾnᵘudⁱim), praep. mit pron. pers. acc. sg., ihn . . . gemäß.

anūšya (ʾnᵘuši[y]), adj. = nomen nom. sg. m., Gefolgsmann, Anhänger, vgl. sogdisch ʾnwt 'Unterstützung'. (W. B. Henning *apud* I. Gershevitch, *A Grammar of Manichean Sogdian* [1954] 250; O. Szemerényi, *Die Sprache* 1966, 200–202.) *anūšyā* (ʾnᵘušiyʾ), nom. pl. m., Gefolgsleute.

anya (ʾniy), adj. nom. sg. m., der andere [Teil], der Rest, aw. *anya-*, ai. *anyá-* 'anderer'; acc. sg. n., anderes. *anyā* (ʾniyʾ), adj. nom. sg. f., die eine — die andere (teils, teils); nom./acc. pl. f., die anderen, übrigen.

anyāha (ʾniyʾh), adj. nom. pl. m. (archaische Sprachform), die anderen.

anyahya (ʾniyhyʾ), adj. dat. sg. m., dem anderen [Teil].

anyai-či (ʾniyičiy), adj. nom. pl. m. mit Bekräftigungspartikel *či*, noch andere.

anyam (ʾniym), adj. acc. sg. m., einen andern, einen Teil, den einen . . . den anderen.

anyām (ʾniyʾm), adj. acc. sg. f., eine andere, neue.

anyanā (ʾniynʾ), adj. abl. sg. m., vor einem andern [sich fürchten].

anyaš-či (ᵓniyščiy, einmal ᵓniyšč), adj. nom. sg. n., noch anderes.

anyaθa ([ᵓn]iyθᵓ), adv., auf andere Weise.

anyaxvā (ᵓniyuvᵓ), adj. loc. pl. f., in anderen, in den übrigen.

apadāna⟨m⟩ (ᵓpdᵓn), acc. sg. m., den Säulenpalast, el. *ha-ba-da-na*, np. *eivān*.

apagauδayah (ᵓpgudy), mit *mā*, inj. 2. sg., verhehle [nicht]!, verbirg [nicht]!, zu *gauδ-* 'verbergen', aw. *gaoz-*, ai. *gúhati* 'er verhüllt', sogd. ᵓpγwᵓyz 'verheimlichen'. (W. P. Schmid, IF 1964, 268.)

apagauδayāhi (ᵓpgudyᵓhy), subj. praes. 2. sg., du verhehlest, verbirgst, verheimlichst.

apanyāka-ma⟨i⟩ (ᵓpnyᵓkm), nom. sg. m. mit pron. pers. gen. 1. sg., mein Ahn, Vorfahr (hier: Ururgroßvater), aus *nyāka* 'Großvater' mit Präfix *apa*, el. *ab-ba-nu-ya-ak-qa-kam?-man?*.

apara (ᵓpr), adj. nom. sg. m., der spätere, künftige, aw. *apara-* 'hinterer', ai. *ápara-* ebenso.

aparam (ᵓprm), adv., künftig, nachmals, ai. *aparám*.

apariāyan (ᵓpriyᵓy), impf. 3. pl., 'sie gingen einher' [mit dem Gesetz] = sie befolgten [das Gesetz], zu *ay-* 'gehen' mit Präverb *pari* 'umher' und doppeltem Augment.

apataram (ᵓptrm), adv., außerhalb (von = *hačā*), weiter weg, anderswo (als), komparative Bildung zu *apa* 'weg'.

api (ᵓpiy), adv., auch, noch (s. *dūrai api*), aw. *aipi*, ai. *ápi* 'auch, dazu'.

apinθan (ᵓpiθ), impf. 3. sg., sie bemalten, dekorierten, zu *paiθ-* 'schmücken', aw. *paēs-* 'farbig machen, zieren'. (W. Cowgill, KZ 1968, 266.)

āpiš-šim (ᵓpišim), nom. sg. f. und pron. pers. acc. 3. sg., das Wasser . . . ihn, zu aw. *āp-* 'Wasser'. (W. P. Schmid, IF 1964, 265f.)

āpiyā (ᵓpi[y]ᵓ), loc. sg. f., im Wasser.

aprsam (ᵓprsm), impf. 1. sg., ich bestrafte, züchtigte (wörtlich: 'ich befragte [peinlich]'), zu *fraθ-* 'fragen', aw. *fras-*, ai. *praś-*.

arabāya (ᵓrbᵓy), nom. sg. m., Arabien; Araber, el. *har-ba-ya*, akk. *a-ra-bi*; die elamischen Umschreibungen lassen eine altpersische Aussprache *arbāya* ahnen, die durch die akkadischen Schreibungen ˡᵘ*ar-ba-a-a* (W. Eilers, ZDMG 1940, 203 Anm. 7) bestätigt wird.

araxa (ᵓrx), nom. sg. m., Aracha, Eigenname eines Armeniers, el. *ha-rák-qa*, akk. *a-ra-ḫu*, armen. *eraxay* 'Jüngling'. *araxam* (ᵓrxm), acc. sg. m., (hin zu = *abi*) Aracha. (Bănăṭeanu in *Studia et Acta Orientalia* I [1958] 79.)

arakadriš (ᵓrkdriš), nom. sg. m., Arakadriš, Name eines Berges in der Persis; im zweiten Glied vielleicht zu ai. *ádri-* 'Fels' (W. Foy, KZ 1899, 62), el. *ha-rák-qa-tar-ri-iš*, akk. *a-ra-ka-ad-ri-iᵓ*.

āranǰanam (ᵓrǰnm), nom. sg. n., Farbmaterial, el. *ha-ra-an-za-na-um*, zu np. *rang* 'Farbe'. (H. W. Bailey, BSOAS 1932, 598.)

ārašniš (ᵓršniš), acc. pl. m., Ellen (als Maß von etwa 68 cm), ai. *aratni-* 'Ellenbogen, Elle', mp. *ārešn*, np. *araš*. (O. Szemerényi, *Sprache* 1966, 196ff.)

arbairāyā (ᵓrbirᵓyᵓ), loc. sg. f., in Arbela, heute Erbīl (zwischen Mossul und Kirkuk), el. *har-be-ra*, akk. *ar-ba-ᵓi-il*.

ardastāna (ꜥrdstꜥn), nom. sg. m., Fenstergewände, Steinquader mit Fenster-
öffnung, wörtlich 'Halbstand', zu aw. *arəda-* und ai. *ardhá-* 'halb' (*AirWb.*
193), np. *āstān* 'Schwelle' (W. B. Henning, *Numism. Chronicle* 1956, 328),
el. *har-da-iš-da-na*.

ardimaniš (ꜥr[. . .]n[. . .]), nom. sg. m., Ardimaniš, Eigenname eines Persers,
etwa 'getreuen Sinnes' (R. Schmitt, *Beiträge zur Namenforschung* 1971, 7),
elamisch nicht erhalten, akk. *a-ar-di-ma-ni-iš*, zu aw. *arədra-* 'getreu'.

arīka (ꜥrik), adj. nom. sg. m., treulos, verworfen, gottlos, el. *ha-ri-ik-qa*, zu
ai. *alīká-* 'falsch, unwahr'. *arīkā* (ꜥrikꜥ), nom. pl. m., treulose.

armina (ꜥrmⁱin), nom. sg. m. Armenien, el. *har-mi-nu-ya-ip* (= pl. 'die
Armenier'), akk. *ú-ra-áš-tu* = Urartu.

arminam (ꜥrmⁱinm), acc. sg. m., nach Armenien.

arminya (ꜥrmⁱiniy), adj. nom. sg. m., der Armenier, el. *har-mi-nu-ya-ir*, akk.
ú-ra-áš-ṭa-a-a = 'der Urartäer'.

arminyai (ꜥrmⁱiniyiy), loc. sg. m., in Armenien.

ārsam (ꜥrsm), impf. 1. sg., ich kam (hinzu), traf auf, erschien, zu *ar-* 'kommen,
sich bewegen', ai. *r̥ccháti* 'er erreicht'. (Lesung *ā-* nach R. Schmitt, IIJ 8
[1964–65] 277.)

arvastam (ꜥrᵘuvstm), nom./acc. sg. n., körperliche Tüchtigkeit, Rüstigkeit, el.
har-ma-áš-tam₆, zu aw. *aurvant-* 'flink, tapfer', ai. *árvan(t)-* 'Renner',
armen. *aruest* 'Geschicklichkeit'. (H. H. Schaeder, OLZ 1940, 289.)

arya (ꜥriy), adj. nom. sg. m., arisch; Arier (= iranisch, Iraner), el. *har-ri-ya*,
aw. *airya-*, ai. *árya-*.

arya-čiça (ꜥriyčiç, auch in zwei Wörtern geschrieben), adj. nom. sg. m., arischen
(iranischen) Geblütes, el. *har-ri-ya-zí-iš-šá*.

aryāramna (ꜥriyꜥrmn), nom. sg. m., Ariaramnes, Eigenname des Urgroßvaters
des Darius, etwa: 'die Iraner befriedend', el. *har-ri-ya-ra-um-na*, akk.
ar-ya-ra-am-na-aꜥ. *aryāramnahya* (ꜥriyꜥrmnhyꜥ), gen. sg. m., des Ariaramnes.

aryārša (ꜥriyꜥrš), nom. sg. m., Aryārša, Eigenname, etwa: 'Iraner-Recke', aus
arya- 'Iraner' und *ršan-* 'Held'. (M. Mayrhofer, *Or.* 1964, 87.)

asa dāru (ꜥsꜥ dꜥrᵘuv), nom. sg. m., Ebenholz, wörtlich: 'Steinholz', el. *áš-šá*
(nur Vorderglied transkribiert) = *asan-* m. 'Stein' und *dāru-* 'Holz'.
(J. Duchesne-Guillemin, BSOAS 1942, 925 ff.)

asabāra (ꜥsbꜥr), adj. nom. sg., Reiter, zu Pferd; zu *asa-* 'Pferd' und *bar-*
'tragen'. *asabāraibiš* (ꜥsbꜥribiš), instr. pl. m., mit Reitern.

asagrta (ꜥsgrt), nom. sg. m., Sagartien, etwa das heutige irakische Kurdestan,
el. *áš-šá-kur-da*. *asagrtai* (ꜥsgrtiy), loc. sg. m., in Sagartien. *asagrtam*
(ꜥsgrtm), acc. sg. m., Sagartien.

asagrtiya (ꜥsgrtiy), adj. nom. sg. m., ein Sagartier, el. *áš-šá-kar-ti-ya-ra*, akk.
sa-ga-ar-ta-a-a.

asam (ꜥsm), acc. sg. m. (coll.), Pferde, aw. *aspa-* 'Pferd', ai. *áśva-*, np. *asb*.

asmānam (ꜥsmꜥnm), acc. sg. m., den Himmel, aw. *asman-* 'Stein, Himmel', ai.
áśman- 'Stein, Fels' (Vorstellung des Himmels als eines Steingewölbes),
np. *āsmān*.

aspačanāh (ᐟ*spčn*ᐟ), nom. sg. m., Aspathines, Name eines medischen Käm-
merers des Darius, etwa: 'für Pferde begeistert', aus medisch **aspa-*
'Pferd' und zu ai. *cánas-* n. 'Gefallen', el. *áš-ba-za-na*, akk. *as-pa-ši-ni.*
(R. Schmitt, ZDMG 1967, 120.)

asti (ᐟ*stiy*), praes. 3. sg., er ist, er gibt, ist vorhanden, zu *ah-*[1] 'sein', aw. *asti*,
ai. *ásti*, np. *ast.*

ašyava (ᐟ*šiyv*), impf. 3. sg., er zog, marschierte, ging (über zu), zu *šyav-* 'sich
fortbewegen', aw. *šyav-*, ai. *cyávate* 'er bewegt sich, entfernt sich', np.
šavad.

ašyavam (ᐟ*šiyvm*), impf. 1. sg., ich zog, setzte mich in Marsch.

ašyavan (ᐟ*šiyv*), impf. 3. pl., sie gingen (über zu).

āšnai (ᐟ*šniy*), loc. sg. n. = adv., nahe, aw. *asne* und *āsnaē-ča* 'in der Nähe', ai.
ásanna- 'nahe'.

atāvayam (ᐟ*t*ᐟ*vym*), impf. 1. sg., ich vermochte, zu *tav-* 'stark sein', aw. *tav-*,
ai. *taviti* 'er hat Macht'.

atrsa (ᐟ*trs*), impf. 3. sg., er fürchtete sich (vor = *hačā*), zu *tarsa-* 'sich fürchten,'
aw. *tərəsaiti* 'er fürchtet sich', ai. *trásati* 'zittert', np. *tarsad.*

atrsan (ᐟ*trs*), impf. 3. pl., sie fürchteten sich.

aθai (ᐟ*θiy*), adv., dann aber. (So M. Mayrhofer in Fs. W. Krause [1960] 121 ff.
H. S. Nyberg, Gs. W. B. Henning [1970] 346 f. übersetzt 'earlier' zu parth.
hasē, mp. *ahē.*)

aθangaina (ᐟ*θgin*), adj. nom. sg. m., steinern, aw. *asənga-* 'Stein', np. *sang.*
aθangainam (ᐟ*θginm*), acc. sg. m., dasselbe. *aθangainām* (ᐟ*θgin*ᐟ*m*), acc. sg. f.,
dasselbe. *aθangainiya* (ᐟ*θginiy*), adj. nom. pl. f., steinerne.

aθanha (ᐟ*θh*), impf. 3. sg., er sagte, machte kund, zu *θanh-* 'sagen, verkünden',
aw. *sạh-* 'kundmachen'. (W. Cowgill, KZ 1968, 260.)

aθanham (ᐟ*θhm*), impf. 1. sg., ich machte kund, sagte.

aθanhya (ᐟ*θhy* und ᐟ*θiy*), impf. pass. 3. sg., es ward kundgetan.

āθiyābauxšnahya (ᐟ*θiy*ᐟ*bušnhy*[ᐟ]), gen. sg. m., des Āθiyābauxšna, persischer
Eigenname, etwa: 'von Kummer befreiend', zu aw. *āθi-* f. 'Unheil, Leid'
und aw. *baoxtar-* m. 'Retter', mp. *bōxtan* 'erlösen'.

āθiyābauxšta (ᐟ*θiy*ᐟ*bušt*), nom. sg. m., Āθiyābauxšta, persischer Eigenname,
etwa: 'von Leid befreit'.

aθurā (ᐟ*θur*ᐟ, vielleicht *aθθurā* zu sprechen), nom. sg. f., Syrien (Ebirnari, das
Gebiet westlich des Tigris), el. *áš-šu-ra*, akk. *áš-šur* und *ē-bir-nāri*, aram. ᐟ*twr.*

aθurāyā (ᐟ*θur*ᐟ*y*ᐟ), loc. sg. f., in Syrien.

aθurya (ᐟ*θuriy*), adj. nom. sg. m., syrisch, der Syrer.

aura (ᐟ*ur*ᐟ), adv., herab, hernieder, aw. *aora.*

autiyāra (ᐟ*utiy*ᐟ*r*), nom. sg. m., Autiyāra, Name einer Landschaft in Armenien,
el. *ha-u-ti-ya-ru-iš*, akk. *ú-ti-ya-a-ri.*

ava (ᐟ*v*), pron. dem. nom./acc. sg. n., jenes, das, aw. *ava-. avā* (ᐟ*v*ᐟ), nom. pl. m.,
jene.

avă (ᐟ*v*ᐟ), adv., soviel (wie), zu aw. *avant-* 'so viel, so groß'. (E. Benveniste,
BSL 1951, 31.)

avada (ᴐ*vd*ᴐ), adv., dort, dorthin, da, aw. *avaδa* 'dort'.

avadaša (ᴐ*vdš*), adv., von (= *hačā*) dort aus.

avada-šim (ᴐ*vdšim*), adv. und pron. pers. acc. 3. sg., dort . . . ihn.

avada-šiš (ᴐ*vdšiš*), adv. und pron. pers. acc. 3. pl., dort . . . sie.

ava-diš (ᴐ*vd*ⁱ*iš*), pron. dem. nom. sg. n. und pron. pers. acc. 3. pl. f., jenes . . . sie.

āvahanam (ᴐ*vhnm*), nom. sg. n., Ortschaft, Stadt, zu aw. *vah-* und ai. *vas-* 'weilen', mit Präverb *ā*; parth. *āvān*.

avāhrδa (ᴐ*vhr*[*d*]), impf. 3. sg., er verließ, gab auf, trotz fehlendem Augment (also statt *ᴐ*v*ᴐ*hr*[*d*]), zu ai. *ava-sṛj-* 'verlassen, aufgeben'.

avahrδah ([*m*ᴐ] ᴐ*vrd*), inj. 2. sg., verlasse [nicht]!

avahya (ᴐ*vhy*ᴐ), pron. dem. gen./dat. sg. m., jenes (von jenem); jenem, ihm.

avahya-rādi (ᴐ*vhyr*ᴐ*d*ⁱ*iy*), adv., deswegen, deshalb; *rādi* 'wegen' (wie im Russischen).

avaina (ᴐ*vin*), impf. 3. sg., er sah, zu aw. *vaēnati* und ai. *vénati* 'er sieht', np. *binad*.

avai (ᴐ*viy*), pron. dem. nom./acc. pl. m., jene.

avai-šām (ᴐ*viš*ᴐ*m*), pron. dem. gen. pl. m., von ihnen (jenen).

avākanam (ᴐ*v*ᴐ*knm*), impf. 1. sg., ich verlud, setzte [Truppen auf Schlauchboote, wörtlich 'warf'], zu *kan-²* 'werfen' mit Präverb *ava* 'hin', vgl. np. *afgandan* 'hinwerfen'.

avākaram (ᴐ*v*ᴐ*krm*), adv., solcherart, so beschaffen.

avākaram-mai (ᴐ*v*ᴐ*krmy*), adv. mit pron. pers. gen./dat. 1. sg., von solcher Art [ist] mein.

avākaramči-mai (ᴐ*v*ᴐ*krmčmiy*), dasselbe, nur durch *či* verstärkt.

avam (ᴐ*vm*), pron. dem. acc. sg. m., jenen, den.

avām (ᴐ*v*ᴐ*m*), pron. dem. acc. sg. f., jene, sie.

ava-mai (ᴐ*vmiy*), pron. dem. nom. sg. n. und pron. pers. dat. 1. sg., das (jenes) . . . mir.

avam-šām (ᴐ*vmš*ᴐ*m*), pron. dem. acc. sg. m. und pron. pers. dat. 3. pl. m., jenen . . . ihnen.

avanā (ᴐ*vn*ᴐ), pron. dem. abl. sg. n., (vor) jenem (z. B. sich fürchten, sich scheuen).

avanā-šai (ᴐ*vn*ᴐ*šiy*), pron. dem. abl. sg. n. und pron. pers. dat. 3. sg. m., darüber [freue ich mich] für ihn.

avanya (ᴐ*vniy*), impf. pass. 3. sg., es wurde aufgeschüttet, zu *van-* 'aufschütten', vgl. khotansakisch *uys-van-* 'schütten'. (E. Benveniste, BSL 1951, 26.)

avapară (ᴐ*vpr*ᴐ), adv., dorthin, zu aw. *para* und ai. *párā* 'fort, weg'.

avārsam (ᴐ*v*ᴐ*rsm*), impf. 1. sg., ich gelangte, erreichte, zu *ar-* 'sich bewegen, kommen', mit Präverb *ava* 'hin'. (R. Schmitt, IIJ 8 [1964–65] 277.)

avāstāyam (ᴐ*v*ᴐ*st*ᴐ*ym*), impf. 1. sg., ich stellte hin, zu *stā-*, aw. *stā-* und ai. *sthā-* 'stehen', mit Präverb *ava* 'hin'.

avašči (ᴐ*všćiy*), pron. dem. acc. sg. n. mit Verstärkungspartikel *ći*, (eben) jenes.

ava-tai (ᴐ*vtiy*), pron. dem. acc. sg. n. und pron. pers. dat. 2. sg., jenes . . . dir.

avaθa (ᴐ*vθ*ᴐ), adv., so, dergestalt, ebenso, aw. *avaθa*.

avaθa-dim (ꝏvθꝏdⁱim, auch ꝏvθdⁱim), adv. mit pron. pers. acc. 3. sg., so . . . ihn. *avaθa-diš* (ꝏvθꝏdⁱiš), so . . . sie (3. pl. m.). *avaθa-šai* (ꝏvθꝏšiy), so . . . ihm. *avaθa-šām* (ꝏvθꝏšꝏm), so . . . ihnen.

avaθāštā (ꝏvθꝏštꝏ), adv., so lange, bis dahin. (I. Gershevitch, *The Avestan Hymn to Mithra* [1959] 197.)

avažam (ꝏvž̌m), impf. 1. sg., ich stach aus, zu *vaǰ-* 'ausstechen'.

avāžan (ꝏvꝏ̌ǰ), impf. 3. sg., er erschlug, ließ umbringen, zu *ǰan-* 'schlagen', aw. *ǰan-* und ai. *han-*, mit Präverb *ava* 'hin'.

avāžanam (ꝏvꝏ̌ǰnm), impf. 1. sg., ich erschlug.

avāžanan (ꝏvꝏ̌ǰn), impf. 3. pl., sie erschlugen.

avāžanyā (ꝏvꝏ̌ǰniyꝏ), opt. 3. sg., er ließ (ständig) umbringen (Optativ der Wiederholung in der Vergangenheit, vgl. E. Benveniste in TPhS 1945 [1946] 51).

avažata (ꝏvǰt), PPP. nom. sg. m., ermordet, erschlagen.

avrnavata (ꝏvr[nvtꝏ]), impf. med. 3. sg., er erwählte, hat sich erkoren, zu *var-* 'wählen', aw. *var-*, ai. *vṛnóti* 'er erwünscht'.

ayaδai (ꝏydiy), impf. med. 1. sg., ich verehrte, betete an, zu *yaδ-* 'verehren', aw. *yaz-*, ai. *yaj-*.

āyaδanā (ꝏydnꝏ), acc. pl. n., Heiligtümer, Tempel, zu *yaδ-* 'anbeten', mit Präfix *ā*.

ayaδya (ꝏydⁱiy), impf. pass. 3. sg., es wurde verehrt, angebetet.

āyasata (ꝏystꝏ), impf. med. 3. sg., er riß (nahm) an sich, zu *yam-* mit Präverb *ā* 'an sich bringen', aw. *āyasa-* 'sich etwas holen' (praes.), ai. *ā́yaccha-*.

āyanta (ꝏytꝏ), impf. med. 3. pl., sie fuhren, zu *ay-* 'kommen' mit Präverb *ā*.

ayauδa (ꝏyud), impf. 3. sg., es wurde rebellisch, verfiel in Aufruhr, el. *ha-a-ya-u-da*, zu *yauδ-*, aw. *yaoz-* 'in Unruhe geraten'.

ayauδan (ꝏyud), impf. 3. pl., sie wurden aufrührerisch.

ayauxmaniš (ꝏyꝏuminiš), adj. nom. sg. m., untauglich, ungeübt, vgl. *yauxmaniš*.

azdā (ꝏzdꝏ), adv., kund, offenbar, bekannt, aw. *azdā*, ai. *addhā́* 'sicher, gewiß', aram. ꝏzd, mp. *azd* 'bekannt'.

ažan (ꝏǰ), impf. 3. sg., er schlug, besiegte, zu *ǰan-* 'schlagen'.

ažanam (ꝏǰnm), impf. 1. sg., ich schlug, besiegte.

ažanya (ꝏǰniy), impf. pass. 3. sg., es wurde gestrichen [Ziegel], wörtlich 'geschlagen'.

ažīvatam (ꝏǰⁱivtm), impf. 3. dual., sie beide lebten, waren noch am Leben, zu *ǰīv-* 'leben', aw. *ǰivaiti* und ai. *ǰívati* 'er lebt'.

bābiruš (bꝏbirᵘuš), nom. sg. m. Babylonien, Babel, el. *ba-pi-li*, akk. *bāb-ili* oder *bāb-ilāni* 'Gottestor' oder 'Göttertor'. *bābirauš* (bꝏbiruš), gen./abl. sg. m., aus (= *hačā*) Babel. *bābirum* (bꝏbirᵘum), acc. sg. m., Babylonien, nach Babel, Babylonien. *bābirau* (bꝏbiruv), loc. sg. m., in Babel, Babylonien.

bābiruvya (bꝏbirᵘuvⁱiy), adj. nom. sg. m., Babylonier, babylonisch. *bābiruvyam* (bꝏbirᵘuvⁱiym), acc. sg. m., den babylonischen. *bābiruvyā* (bꝏbirᵘuvⁱiyꝏ), nom./acc. pl. m., die Babylonier.

baga (bg), nom. sg. m., (der) Gott, zu aw. *baga-* 'Anteil, Los'; ai. *bhága-* 'Herr', mp. *baγ*, *bay* 'Herr, Gott', russ. *bog*. *bagāha* (bgꝏh, archaischer Plural), nom. pl. m., die Götter. *bagānām* (*bg⸥n⸥m*), gen. pl. m., der Götter; *bagaibiš* (*bgibiš*), instr. pl. m., mit den Göttern.

bagābignahya (*bg[⸥]bignh[y⸥]*), gen. sg. m., des Bagābigna, Eigenname eines Persers, etwa: 'Gottesgabe' (W. P. Schmid, IF 1964, 267, verweist auf sogd. *prβγn-* 'Gabe'), el. *ba-qa-pi-ik-na*, akk. *ba-ga-bi-gi-in*, aram. *bgbgn*.

bagabuxša (*b[gb]uxš*), nom. sg. m., Megabyxos, Eigenname eines Persers, etwa: 'Gottesdiener' (E. Benveniste, *Titres* [1966] 112), el. *ba-qa-bu-uk-ša*, akk. *ba-ga-bu-ki-šú*. [Vielleicht *bagabauxša* auszusprechen.]

bāgayādaiš (*b⸥gy⸥diš*), gen. sg. m., des Bāgayādiš, Name des 7. Monats = bab. *Tašritu*, '[Monat der] Gartenhege', el. *ba-gi-ya-ti-iš*. (F. Spiegel, *Altpersische Keilschriften* [Leipzig 1881²] 233.)

bāxtriš (*b⸥xtriš*, nichtpersische Form, diese müßte *bāxçiš lauten, bezeugt durch el. *ba-ak-ši-iš*), nom. sg. f., Baktrien (Hauptstadt Baktra, heute Balḫ in Afghanistan), akk. *ba-aḫ-tar*. *bāxtriyā* (*b⸥xtriy⸥*), loc./abl. sg. f., in Baktrien, von (= *hačā*) Baktrien.

bandaka (*bdk*), nom. sg. m., Untertan, Gefolgsmann, zu aw. *banda-* und ai. *bandhá-* 'Band'; mp. *bandag*, np. *bande* 'Diener, Sklave'. *bandakā* (*bdk⸥*), nom. pl. f., untertan (von Ländern gesagt).

baranti (*brtiy*), praes. 3. pl., sie tragen, zu *bar-* 'tragen', einmal *brty* geschrieben, aw. *baraiti* und ai. *bhárati* 'er trägt'.

baratu (*brtᵘuv*), impv. 3. sg., er bringe! leiste (Beistand)!

baršnā (*bršn⸥*), instr. sg. m., an Tiefe (eigentlich: Höhe), aw. *barəšna* 'von einer Höhe', ai. *bṛhánt-* 'hoch'.

basta (*bst*), part. perf. pass. nom. sg. m., gebunden, gefesselt, zu *band-* 'binden', av. *band-*, ai. *bandh-*; np. *baste*.

bātūgara (*b⸥tᵘugr*), nom. sg. m., [Konfekt?-]Schale. (W. Wüst, *Altpers. Studien* [1966] 213 ff.)

bavāmi (*bv⸥mⁱiy*), praes. 1. sg., ich werde, bin, zu *bav-* 'werden'.

bavati (*bvtiy*), praes. 3. sg., er wird, zu *bav-* 'werden', aw. *bavaiti*, ai. *bhávati* 'wird, ist'.

bavāti (*bv⸥tiy*), subj. praes. 3. sg., es möge (wird) sein.

bavanti (*bvtiy*), praes. 3. pl., sie sind, werden.

bāžim (*b⸥jⁱim*), acc. sg. m., Tribut, Zins, Steuer, el. *ba-zí-iš*, mp. *bāǰ*, ursprüngliche Bedeutung vielleicht 'Gefäß', zu ai. *bhājanam* n. und dem armen. Lehnwort *bažak* 'Becher'.

biyā (*biy⸥*), opt. 3. sg., er möge sein, er sei!, zu *bav-* 'werden', aw. *buyāṭ* und ai. *bhūyát* 'möge sein'.

biyāh (*biy⸥*), opt. 2. sg., du mögest sein, du seist!, zu *bav-* 'werden', aw. *buyā̊* und ai. *bhūyā́ḥ* 'du mögest sein'.

brātā (*br⸥t⸥*), nom. sg. m., Bruder, aw. *brātar-*, ai. *bhrátar-*, np. *barādar*.

brazmanya (*brzmniy*), medisch, adj. nom. sg., (als) Kultgetreuer, Ritual-Kénner, el. *bír-ra-iz-man-nu-ya*, akk. *bi-ra-za-am-man-ni-i*, zu ai. *bráhman-*, mp. *brahm* 'Ritus'. (W. B. Henning, TPhS 1944, 116.)

brδya (brdⁱiy), nom. sg. m., Smerdis (Brδya), Eigenname des jüngeren Bruders
Kambyses' II., etwa: 'der Hohe, Erhabene', el. bír-ti-ya, akk. bar-zi-ya,
zu aw. bərəzi- 'hoch'. brδyam (brdⁱiym), acc. sg. m., den Smerdis.

brtanai (brtniy), inf., anzuwenden, auszuüben, zu bar- 'tragen', np.
bordan.

būmim (bumⁱim), acc. sg. f., die Erde, das Erdreich, aw. būmī-, ai. bhū̆mĭ-, np.
būm. būmiyā (bumⁱiyˀ), loc. sg. f., auf der Erde, el. bu-mi-ya.

-ča (-čˀ), enklit. Konjunktion, und, ai. ca, lat. -que.

čaxryā (čxriyˀ), opt. perf. 3. sg., er hätte gemacht, zu kar- 'machen'. (W. Cowgill,
KZ 1968, 260.)

čaišpiš (čišpiš), nom. sg. m., Teispes, Eigenname des Sohnes des Achämenes
(ZA 1971, 300), el. zí-iš-pi-iš und še-iš-be-iš, akk. ši-iš-pi-iš. čaišpaiš
(čišpˀiš und čišpiš), gen. sg. m., des Teispes.

čarmā (črmˀ), loc. sg. n., auf Leder, Pergament, aw. čarəman-, ai. carman-, np.
čarm.

čartanai (črtniy), inf., zu machen, zu verfertigen, zu kar- 'machen'.

čašmā̆ (čšm), acc. sg. n., das (ein) Auge, aw. čašman-, np. čašm. (M. Mayrhofer,
Or. 1964, 77; O. Szemerényi, Die Sprache 1966, 211.)

-či (-čiy), enklitische Partikel zur Verstärkung oder Verallgemeinerung, aw.
-čiṭ, ai. cid.

čiça (čiç), nom. sg. n., '(von) Geblüt', siehe arya-čiça, aw. čiθra-, np. čehr.

čiçantaxma (čiçtxm), nom. sg. m., Tritantaichmes, Eigenname eines Sagartiers,
etwa: 'von Geblüt tüchtig' (R. Schmitt, ZDMG 1967, 122), el. zí-iš-šá-an-
tak-ma, akk. ši-it-ra-an-taḥ-ma, persisch-medische Mischform; rein medisch
wäre *čiθrantaxma, rein persisch *čiçantahma. čiçantaxmam (čiçtxmm), acc.
sg. m., den Tritantaichmes. čiçantaxmā (čiçtxmˀ), instr. sg. m., mit (= hada)
Tritantaichmes.

čina (či[nˀ], unsicher), adv., sondern, vielmehr.

činčaxraiš (čičxrˀiš), gen. sg. m., des Činčaxriš, Eigenname eines Persers,
vielleicht: 'Was-machend?' (R. Schmitt, Beitr. z. Namenforschung 1971,
11–14), el. zí-in-za-ak-ri-iš, akk. ši-in-šá-aḥ-ri-iš.

čišči (čiščiy), pron. indef. acc. sg. n., irgend etwas, aus ap. či- = aw. čiṭ, ai.
cit 'was'.

čita (čitˀ), adv., so lange, parth. cyd 'immer'.

čiyakaram (čiykrm und čiyˀkrm), adj. nom. sg. n., wie groß, wie zahlreich,
vielfach, vgl. ai. kíyat 'wie viel'.

čiyakaram-či-mai (čiyˀkrmčmiy), adj. nom. sg. n. mit Verstärkungspartikel -či
und pron. pers. gen. 1. sg., wie groß ... mein (= 'von mir').

çitiyam (çitiym), nom. ord. acc. sg. n. = adv., zum dritten Male, aw. θritya-,
ai. tr̥tiya- 'dritter'.

çitiyām (ç[itiyˀm]), num. ord. acc. sg. f., [im] dritten [Jahr]. (R. Schmitt,
Or. 1963, 439.)

çū̆šāyā (çušˀyˀ), log. sg. f., in Susa, el. šu-šá-an, aram. šwšn.

dačaram (dčrm statt korrekt tčrm), acc. sg. m., den Palast.

dadāmi (*ddᵕmⁱiy*), praes. 1. sg., ich gebe, schenke, zu *dā-*[1] 'geben', aw. *daδāiti* und ai. *dadāti* 'er gibt'.

dadātu (*ddᵕtᵘuv*), impv. 3. sg., er gebe! gewähre!

dādršiš (*dᵕdršiš*), nom. sg. m., Dādršiš, Eigenname eines Armeniers, etwa: 'der Verwegene', zu ai. *dādhṛṣi-* 'kühn', el. *da-tur-ši-iš*, akk. *da-da-ar-šu*. *dādršim* (*dᵕdršim*), acc. sg. m., den Dādršiš.

dahā (*dhᵕ*), nom. pl. m., die Daher, Name eines Reitervolkes im Osten des Kaspischen Meeres, el. [*da*]-*ha*, akk. *da-a-an*.

dahyāuš (*dhyᵕuš*), nom. sg. f., das Land, der Gau, aw. *dahyu-* 'Landschaft', ai. *dásyu-* 'Fremder'; np. *deh* 'Dorf'; el. *da-a-hu-iš*, *da-a-u-iš*, *da-a-ú-iš*, *da-a-ya-u-iš* und *da-a-ya-ú-iš*. *dahyāum* (*dhyᵕum*) und *dahyāvam* (*dhyᵕvm*), acc. sg. f., das Land, den Gau. *dahyauvā* (*dhyuvᵕ*), loc. sg. f., im Lande.

dahyāuš-mai (*dhyᵕušmiy*), nom. sg. f. und pron. pers. gen. 1. sg., mein Land, el. *da-a-ya-u-iš-mi*.

dahyāva (*dhyᵕv*), nom./acc. pl. f., die Länder, el. *da-a-ya-ma*. *dahyūnām* (*dhyunᵕm*, auch *dhyuvnᵕm*), gen. pl. f., der Länder, el. *da-a-hu-na-um*. *dahyušuvā* (*dhyušuvᵕ*), loc. pl. f., in den Ländern.

daivā (*divᵕ*), nom. pl. m., die Götzen, falschen Götter, Dämonen, aw. *daēva-* 'Dämon', ai. *devá-* 'Gottheit'; el. *da-a-ma*.

daivadānam (*divdᵕnm*), acc. sg. m., den Götzentempel (vielleicht 'Götzenstall'), el. *da-a-ma-da-na-um*.

danvati (*dnᵘu[vtiy]*), praes. 3. sg., er fließt, strömt, zu *dan-* 'fließen', ai. *dhánvati* 'fließt'.

dārayāmi (*dᵕryᵕmⁱiy*), praes. 1. sg., ich halte, besitze, zu *dar-*[1] 'halten', aw. *dar-*, ai. *dhṛ-*; np. *dār-* zu *dāštan*.

dārayati (*dᵕrytiy*), praes. 3. sg., er hält.

dārayanti (*d'rytiy*), praes. 3. pl., sie halten, wohnen.

dārayavahuš (*dᵕryvuš*), nom. sg. m., Darius, Eigenname im Sinne von: 'der das Gute bewahrt', zu *dar-*[1] 'halten' und *vahu-* 'gut'; el. *da-ri-ya-ma-u-iš*, akk. *da-ri-ya-muš*, aram. *dryhwš* und *drywhš*, bei Xenophon *Dareiaios*. *dārayavahauš* (*dᵕryvhuš*), gen. sg. m., des Darius. *dārayavahum* (*dᵕryvum*), acc. sg. m., den Darius.

dārayavahušahya (*dᵕryvušhyᵕ*, späte, verderbte Form statt *dᵕryvhuš*), gen. sg. m., des Darius.

dārayavašahya (*dᵕryvšhyᵕ*, späte, verderbte Form statt *dᵕryvhuš*), gen. sg. m., des Darius.

dargam (*drgm*), adj. acc. sg. n. = adv., lange, aw. *darᵊga-* und ai. *dīrghá-* 'lang'.

daršam (oder *dršam*) (*dršm*), adv., streng, heftig, sehr, zu aw. *darᵊšat* 'herzhaft', ai. *dhṛṣát* 'sehr, reichlich'.

dāru (*dᵕrᵘuv*), nom./acc. sg. n., Holz, aw. *dāuru*, ai. *dáru*; mp. *dār*.

dātam (*dᵕtm*), nom. sg. n., das Gesetz, zu *dā-*[2] 'setzen', aw. *dāta-* n., mp. *dād* 'Gesetz'; el. *da-at-tam₆* und *da-ad-da-um*, aram. dt. *dātā* (*dᵕtᵕ*), instr. sg. n., mit dem Gesetz [gingen sie einher = sie befolgten das Gesetz].

daθans (*dθs*), part. act. nom. sg. m., kräftig, stark (so nach I. Gershevitch, *The Avestan Hymn to Mithra* [1959] 197 ff.), zu aw. *dasąs.

diδā (*d*ⁱ*id*ꜥ), nom. sg. f., Burg, Festung; Umwallung, Burgmauer, ai. *dehí-* 'Mauer', np. *dez* 'Burg'; el. *ti-ud-da*. *diδām* (*d*ⁱ*id*ꜥ*m*), acc. sg. f., die Festung, Burgmauer.

dīdi (*d*ⁱ*id*ⁱ*iy*), impv. 2. sg., betrachte! sieh an!, zu *dī-* 'sehen', aw. ebenso, ai. *dhī-* 'denken'.

dipi (*d*ⁱ*ipi*[*y*]), acc. sg. n., die Schrift (Lehnwort aus dem Elamischen).

dipi-mai (*d*ⁱ*ipimi*[*y*]), nom. sg. n. und pron. pers. gen. 1. sg., meine Schrift.

dipim (*d*ⁱ*ipim*), acc. sg. f., die Inschrift (Lehnwort aus el. *tup-pi* oder *ti-ip-pi*). *dipiyā* (*d*ⁱ[*i*]*p*[*iy*]ꜥ), loc. sg. f., in der Inschrift.

diš (*d*ⁱ*iš*), pron. pers. acc. 3. pl. m./f. (meist enklitisch), sie.

draxtā ([*d*]*rax*[*t*]ꜥ), instr. sg. m., mittelst Baum[stämmen] (über den Strom setzen), mit Flößen (den Strom überqueren, nach W. Hinz, AMI. N. F. 1972, 246), mp. *draxt*, np. *deraẖt* 'Baum'.

drauga (*drug*), nom. sg. m., Trug, Lüge (persönlich gedacht = Böser Geist, Widersacher), aw. *Druǰ* und *draoga-*, ai. *drógha-* 'trügerisch', np. *dorūǧ* 'Lüge'. *draugā* (*drug*ꜥ), abl. sg. m., vor (= *hačā*) der Lüge [sich hüten].

draužana (*druǰn*), adj. nom. sg. m., treulos, 'trughaft', gottlos, der 'Lüge' anhangend, zu *drauga-*. *draužanam* (*druǰnm*), adj. acc. sg. m., treulos.

druxtam (*d*ᵘ*ur*ᵘ*uxtm*), part. perf. pass. nom./acc. sg. n., erlogen, zu *draug-* 'lügen'.

drvā (*d*ᵘ*ur*ᵘ*uv*ꜥ), adj. nom. sg. f., fest, zu aw. *drva-* 'heil', ai. *dhruvá-* 'fest'; el. *tar-ma*. (R. Schmitt, *Die Sprache* 1970, 80 f.)

dubāla (*d*ᵘ*ub*ꜥ*l*), nom. sg. m., Name einer babylonischen Landschaft, heute Debēleh am Euphrat, el. *du-ib-ba-*[*la*].

dūradaša (*d*ᵘ*urdš*), adv. (abl. sg.), von weit her, zu aw. *dūra-*, ai. *dūrá-*, np. *dūr* 'fern'.

dūrai (*d*ᵘ*uriy*), adv. (loc. sg.), weit, fern, fernhin.

dūrai-api (*d*ᵘ*urypiy* oder *d*ᵘ*uriy* ꜥ*piy*), adv., gar fernhin, auch weithin.

duškrtam (*d*ᵘ*uškrtm*), part. perf. pass. nom. sg. n., verfallen, verdorben, wörtlich 'mißgeschaffen', zu *kar-* 'machen' mit Präfix *duš-* 'übel'.

dušyāram (*d*ᵘ*ušiy*ꜥ*rm*), nom. sg. n., Hungersnot, Mißwachs, wörtlich 'Übel-Jahr', aus *yār-* 'Jahr' (so auch aw.) und Präfix *duš-* 'übel'. *dušyārā* (*d*ᵘ*ušiy*ꜥ*r*ꜥ), abl. sg. n., vor (= *hačā*) Mißwachs, Hungersnot, teurer Zeit.

dvaištam (*d*ᵘ*uviš*[*t*]*m*), adv., für lange Zeit, auf lange hinaus, Superlativ zu *dūra-* 'weit', vgl. ai. *daviṣthám* 'sehr weit weg'.

dvariyā-mai (*d*ᵘ*uvry*ꜥ*miy*), loc. sg. n. und pron. pers. gen. 1. sg., an meiner Pforte, an meinem Tor, zu **dvar-* 'Tür', aw. *dvar-* und ai. *dvǎr-*; ap. loc. *dvari-* mit Postposition *ā*, vgl. *δrayahiyā*.

dvarθim (*d*ᵘ*uvrθim*), acc. sg. m., den Torbau, das Portal.

dvitāparnam (*d*ᵘ*uv*ⁱ*it*ꜥ*prnm*), adv., in zweifacher Linie (der Abstammung), in zwei Reihen, aus *dvitā* 'doppelt', ai. *dvitǎ*, und **parna-* 'Flügel', ai. *parṇá-* n., np. *par*.

dvitiyam (*d^uuvⁱitiym*), num. ord. acc. sg. n. = adv., zum zweiten Male, aw.
  daibitya- 'zweiter', ai. *dvitíya-*.
dvitiyām-ča (*d^uuvⁱitiy˅mč*), num. ord. acc. sg. f. mit Postposition *ča*, im zweiten
  und [im dritten Jahr].

δ*aranyam* (*drniym*), nom. sg. n., Gold, aw. *zaranya-*, ai. *híranya-*.
δ*āranyakarā* (*d˅rniykr˅*), nom. pl. m., die Goldschmiedemeister, aus δ*aranya-*
  mit Vṛddhi plus *-kara* 'Macher'.
δ*astaibyā* (*dstibiy˅*), instr. dual. m., mit beiden Händen, zu aw. *zasta-*, ai.
  hásta- 'Hand', np. *dast*.
δ*astayā* (*dsty˅*), loc. sg. m., in der (die) Hand.
δ*astakrtam* ([*dst˅*]*krtm*), nom. sg. m., Siedlungen, wörtlich: 'Händewerk' =
  Bauten, Anlagen, landwirtschaftliche Güter (kollektiv), mp. *dastagird*.
δ*ātuvahyahya* ([*d˅t^uuv*]*hyhy˅*), gen. sg. m., des Dhātuvahyāh, Eigenname eines
  Persers im Sinne von 'von Geburt besser' (M. Mayrhofer, Fs. W. Eilers
  [1967] 217), el. *da-ad-du-man-ya*, akk. *za-a˅-tu-u˅-a*.
δ*austā* (*dušt˅*), nom. sg. m., Freund, zugetan, wohlgeneigt, zu aw. *zaoš-* 'Gefallen haben', ai. *joštár-* 'liebend', mp. *dōst*, np. *dūst*.
-δī (*dⁱiy*), enklitische Partikel des Nachdrucks, ja, denn, aw. *zī*, ai. *hī*, s.
  hufraštā-δī, *jīva-δī*.
δ*itam* (*dⁱitm*), part. perf. pass. acc. sg. m., beraubt, entrissen, zu δ*yā-* 'schädigen',
  aw. *zinaiti* 'er beschädigt', ai. *jināti* 'er beraubt'.
δ*raya* (*dry*), acc. sg. n., das Meer, den Strom (Oxus), zu aw. *zrayah-* 'See',
  ai. *jráyas-* 'Lauf', np. *daryā*. δ*rayahya* (*dryhy˅*), gen. sg. n., des Meeres.
  δ*rayahiyā* (*dryhiy˅* und *dryhy˅* = δ*rayahi* mit Postposition *ā*), log. sg. n.,
  im Meere [= auf Inseln im Mittelmeer].

frābara (*fr˅br*), impf. 3. sg., er übertrug, verlieh, zu *bar-* 'tragen' mit Präfix
  fra- 'voran', aw. *fra-*, ai. *prá* 'vor'.
frāda (*fr˅d*), nom. sg. m., Frāda, Eigenname eines Rebellen aus der Margiana
  (Merw), Kurzform eines mit 'der das ... fördert' beginnenden Namen,
  zu aw. *frād-*, el. *pír-ra-da*, akk. *pa-ra-da-a˅*, aram. *prd*.
fraharvam (*frhrvm*), adv., insgesamt, zu *harva-* 'der ganze'.
frāhažam (*fr˅hjm*), impf. 1. sg., ich ließ aufhängen, vielleicht *frāhanjam* zu
  lesen, wohl zu *haj-* 'hängen', ai. *saj-* 'festmachen'.
frāišaya (*fr˅išy*), impf. 3. sg., er entsandte, schickte, zu *aiš-* 'eilen', ai. *iṣ-*, mit
  Präverb *fra-*.
frāišayam (*fr˅išym*), impf. 1. sg., ich entsandte, schickte.
framānā (*frm˅n˅*), nom. sg. f., Befehl, Gebot; Wille, Willenskraft, zu *mā-*
  'messen' mit Präverb *fra-*, ai. *pramáṇa-* 'Maßstab', el. *pír-ra-ma-na*, mp.
  framān, np. *farmān*. *framānāyā* (*frm˅n˅y˅*), instr. sg. f., durch Entschluß-
  kraft.
framātam (*frm˅tm*), part. perf. pass. nom. sg. n., befohlen, geplant, entworfen,
  el. *pír-ra-ma-ut-tam*₆.

framātāram (*frm͗t͗rm*), acc. sg. m., den (zum) Gebieter, Oberherrn, el. *pír-ra-ma-da-ra-um* und *pír-ra-ma-ud-da-ra-um*, mp. *framādār* 'Wesir'.

frāmāyata (*fr͗m͗yt͗*), impf. med. 3. sg., er befahl, ordnete an, entwarf, plante, zu *mā-* 'messen'.

frānayam (*fr͗nym*), impf. 1. sg., ich führte heran, schaffte herbei, zu *nay-* 'lenken, führen', aw. *nay-*, ai. *nay-* 'leiten, bringen', mit Präverb *fra-*.

frāsahya (*fr͗sh[y]*), aor. pass. 3. sg., es wurde erbaut, errichtet, zu *sā-* 'werfen, legen', mit Präverb *fra-*, aw. *fra-spā-* adj. 'der fortwirft'. (E. Benveniste, BSL 1951, 25.)

frašam (*fršm*), adj. nom./acc. sg. n., Herrliches, Erlesenes, Prächtiges, el. *pír-ra-šá-um*, zu aw. *fəraša-* 'außergewöhnlich', armen. *hraškʿ* 'wunderbar'.

fratamā (*frtm͗*), adj. nom. pl. m., die vornehmsten, vordersten, Superlativbildung zu *fra-* 'voran', el. *pír-ra-tam₆-ma*, aw. *fratəma-* 'der am weitesten vorn Befindliche'. Als Titel etwa 'Oberster' oder 'General'.

fratara (*frtr*), adj. nom. sg. m., überlegen (über), erhaben, Komparativbildung zu *fra-* 'voran', aw. *fratara-* 'vorder', ai. adv. *pratarám* 'weiter, künftig'.

frataram (*frtrm*), adj. acc. sg. n., Erlesenes, Hervorragendes; als adv. vorher, früher.

fraθara (*frθr*), wohl die echtpersische Form zu medisch *fratara*, adj. nom. sg. n., überlegen (über), erhaben.

fraθaram (*frθrm* = medisch *frataram*), adj. acc. sg. n., Erlesenes, Hervorragendes.

fraθyaiš (*frθiyiš*), opt. pass. 3. sg., er werde bestraft, gezüchtigt, zu *fraθ-* 'züchtigen', aw. *fras-* 'fragen', np. *porsidan*.

fravartiš (*frvrtiš*), nom. sg. m., Phraortes, Eigenname eines Meders, etwa: 'der Erwählte', zu *var-* 'wählen' mit Präverb *fra-*, el. *pír-ru-mar-ti-iš*, akk. *pa-ar-ú-mar-ti-iš*. *fravartaiš* (*frvrtiš*), gen. sg. m., des Phraortes. *fravartim* (*frvrtim*), acc. sg. m., den Phraortes.

fravata (*frvt*), adv., hinab, abwärts, mp. *frōd*, np. *forūd*, vgl. ai. *pravátā* 'bergab'.

frāžanam (*fr͗jnm*), impf. 1. sg., ich schnitt ab, zu *jan-* 'schlagen' mit Präverb *fra-*.

gaiθām-ča (*giθ͗mč͗*), acc. sg. f. mit Affix *-ča*, und das Herdenvieh, zu aw. *gaēθā-* 'Haus und Hof', ai. *gehá-* 'Haus', mp. *gēhān* 'Welt'.

gandāra (*gd͗r*), nom. sg. m., Gandhara, Gebirgslandschaft um Kābul, el. *kán-da-ra*, akk. *gan-da-ri*. *gandārā* (*gd͗r͗*), abl. sg. m., von (= *hačā*) Gandhara.

gandāraya (*gd͗ry*), adj. nom. sg. m., der Gandharer.

gandumava (?, für geschriebenes *gdᵘutv*), nom. sg. m., Name einer Landschaft in Arachosien (Südafghanistan), el. *kán-du-ma-qa*, wobei statt *kán* das ganz ähnliche Zeichen *ir* dasteht, wohl zu np. *gandom* 'Weizen' gehörig.

garmapadahya (*grmpdhy*), gen. sg. m., des Garmapada, Name des 4. Monats = bab. *Du͗ūzu* '[Monat des] Hitzegrundes', zu aw. *garəma-* 'heiß', ai. *gharmá-*

'Hitze', np. *garm*, und aw. *pada-*, ai. *padá-* 'Standort'; el. *kar-ma-bat-taš* und *qa-ir-ma-ba-taš*.

gastā (*gst*ꜣ), adj. nom. sg. f., übel; adj. abl. sg. n., vor (= *hačā*) Übel, Unheil, Widerwärtigem, aram. *gst*, parth. *gast* 'schändlich', np. *gast* 'häßlich'.

gāθum (*g*ꜣ*θum*), acc. sg. m., den Thron, aw. *gātu-* 'Stätte', ai. *gātu-* 'Weg, Gang', mp. *gāh* 'Ort, Thron'. *gāθavā* (*g*ꜣ*θv*ꜣ), loc. sg. m., an dem (den) [gebührenden] Platz, an der Stelle [des], auf dem Kampffeld; abl. sg. m., vom Throne (weg).

gaubarva (*gubr*ᵘ*uv*), nom. sg. m., Gobryas, Eigenname des Lanzenträgers des Darius, nach M. Mayrhofer 'Rindsfresser', zu ai. *-bharva-* 'verzehrend', mir nicht ganz sicher; el. *kam-bar-ma*, akk. *gu-ba-ru-u*ꜣ, aram. *gwbrw*.

gaubatai (*gubtiy*), praes. med. 3. sg., er nennt sich, bekennt sich (zu), zu *gaub-* 'sagen', mp. *gōw-*, np. *goftan*.

gaubātai (*gub*ꜣ*tiy*), subj. praes. med. 3. sg., er bekennt sich (zu).

gaumāta (*gum*ꜣ*t*), nom. sg. m., Gaumāta, Eigenname eines medischen Magiers, el. *kam-ma-ad-da*, akk. *gu-ma-a-tú*, lat. *Cometes*. *gaumātam* (*gum*ꜣ*tm*), acc. sg. m., den Gaumāta.

gaušā (*guš*ꜣ), acc. dual. m., beide Ohren, zu aw. *gaoša-* 'Ohr', mp. *gōš*. *gaušāyā* (*guš*ꜣ*y*ꜣ), loc. dual. m., in die Ohren, ins Ohr.

grftam (*gr*[*ftm*]), part. perf. pass. nom. sg. n., angewandt, angebracht (so nach AMI. N. F. 1972, 244), zu *grab-* 'greifen', aw. *grab-*, ai. *grabh-*.

hačā (*hč*ꜣ), praep. c. abl. et instr., von . . . her, von . . . weg, vor (einer Sache sich fürchten), el. *ha-iz-za*, aw. *hačā* 'von . . . her', ai. *sácā* 'zusammen mit'. (W. P. Schmid, IF 1964, 268, verficht alleinigen Instrumental.)

hačā-či ([*hč*ꜣ*či*]*y*), praep. mit Verstärkungspartikel *či*, von [weit] her.

hačā-ma (*hč*ꜣ*m*), praep. und pron. pers. 1. sg., von mir weg, durch mich.

hada (*hd*ꜣ), praep. c. instr., mit, aw. *haδa*, ai. *sahá*.

hadaxaya (*hdxy*), nom. sg. m., Eigenname eines Persers.

hadiš (*hd*ⁱ*iš*), nom./acc. sg. n., Palast, wörtlich: 'Sitz', zu *had-* 'sich setzen', ai. *sádhiṣ* 'Stätte'. (F. B. J. Kuiper, IIJ 8 [1964–65] 299.)

hagmatānai (*hgmt*ꜣ*niy*), loc. sg. m., in Ekbatana, Hauptstadt von Medien, heute Hamadān, el. *ag-ma-da-na*, akk. *ag-ma-ta-nu*, *a-ga-ma-ta-nu*, aram. ꜣ*hmt*ꜣ, gr. *Agbatana*, *Ekbatana*.

haxāmaniš (*hx*ꜣ*mniš*), nom. sg. m., Achämenes, Stammvater der Achämeniden, etwa: 'Freundessinn habend' (R. Schmitt, ZDMG 1967, 120), zu aw. *haxa-* 'Genosse', ai. *sákhā* 'Freund' und der Wurzel *man-* 'denken', el. *ha-ak-qa-man-nu-iš*, akk. *a-ḫa-ma-ni-ši-i*ꜣ, gr. *Achamenēs*. *haxāmanišahya* (*hx*ꜣ*mnišhy*ꜣ), gen. sg. m., des Achämenes.

haxāmanišya (*hx*ꜣ*mnišiy*), adj. nom. sg. m., der Achämenide, el. *ha-qa-man-nu-ši-ya*, akk. *a-ḫa-ma-ni-iš-ši-i*ꜣ.

hainā (*hin*ꜣ), nom. sg. f., Feindheer, aw. *haēnā-*, ai. *sénā* 'Heer', mp. *hēn*. *haināyā* (*hin*ꜣ*y*ꜣ), abl. sg. f., vor (= *hačā*) dem Feindheer.

hakaram-mai (*hkrmmiy*), conj. mit pron. pers. gen. 1. sg., wann immer ... von mir, np. *agar* 'wenn'.

halditahya (*hldᶦithy*), gen. sg. m., des Haldita, Eigenname eines Armeniers, nach dem urartäischen Gott *Ḥaldi*.

hamadārayai (*h*[*m*]*dᵓryi*[*y*]), impf. med. 1. sg., ich hielt zusammen, brachte zusammen, zu *dar-* 'halten' mit Präfix *ham-* 'zusammen'. (R. Schmitt, MSS 30 [1972] 139–142.)

hamahyāyā (*hmhyᵓyᵓ*), adj. gen. sg. f., 'einer und derselben' = in einem und demselben [Jahr], zu *hama-* 'ein- und derselbe', aw. *hama-*, ai. *samá-*.

hamapitā (*hmpitᵓ*), adj. nom. sg. m., von einem und demselben Vater [abstammend], zu *pitar-* 'Vater', aw. *pitar-*, ai.*pitár-*, np. *pedar*, mit *hama-* 'derselbe'.

hamaranam (*hmrnm*), nom./acc. sg. n., die Schlacht, zu *ar-* 'sich bewegen', mit Präfix *ham-* 'zusammen', aw. *hamarəna-* 'Schlacht', ai. *samáraṇa-* 'Kampf'. *hamaranā* (*hmrnᵓ*), acc. pl. n., die Schlachten.

hamaranakara (*hmrnkr*), nom. sg. m., der Kämpfer, Streiter, wörtlich: 'Schlacht-Macher'.

hamātā (*hmᵓtᵓ*), adj. nom. sg. m., von einer und derselben Mutter [abstammend], aus *mātar-* 'Mutter' mit Präfix *hama-* 'selbe' und Haplologie aus *hama-mātā; ai. *sam-mātár-*, wonach man im Altpersischen auch *hammātā* lesen könnte.

hamataxšai (*hmtxšiy*), impf. med. 1. sg., ich gab mir Mühe, strengte mich an, zu *taxš-* mit Präfix *ham-* 'zusammen' = 'eifrig sein', aw. *θwaxša-* 'eifrig', ai. *tvákṣas-* 'Tatkraft'.

hamataxšata (*hmtxštᵓ*), impf. med. 3. sg., er strengte sich an, setzte sich ein; *hamātaxšata* (*hmᵓ*[*t*]*xštᵓ*) = [das Volk] erlernte, [die Leute] erlernten.

hamataxšanta (*hmtxštᵓ*), impf. med. 3. pl., sie strengten sich an, setzten sich ein, gaben sich Mühe.

hamkrtahya ([*h*]*krthyᵓ*), adj. gen. sg. n., [gemäß] der Mitarbeit, Leistung, zu *kar-* 'machen' mit Präfix *ham-* 'zusammen'.

hammiçya (*hmᶦiçiy*), adj. nom. sg. m., abtrünnig, aufständisch, Rebell, Feind, aus **miça-* = ai. *mitrá-* n. 'Vertrag' mit Präfix *ham-* 'zusammen', wörtlich: 'Verschworener'. *hammiçyā* (*hmᶦiçiyᵓ*), adj. nom. sg. f., aufständisch. *hammiçyam* (*hmᶦiçiym*), adj. acc. sg. m., aufständisch, den Feind. *hammiçyā* (*hmᶦiçiyᵓ*), nom. pl. m./f., aufständisch, Feinde, Rebellen. *hammiçyān* (*hmᶦiçiyᵓ*), acc. pl. m., die Feinde. *hammiçyaibiš* (*hmᶦiçiyibiš*), instr. pl. m., mit (= *hada*) den Aufständischen.

hamtaxšatai (*htxštiy*), praes. med. 3. sg., er strengt sich an, setzt sich ein.

hanatāyā (*h*[*nt*ᵓ*y*ᵓ]?), instr. sg. f., durch Alter, zu aw. *hana-* und ai. *sána-* 'alt', falls von R. G. Kent in DSe 46 richtig ergänzt.

hangmatā (*hgmtᵓ*), part. perf. pass. nom. pl. m., versammelt, vereinigt, zu *gam-* 'kommen' mit Präfix *ham-* 'zusammen'.

hanti (*htiy*), praes. 3. pl., sie sind (vorhanden), es gibt sie, zu *ah-*[1] 'sein', aw. *hənti*, ai. *sánti*.

haraiva (*hriv*), nom. sg. m., Areia, Landschaft um das heutige Herāt in Afghanistan, el. *har-ri-ma*, akk. *a-ri-e-mu*.

haraxvatiš (*hruvtiš*), nom. sg. f., Arachosien, das heutige südliche Afghanistan um Qandahār, aw. *haraxvaiti-*, vgl. den ai. Flußnamen *sárasvatī-* 'gewässerreich'; el. *har-ru-ma-ti-iš* und *har-ku-ut-ti-iš*. *haraxvatīm* (*hruvtim*), acc. sg. f., nach Arachosien. *haraxvatiyā* (*hruvtiyꞌ*), loc./abl. sg. f., in Arachosien, von (= *hačā*) Arachosien; aram. *hrḫwty*.

haraxvatiya (*hruvtiy*), adj. nom. sg. m., der Arachosier.

harva (*hrᵘuv*), adj. nom. sg. m., der ganze, aw. *haurva-*, ai. *sárva-* 'ganz, all'. *harvahyāyā* (*hrᵘuvhyꞌyꞌ*), loc. sg. f., auf der ganzen [Erde].

harva-šim (*hrᵘuvšim*), adj. nom. sg. m. und pron. pers. acc. 3. sg., der ganze . . . ihn.

hašyam (*hšiym*), adj. acc. sg. n., wahr, richtig, aw. *haiϑya-*, ai. *satyá-* 'wahr'.

hau (*huv*), pron. dem. nom. sg. m./f., dieser, er, der; diese, sie, die, aw. *hāu* 'der, dieser', ai. *a-sáu* 'jener'.

hau-či (*huvčiy*), pron. dem. nom. sg. f. mit Verstärkungspartikel *či*, (eben) diese, sie.

hau-mai (*humiy* oder *huvmiy*), dieser . . . mir; *hau-tai* (*huvtiy*), pron. dem. nom. sg. f., diese . . . dir; *hau-dim* (*hudⁱim*), dieser . . . ihn; *hau-šai* (*hušiy*), dieser . . . ihm.

haumavargā (*humvrgꞌ*), adj. nom. pl. m., die amyrgischen [Saken], die dem Hauma huldigenden [Saken], zu *hauma-*, aw. *haoma-*, ai. *sóma-* m., der Hauma genannte Rauschtrank; zweites Glied vielleicht zu aw. *barəg-* 'huldigen', dann eigentlich *haumaβarga-* (I. Gershevitch, 'Garb' [1969] 168f.), el. *u-mu-mar-qa-ip*, akk. *ú-mu-ur-ga-aꞌ*.

hauvam (*huvm*), pron. dem. nom. sg. m., der, dieser.

haya (*hy*), pron. dem. et relat. nom. sg. m., der, welcher; wer, zu aw. *hō yō*, ai. *sá yáḥ*. *hayā* (*hyꞌ*), nom. sg. f., die, welche.

haya-šai (*h[yšiy]*), pron. relat. nom. sg. m. und pron. pers. dat. 3. sg. m., der . . . ihm. *haya-šām* (*hyšꞌm*), der . . . ihnen.

haya-vā (*hyvꞌ*), pron. relat. nom. sg. m. und conj., oder der (welcher), mit enklitischer Konjunktion *vā* (so auch aw. und ai.) 'oder'.

hayāparam (*hyꞌprm*), adv., erneut, abermals, daraufhin.

hiδūgām (*hdᵘugꞌm*), acc. sg. f., Kundmachung, Rechenschaftsbericht, Proklamation. (Lesung *hi-* statt wie bisher *han-* nach M. Mayrhofer in Gs. Henning [1970] 285, zu aw. *hizū-* 'Zunge', ap. *hiδū- m.)

hinduš (*hidᵘuš*), nom. sg. m., Indien, Sind, aw. *hindu-*, ai. *síndhu-* 'Strom [Indus]', el. *hi-in-du-uš*, akk. *in-du-ú*. *hindau* (*hiduv*), loc. = abl. sg. m., von (= *hačā*) Indien, vom Indusgebiet.

hinduya (*hidᵘuy*), adj. nom. sg. m., der Inder, el. *hi-in-du-iš*, akk. *in-du*.

hištatai (*hšttiy*), praes. med. 3. sg., es ist festzustellen, zu *stā-* 'stellen, stehen'. (*Altiran. Funde und Forschungen* [1969] 50.)

hizānam (*hzꞌnm*), acc. sg. m., die Zunge, zu aw. *hizvā-* f., *hizvah-* n. und *hizū-* m., ai. *jihvá*, np. *zabān* aus medisch *hizbān-am*.

hubrtam (*ubrtm*), part. perf. pass. acc. sg. m., belohnt, wohlgehegt, wertgehalten, zu *bar-* 'tragen' mit Präfix *hu-* 'gut'.

hučāram (*uč˅rm*), adj. nom. sg. n., wohlgelungen, geglückt, erfolgreich, zu aw. *čārā-* f. 'Hilfsmittel', mp. *čār*, armen. *čar* 'Mittel', mit Präfix *hu-* 'gut'.

hufrastam (*ufrstam*, persisch), part. perf. pass. acc. sg. m., streng bestraft, zu *fraθ-* 'fragen' mit Präfix *hu-* 'gut, gründlich'.

hufraštam (*ufrštm*, medisch), Bedeutung wie im vorigen.

hufraštān-δī (*ufršt˅dⁱiy*), part. perf. pass. acc. pl. m. mit enklitischer Partikel des Nachdrucks, gar streng bestraft. (R. G. Kent, JAOS 1915, 352.)

hufrātuvā (*ufr˅tᵘuv˅*), instr. sg. m., am (= *anu*) Euphrat, nach R. Schmitt (ZDMG 1967, 122) im Iranischen volksetymologisch umgebildet aus akk. *purattu* im Sinne von *hufrātu-* 'mit guten Furten', el. *ú-ip-ra-du-iš*.

hukāram (*uk˅rm*), adj. acc. sg. n. (statt f.), reich an Heervolk, mit tüchtigem Heervolk versehen, zu *kāra-* 'Volk, Heerbann' mit Präfix *hu-* 'gut'.

humartiyā (*umrtiy˅*), adj. nom. sg. f., reich an Helden, mit tüchtigen Mannen versehen, zu *martiya* 'Mann' mit Präfix *hu-* 'gut'. *humartiyam* (*umrtiym*), adj. acc. sg. n., reich an Helden.

hŭnarā (*uvnr˅* und *unr˅*), nom. pl. n. oder f., Fertigkeiten, zu aw. *hunara-* 'Kunstfertigkeit', ai. *sūnára-* 'lebenskräftig', np. *honar* 'Fertigkeit, Kunsthandwerk'. *hŭnaraibiš* (*uv[nribi]š*), instr. pl. n., durch die Fertigkeiten.

hŭnarābiš (*unr˅biš*), instr. pl. f., durch die Fertigkeiten. (R. Schmitt, *Kratylos* 1969, 59.)

huraθā-ča (*urθ˅č˅*), acc. pl. m. mit enklitischer Konjunktion *-ča*, und gute Wagen, aus *raθa-* m. 'Wagen', aw. *raθa-*, ai. *rátha-*, mit Präfix *hu-* 'gut'.

hušhamaranakara (*ušhmrnkr*), nom. sg. m., ein tüchtiger Kämpfer, aus *hamarana* 'Schlacht' und *-kara* 'Macher', mit Präfix *hu-* 'gut'.

huškahya (*uškhy˅*), adj. gen. sg. n., des Festlandes, wörtlich: 'des Trockenen', zu aw. *huška-* 'trocken', ai. *śúṣka-*, mp. *hušk*, np. *ḫošk*.

hutāna ([*u*]*t˅*[*n*]), nom. sg. m., Otanes, Eigenname eines Persers, etwa: 'mit guter Nachkommenschaft' (R. Schmitt, ZDMG 1967, 121), el. *hu-ud-da-na*, akk. *ú-mi-it-tan-na-a˅*.

huθanduš (*uθdᵘuš*), adj. nom. sg. m., wohlzufrieden (*Altiran. Funde und Forschungen* [1969] 50), zu aw. *sand-* 'erscheinen', mit Präfix *hu-* 'gut', ai. *chándu-* 'gefällig, lieblich', mp. *hunsand* 'zufrieden', np. *ḫōrsand*.

huθanvanya (*uθnᵘuvniy*), adj. nom. sg., ein tüchtiger Bogenschütze, zu aw. *θanvan-* 'Bogen', ai. *dhánvan-*, mit Präfix *hu-* 'gut'.

huva- siehe *xva-*.

huyavā (*u*[*yv*]*˅*), nom. sg. f., Huyavā, Name einer Burg in Armenien, el. *ú-i-ya-ma*, aram. *hyw*.

hūza (*uvǰ* und *uǰ*), nom. sg. m., Elam (Susiana), Elamer, vgl. den heutigen Stadtnamen *Ahvāz* und den Provinznamen *Ḫūzestān*, armen. *Xužastan*. *hūžam* (*uvǰm*), acc. sg. m., Elam, nach Elam. *hūžai* (*uvǰiy* und *uǰiy*), loc. sg. m., in Elam. (O. Szemerényi, *Die Sprache* 1966, 191.)

hūžiya (*uvǰⁱiy*), adj. nom. sg. m., ein Elamer. *hūžiyā* (*uvǰⁱiy˅*), nom. pl. m., die Elamer. *hūžiyān* (*uvǰⁱiy˅*), acc. pl. m., die Elamer. *ūžiyaibiš* (*uvǰⁱiyibiš*), mit den Elamern.

xaudām ([*xud^‹*]*m*), acc. sg. f., den Helm, die Mütze, aw. *xaoda-* m. 'Hut', parth.
xōδ, np. *ḫūd* 'Helm'.

xratum (*xrt^uum*, medisch), acc. sg. m., Weisheit, aw. *xratu-* 'Verstand', ai.
krátu- 'Kraft, Einsicht, Wille', armen. *xrat*, mp. *xrad*, np. *ḫerad* 'Weisheit'.

xraθum (*xrθum*, persisch), acc. sg. m., Weisheit, el. *kur-ra-ad-[du]-um*.

xšaçam (*xšçm*), nom./acc. sg. n., das Reich, die Herrschaft, das Königtum, aw.
xšaθra- 'Herrschgewalt', ai. *kṣatrá-* 'Macht', mp. *šahr* 'Land, Stadt'.

xšaçam-šim (*xšçmšim*), acc. sg. n. und pron. pers. acc. 3. sg. m., die Herrschaft
. . . ihn.

xšaçapāvā (*xšçp^‹v^‹*), nom. sg. m., Satrap, wörtlich: 'Reichshüter', aus *xšaça-* n.
'Reich' und der Wurzel *pā-* 'hüten' mit Suffix *van-*; el. *šá-ak-šá-ba-ma-na-me*
'Satrapietum'.

xšapa-vā (*xšpv^‹*), gen. sg. f. mit enklit. Konjunktion *vā* 'oder', sowohl des
Nachts [wie des Tags], aw. *xšap-*, ai. *kṣáp-* 'Nacht', np. *šab*.

xšaθrita (*xšθrit*), nom. sg. m., Xšaθrita, Eigenname eines Meders, zu medisch
*xšaθra- n. 'Reich' gehörig.

xšayamna (*xšymn*), part. praes. med. nom. sg. m., beherrschend, zu *xšay-* 'be-
herrschen', aw. *xšayamna-* '[etwas] vermögend'.

xšayaršā (*xšy^‹rš^‹*), nom. sg. m., Xerxes, persischer Eigenname im Sinne von
'über Helden herrschend' (K. Hoffmann in Fs. F. Sommer [1955] 85
Anm. 15 und R. Schmitt, ZDMG 1967, 121), aus *xšaya-* 'herrschend (über)'
und **ršan-* m. 'Recke', el. *ik-še-ir-iš-šá*, akk. *ḫi-ši-i^‹-ar-šá*. *xšayaršāha*
(*xšy^‹[rš^‹h]* und [*xšy^‹r*]*š^‹h*), gen. sg. m., des Xerxes. *xšayaršahya* (*xšy^‹ršhy^‹*,
später verderbte Form), gen. sg. m., des Xerxes. *xšayaršām* (*xšy^‹rš^‹m*),
acc. sg. m., den Xerxes.

xšāyaθya (*xš^‹yθiy*, medisch), nom. sg., der König, zu *xšay-* 'herrschen', ar.
*kšāyatya- 'herrschend' (M. Mayrhofer in Gs. W. B. Henning [1970] 289),
np. *šāh*. *xšāyaθyahya* (*xš^‹yθiyhy^‹*), gen. sg. m., des Königs. *xšāyaθyam*
(*xš^‹yθiym*), acc. sg. m., den König. *xšāyaθyā* (*xš^‹yθiy^‹*), nom. pl. m., die
Könige. *xšāyaθyānām* (*xš^‹yθiy^‹n^‹m*), gen. pl. m., der Könige. *xšāyaθyān*
(*xš^‹yθiy^‹*), acc. pl. m., die Könige.

xšnāsāhi (*xšn^‹s^‹hiy*), subj. praes. 2. sg., du erkennest, wirst erkennen, zu *xšnā-*
'erkennen', aw. *xšnā-*, ai. *jñā-*, np. *šenāḫtan*.

xšnāsāti (*xšn^‹s^‹tiy*), subj. praes. 3. sg., er erkenne.

xšnuta (*xšn^uut*), part. perf. pass. nom. sg. m., befriedigt, zufrieden, zu *xšnav-*
'befriedigen', vgl. np. *ḫōšnūd*.

xvāδaičaya (*uv^‹dičy*), nom. sg. m., Xvāδaičaya, Name einer Stadt in der Persis,
el. *ma-te-zí-iš* und ähnlich, einmal *ma-še-zí-iš*.

xvāδātam ([*u*]*v^‹d^‹[tm]*), acc. sg. n., Genealogie, wörtlich: 'Eigen-Abstammung'
(nach J. Harmatta, *Acta Ant. Acad. Sc. Hung.* 14 [1966] 280), zu *xvā-*
'eigen' und der Wurzel **δan-*, aw. *zan-*[1] 'zeugen, gebären', vgl. ai. *jātá-*
'geboren', np. *zād* 'Geburt, geboren'.

xvaxštrahya (*uvxštrhy* und *uvxštrhy^‹*), gen. sg. m., des Kyaxares, Eigenname eines
Mederkönigs, etwa: 'Selbstherrscher', el. *ma-ak-iš-tar-ra*, akk. *ú-ma-ku-iš-tar*.

xvaipašyahya (*uvipšiyhyˀ*), adj. gen. sg. m./n., des eigenen [Gemütes], zu aw. *xvaēpaiθya-* 'eigen', aus arisch **svai°* 'selbst' und einer Ableitung **patya-* zu **pati-* 'Herr'.

xvaipašyam (*uvˀipšiym*), acc. sg. n., den (oder: als) Eigenbesitz.

xvamršyuš (*uvˀmršiyuš*), adj. nom. sg. m., 'seinen eigenen Tod' [sterben] = eines natürlichen Todes (W. Schulze, SbPAW 1912, 685ff.), aus *xva-* 'eigen' und der Wurzel *mar-* 'sterben', aw. *marəθyu-*, ai. *mr̥tyú-* 'Tod'.

xvārazmiš (*uv'rzmⁱiš*), nom. sg. f., Chorasmien, Satrapie in Ostiran, zur Darius-Zeit um das heutige Neišābur, später Ḫwārezm am Aralsee um Chiwa, nach O. Szemerényi (*Die Sprache* 1966, 196) vielleicht 'Schwarz-Erd-[Land]' bedeutend, aw. *xvāirizəm*, el. *ma-ra-iš-mi-iš*.

xvārazmya (*uvˀrzmⁱiy*), adj. nom. sg. m., der Chorasmier; Chorasmien, el. *ma-ráš-mi-ya*, pl. *ma-ráš-mi-ya-ap*, akk. *ḫu-ma-ri-iz-ma-aˀ*. aram. *ḫrzmy*. *xvārazmyā* (*uvˀrzmⁱiyˀ*), abl. sg. m., von (= *hačā*) Chorasmien her.

xvarštika (*uvˀrštik* und *uvˀrštik*), nom. sg. m., ein tüchtiger Lanzenkämpfer, aus *hu-* 'gut' und medisch **ršti-* f. 'Lanze', aw. *aršti-*, ai. *r̥ṣṭí-*.

xvasabāra (*uvˀsbˀr*), nom. sg. m., ein tüchtiger Reiter, aus *hu-* 'gut', *asa-* 'Pferd' und der Wurzel *bar-* 'tragen'.

xvaspā (*uvspˀ*), adj. nom. sg. f., reich an Rossen, mit tüchtigen Rossen, aus *hu-* 'gut' und medisch *aspa-* 'Pferd', vgl. gr. Flußname *Xoaspes*.

xvaspam (*uvspm*), adj. acc. sg. n., reich an Rossen.

xvastāyā (*uʔvstˀyˀ*), loc. sg. f., auf Ton[tafeln], bisher *pavastāyā* gelesen, zu aw. *xvastam* 'gedroschen, geknetet' (AMI. N. F. 1972, 244).

ida (*idˀ*), adv., hier, aw. *iδa*, ai. *ihá* 'hier'.

ima (*im*), pron. dem. nom./acc. sg. n., dies, dieses, aw. *ima*, ai. *ima*. *imam* (*imm*), acc. sg. m., diesen, aw. *iməm*, ai. *imám*. *imām* (*imˀm*), acc. sg. f., diese, aw. *imąm*, ai. *imám*. *imai* (*imiy*), nom./acc. pl. m., diese. *imā* (*imˀ*), nom./acc. pl. f. und n., diese. *imaišām* (*imišˀm*), gen. pl. m., von diesen. *imaibiš* (*imibiš*), instr. pl. n., durch diese. *imābiš* (*imˀbiš*), instr. pl. f., durch diese (R. Schmitt, *Kratylos* 1969, 59.)

imai-vā (*imivˀ*), pron. dem. acc. pl. m. mit enklit. *vā*, oder diese.

imaniš (*imniš*), nom. sg. m., Imaniš, elamischer Eigenname, el. *um-man-nu-iš*, akk. *im-ma-ni-e-šú*.

isvām (*isuvˀm*), acc. sg. f., Köcher für Bogen und Pfeile, 'Bogen-Pfeil-Hülle'.

ištiš (*ištiš*), nom. sg. f., Lehmziegel (an der Luft getrocknet), aw. *ištya-* 'Ziegel', ai. *iṣṭikā-* 'Backstein', np. *ḫešt* 'Lehmziegel'; el. *i-[iš-ti-iš]*.

iyam (*iym*), pron. dem. nom. sg. m./f., dieser, diese.

izalā (*izlˀ*), nom. sg. f., Izalā, Name einer Landschaft in Syrien (Ṭūr 'Abdīn), el. *iz-zí-la*.

ǰadi (*ǰdⁱiy*), impv. 2. sg., schlage! besiege!, zu *ǰan-* 'schlagen', aw. *ǰan-*, ai. *jahí* 'schlage!'.

ǰadyāmi (*ǰdⁱiy‵miy*), praes. 1. sg., ich erflehe, erbitte, zu *ǰad*- 'bitten', aw. *ǰaiδyemi* 'ich bitte'.

ǰantā (*ǰt‵*), nom. sg. m., 'Schläger', 'Besieger': *ǰantā biyā* = er möge schlagen! ('er sei ein Schlagender!'), zu *ǰan*- 'schlagen', aw. *ǰantar*-, ai. *hantár*- m. 'Besieger'.

ǰanti (*ǰtiy*), praes. 3. sg., er schlägt, zu *ǰan*- 'schlagen', aw. *ǰainti*, ai. *hánti*.

ǰata (*ǰt‵*), impv. 2. pl., schlaget! besieget!, zu *ǰan*- 'schlagen', ai. *hatá*!

ǰīva (*ǰⁱiv*), adj. nom. sg. m., lebendig, im Leben, zu *ǰiv*- 'leben', aw. *ǰva*- und ai. *ǰīvá*- 'lebend'. *ǰīvahya* (*ǰⁱivhy‵*), gen. sg. m., als Lebender.

ǰīva (*ǰⁱiv‵*), impv. 2. sg., lebe! du sollst leben!, zu *ǰiv*- 'leben'.

ǰīva-δī (*ǰⁱvdⁱiy*), adj. mit verstärkender enklitischer Partikel *δī*, etwa: für einen jeden Lebenden(?).

ǰyamnam (*ǰⁱiymnm*), part. praes. med. = subst. acc. sg., Ende, am letzten [eines Monats], vgl. aw. *ǰyamna*- 'alt werdend', ai. *jináti* 'wird alt'.

ka (*k‵*), verallgemeinernde Partikel, [du], wer [du auch seist], aw. *ka*-, ai. *ká*- 'wer'.

kāma (*k‵m*), nom. sg. m., Wunsch, Begehr, Belieben, aw. *kāma*- 'Wunsch, Verlangen', ai. *kắma*- 'Begehren'.

kambūžiya (*kbuǰⁱiy*), nom. sg. m., Kambyses, el. *kán-bu-zí-ya*, akk. *kam-bu-zi-ya*. *kambūžiyahya* (*kbuǰⁱiyhy‵*), gen. sg. m., des Kambyses. *kambūžiyam* (*kbuǰⁱiym*), acc. sg. m., den Kambyses. *kambūžiyā* (*kbuǰⁱiy‵*), abl. sg. m., von (= *hačā*) Kambyses (weg).

kamnam (*kmnm*), adj. nom. sg. n., wenig, klein, gering, aw. *kamna*- 'wenig, gering', np. *kam* 'wenig'. *kamnaibiš* (*kmnibiš*), instr. pl. m., mit wenigen.

kampanda (*kpd*), nom. sg. m., Kampanda, Name einer Landschaft Mediens, heute in Persisch-Kurdestan, el. *qa-um-pan-taš*, akk. *ḫa-am-ba-nu*.

kantam (*ktm*), part. perf. pass. nom. sg. n., der Aushub, das Ausgeschachtete, zu *kan*- 'graben', aw. *kan*-, ai. *khán*-, np. *kandan*.

kantanai (*ktniy*), inf., auszuheben, auszuschachten, zu *kan*- 'graben'.

kapautaka (*kputk*), adj. nom. sg. m., 'blau', in *kāsaka haya kapautaka* = Lapislazuli, el. *qa-ba-u-da-qa*, aram. *kpwtk*, vgl. ai. *kapóta*- 'Taube', mp. *kabōd* 'blaugrau'.

kāpišakāniš (*k‵pišk‵niš*), nom. sg. f., Kāpišakāniš, Name einer Burg in Arachosien, el. *qa-ap-pi-iš-šá-qa-nu-iš*.

kāra (*k‵r*), nom. sg. m., Heervolk, Volk, Leute, Heer, mp. *kār* 'Leute'; vgl. np. *kār-zār* 'Schlachtfeld'. *kārahya* (*k‵rhy‵*), gen./dat. sg. m., des Heervolkes, dem Heervolk. *kāram* (*k‵rm*), acc. sg. m., den Heerbann. *kārā* (*k‵r‵*), instr. sg. m., mit (= *hada*) dem Heervolk.

kāra-šim (*k‵ršim*), nom. sg. m. mit pron. pers. acc. 3. sg. m., das Heervolk ... ihn [fürchtete].

kart- siehe *krt*-.

karyaiš (*kriyiš*), opt. pass. 3. sg., 'er möge getan bekommen' = er erleide, ihm werde angetan, zu *kar*- 'machen', aw. *kar*-, ai. *kṛ̥*-.

kāsaka (*kᵓsk*, medisch), nom. sg. m., Edelstein, Halbedelstein, el. *qa-si-qa*, das persisches **kāθaka-* meint, vielleicht zu ai. *kāś-* 'glänzen'.

kāsakaina (*kᵓskin*), adj. nom. sg. m., aus edlem Gestein.

kašči (*kščiy*), pron. indef. nom. sg. m., irgendeiner, jeder, zu *ka* 'wer' mit enklitischem *-či* zur Verstärkung.

katpatuka (*ktptᵘuk*), nom. sg. m., Kappadokien, der Kappadokier, el. *qa-at-ba-du-qa*, akk. *ka-at-pa-tuk-ka*.

kaufa (*kuf*), nom. sg. m., Berg, zu aw. *kaofa-* 'Bergrücken', mp. *kōf* und np. *kūh* 'Berg'.

krka (*krk*), adj. nom. sg. m., der Karer (W. Eilers, OLZ 1935, 201ff.), el. *kur-qa*, akk. *kar-sa-a-[a]*. *krkā* (*krkᵓ*), nom. pl. m., die Karer, el. *kur-qa-ap*, akk. *kar-sa* (Land Karien).

krmānā (*krmᵓnᵓ*), abl. sg. m., von (= *hačā*) Kermān (Karmanien) her, el. *kur-ma-na*.

krnvakā (*krnᵘuvkᵓ*), nom. pl. m., Handwerker, im besonderen Steinmetzen, zu *kar-* 'machen', el. *kur-nu-kaš* und *kur-nu-ik-kaš*. (E. Benveniste, JA 1958, 60.)

kršā (*kršᵓ*), nom. dual. m., 'Zwei-*Krša*-[Gewicht] = 166,724 g. *krša-* bedeutet wörtlich 'Gewicht', zu **karš-* 'ziehen', aw. *karš-*, ai. *karṣ-*, np. *kešīdan* 'ziehen' = 'wägen'; el. *kur-šá-um* und *kur-šá-am*, aram. *krš*, bei Hesych *kersa*. *kršayā* (*kršyᵓ*), loc. sg. m., im Gewicht [von soundsovielen *Krša*].

krta (*krt*), part. perf. pass. nom. sg. m., gemacht, verfertigt, verarbeitet, zu *kar-* 'machen', aw. *kərəta-*, ai. *kr̥tá-* und np. *karde* 'gemacht'. *krtam* (*krtm*), nom./acc. sg. n., gemacht, erbaut, das Werk, das Erbaute, Geleistete. *krtā* (*krtᵓ*), nom. pl. f., verarbeitet.

kuganakā (*kᵘugnkᵓ*), nom. sg. f., Kuganakā, Name einer Stadt in der Persis, el. *ku-uk-kán-na-qa* und *ku-ik-na-ak-qa*, akk. *ku-gu-na-ak-ka*.

kunduruš (*kᵘudᵘruᵘuš*), nom. sg. m., Kunduruš, Name einer Stadt in Medien, el. *ku-un-tar-ru-iš*, akk. *ku-un-du-ur*.

kunauti (*kᵘunutiy*), praes. 3. sg., er macht, leistet, zu *kar-* 'machen', aw. *kərənaoiti* und ai. *kr̥ṇóti* 'er macht'.

kunautu (*kᵘunutᵘuv*), impv. 3. sg., er mache!, zu *kar-* 'machen'.

kunavāhi (*kᵘunvᵓhy*), subj. praes. 2. sg., du machest, zu *kar-* 'machen'.

kunavānai (*kᵘunvᵓniy*), subj. praes. med. 1. sg., ich vollbringe, führe durch, zu *kar-* 'machen'.

kunavātai (*kᵘunvᵓtiy*), subj. praes. med. 3. sg., es werde getan, geleistet, zu *kar-* 'machen'.

kunšva (*kᵘušuvᵓ*), impv. med. 2. sg., mache!, zu *kar-* 'machen'. (W. Cowgill, KZ 1968, 264.)

kūruš (*kᵘurᵘuš*), nom. sg. m., Kyrus, el. *ku-ráš*, akk. *ku-ra-áš*, aram. *kwrš*. *kūrauš* (*kᵘuruš*), gen. sg. m., des Kyrus.

kūšā (*kᵘušᵓ*), abl. sg. m., von (= *hačā*) Nubien her, el. *ku-šá*, akk. *ku-ú-šu*.

kūšāya (*kᵘušᵓy*), adj. nom. sg. m., der Nubier (wohl verderbt statt *kūšiya*), el. *ku-ši-ya*, akk. *ku-ú-šu-a-a*. *kūšiyā* (*kᵘušiyᵓ*), nom. pl. m., die Nubier, el. *ku-ši-ya*.

labanāna (*lbnˏn*), nom. sg. m., der Libanon (als Gebirge), el. *la-ba-na-na*.

mā (*mˏ*), prohibitive Konjunktion, nicht!, aw. *mā*, ai. *mā́. mā . . . mā* = weder
. . . noch.

mačya (*mčiy*), adj. nom. sg. m., der Maker, Mann aus Maka (Mekrān in
Balutschestan), el. *máš-zí-ya*, akk. [*q*]*a-du-ma-a-a. mačyā* (*mčiyˏ*), nom.
pl. m., die Maker, el. *máš-zí-ya-ap*, akk. *máš-ú*.

māda (*mˏd*), adj. nom. sg. m., medisch, Meder; Medien, el. *ma-da*, akk. *ma-da-a-a*.
mādam (*mˏdm*), acc. sg. m., Medien, nach Medien. *mādai* (*mˏdiy*), loc. sg.
m., in Medien. *mādā* (*mˏdˏ*), nom. pl. m., die Meder. *mādaibiš* (*mˏd*[*ibi*]*š*), instr.
pl. m., mit den Medern. *mādaišuvā* (*mˏdišuvˏ*), loc. pl. m., bei den Medern.

mādam-ča (*mˏdmčˏ*), acc. sg. m. mit enklit. -*ča*, . . . als auch Medien.

maguš (*mgᵘuš*), nom. sg. m., der Magier, el. *ma-ku-iš*, akk. *ma-gu-šú. magum*
(*mgᵘum*), acc. sg. m., den Magier.

māhyāh (*mˏhyˏ*), gen. sg. f., des Monats (A. Prosdocimi, *Riv. Studi Or.* 42
[1967] 36; Dieter Weber), aw. *māh-* m., ai. *mā́s-*, np. *māh* 'Mond' und
'Monat'.

maka (*mk*), nom. sg. m., Maka (Mekrān in Balutschestan), el. *ma-ak-qa*, akk.
ma-ak.

mām (*mˏm*), pron. pers. acc. 1. sg., mich, aw. *mạm*, ai. *mā́m*.

mana (*mnˏ*), pron. pers. gen./dat. 1. sg., von mir (= mein), mir, aw. *mana*,
ai. *máma*.

mana-ča (*mnčˏ*), pron. pers. gen. 1. sg. mit enklit. -*ča*, und meines, und von
mir.

manaha (*mnhˏ*), gen. sg. n., des Gemütes, Sinnes, aw. *manah-* n. 'Sinn, Gemüt',
ai. *mánas-* 'Geist, Wille'. *manahya* (*mnhy*[ˏ]), dasselbe, jedoch mit Überführung in die *a*-Deklination.

manaxviš (*mnuvⁱiš*), adj. nom. sg. m., jähzornig, unbeherrscht, leidenschaftlich,
zu *manah-* n. 'Gemüt'.

manas-ča (*mnsčˏ*), acc. sg. n. mit enklit. -*ča*, Sinn und *manaš-ča* (*mnšč*[ˏ]), dasselbe.

manyāhai (*mniyˏhiy*, *mniyˏhy* und *mniyˏiy*), subj. praes. med. 2. sg., du er-
wägest, bedenkest, solltest denken, zu *man-*[1] 'denken', aw. *mainyete* und
ai. *mányate* 'er denkt', mp. *menīdan* 'denken'.

manyai (*mniyiy*), praes. med. 1. sg., ich erwäge, überlege, zu *man-*[1] 'denken'.

mānyam-ča (*mˏniymčˏ*), acc. sg. n. als Kollektiv mit enklit. -*ča*, und das
Gesinde, *ya*-Ableitung von **māna-* 'Haus', aw. *nmāna-*, ai. *mána-* n.;
tocharisch *mānya* (gen. pl.) 'für Sklaven' (H. W. Bailey *apud* W. Krause,
KZ 1951, 187).

manyātai (*mniyˏ*[*tiy*]), subj. praes. med. 3. sg., es werde angesehen (als),
erachtet (für, mit acc.), zu *man-*[1] 'denken'.

marguš (*mrgᵘuš*), nom. sg. m., die Margiana (das Gebiet um Merw), el.
mar-ku-iš, akk. *mar-gu-uˏ. margum* (*mrgᵘum*), acc. sg. m., die Margiana.
mārgau (*mˏrguv*), loc. sg. m., in der Margiana.

mārgava (*Mᵓrgv*), adj. nom. sg. m., ein Margier, Merwer. *mārgavaibiš* (*mᵓrgvibiš*), instr. pl. m., mit den Margiern.

marīkā (*mrikᵓ*), voc. sg. m., du Bursche!, aus **maryaka-*, vgl. aw. *mairya-* 'Jungmann', ai. *márya-* 'junger Mann', mp. *mērag* 'Gatte'.

martiya (*mrtiy*), nom. sg. m., Mann (auch Eigenname), aw. *mašya-* und ai. *mártya-* 'Mensch, Sterblicher'. *martiyahya* (*mrtiyhyᵓ*), gen./dat. sg. m., des Mannes, dem Menschen. *martiyam* (*mrtiym*), acc. sg. m., einen Mann, Menschen; den Martiya. *martiyā* (*mrtiyᵓ*), voc. sg. m., o Mann! *martiyā* (*mrtiyᵓ*), nom. pl. m., die Männer. *martiyānām* (*mrtiyᵓnᵓm*), gen./dat. pl. m., der Männer, den Männern. *martiyān* (*mrtiyᵓ*), acc. pl. m., die Männer. *martiyaibiš* (*mrtiyibiš*), instr. pl. m., mit (= *hada*) Männern.

māruš (*mᵓ[rᵘu]š*), nom. sg. m., Māruš, Name einer Stadt in Medien, el. *ma-ru-iš*, akk. *ma-ru-uᵓ*.

maškāxvā (*mškᵓuvᵓ*), loc. pl. f., auf Schläuchen, Schlauchbooten, Lehnwort aus aram. *maškā* 'Haut', el. *maš-qa-um-ma*.

mā-tai (*mᵓtiy*), Prohibitiv-Partikel mit enklit, pron. pers. dat. 2. sg., nicht dir!

mā-taya (*mᵓty*), conj., auf daß nicht!

mā-taya-mām (*mᵓtymᵓm*), conj. mit pron. pers. acc. 1. sg., damit nicht ... mich.

maθišta (*mθišt*), adj. nom. sg. m., Anführer, wörtlich: der größte, oberste, aw. *masišta-*, mp. *mahist* 'der größte'. *maθištam* (*mθištm*), acc. sg. m., den (zum) Anführer.

maθišta-šām ([*mθ*]*išt*[*šᵓm*]), adj. nom. sg. m. mit pron. pers. dat. 3. pl., ihr Anführer.

mayuxa (*myux*), nom. sg. m., Knauf, Pflock, ai. *mayúkha-* m. 'Pflock', mp. *mēx* 'Pflock, Nagel'.

mazdāha (*mzdᵓh*), gen. sg. m., des Allweisen [Herrn], siehe *Ahuramazdāh*.

mitra (*mⁱtr* und *mⁱitr*), nom. sg. m., (Gott) Mithra, nichtpersische Form; el. *mi-iš-šá* gibt die echtpersische Form **miça-* wieder. Vgl. aw. *miθra-* m. 'Vertrag' und ai. *mitrá-* 'Freund'.

miθa (*mⁱiθ*), acc. sg. n., Unrecht, Unbill, el. *mi-sa-iš*, vgl. aw. *miθah-vačah-* 'dessen Worte falsch sind' und ai. *mitháḥ* 'gegeneinander'.

miθra (*mⁱiθr* und *mⁱiθr*, medisch), nom. sg. m., (Gott) Mithra.

mrdunyahya (*mrdᵘuniyhy*[*ᵓ*]), gen. sg. m., des Mardonios, Eigenname eines Persers, el. *mar-du-nu-ya*, aram. *mrd*[*n*]*y*, zu ap. **mrdu-* 'sanft, mild'. (W. Eilers, *AfO* 1954–56, 330f. und R. Schmitt, *BzNam. F.* 1971, 14ff.)

mrta (*mrt*), part. perf. pass. nom. sg. m., tot, im Tode, zu *mar-* 'sterben', aw. *mᵊrᵊta-*, ai. *mr̥tá-* und np. *morde* 'tot'. *mrtahya* (*mrthyᵓ*), adj. gen.sg. m., als Toter, im Tode.

muδrāya (*mᵘudrᵓy*), adj. nom. sg. m., Ägypten, Ägypter, el. *mu-iz-ra, mu-iz-ri-ya* und *mu-sir-ra-ya*, akk. *mi-ṣir*. *muδrāyam* (*mᵘudrᵓym*), acc. sg. m., nach Ägypten. *muδrāyai* (*mᵘudrᵓyiy*), loc. sg. m., in Ägypten. *muδrāyā* (*mᵘudrᵓyᵓ*), abl. sg. m., von (= *hačā*) Ägypten her. *muδrāyā* (*mᵘudrᵓyᵓ*), nom. pl. m., die Ägypter.

nabukudračara (*nbuk^udrčr*), nom. sg. m., Nebukadnezar, el. *nab-ku-tur-ra-sir*, akk. *nabū-kudurri-uṣur*.

nabunaitahya (*nbunithy'*), gen. sg. m., des Naboned, Eigenname eines Babyloniers, el. *na-bu-ni-da*, akk. *nabū-na'id*.

nāham (*n'hm*), acc. sg. m., die Nase, aw. *nāh-*, ai. *nās-*.

naibam (*nibm*), adj. nom./acc. sg. n., schön, gut, mp. *nēv* 'tüchtig'. *naibā* (*nib'*), nom. sg. f., schön, gut.

nai (*niy*), adv., nicht, aw. *nōiṭ*, ai. *ned*, mp. *nē. nai ... nai ... nai* = weder ... noch ... noch.

nai-diš (*nidⁱiš*), Verneinungspartikel mit enklit. pron. pers. acc. 3. pl., nicht ... sie.

nai-mā (*nim'*), nicht ... mich.

nai-mai (*nimiy*), nicht ... von mir (= mein).

nai-pati-mā (*niptim'*), und erst recht nicht ... mich (gemeint ist: mir).

nai-šim (*nišim*), nicht ... ihn.

nāma (*n'm*), nom. sg. m./n., namens, mit Namen, benannt, zu aw. *nāman-* n. 'Name', *nama* 'namens', ai. *nā́man-* n. 'Name', np. *nām. nāmā* (*n'm'*), nom. sg. f., namens.

nāma-nāfam ([*n'nm'*]*fm*, unsicher), acc. sg. m., 'Name und Sippe' = [Königs-]Protokoll, zu **nāman-* 'Name' und **nāfa-* m. 'Verwandtschaft' (wörtlich: 'Nabel'). (AMI. N. F. 1972, 244.)

napā (*np'*), nom. sg. m., Enkel, aw. *napāt-*, ai. *nápāt*, lat. *nepos*, np. *navā*, *nave* 'Enkel'.

naučaina (*nučin*), adj. nom. sg. m., aus Zedernholz, in *θrmⁱiš hy nučin* = 'Zedernbalken', von **nauča-* 'Pinie', armen. *noč* oder *noči* 'Zypresse', np. *nōž* 'Pinie', el. *na-u-zí-iš* 'Zedern[holz]' (in PF 1799). In DSf ist *naučaina* el. *na-u-zí-iš-in-na* umschrieben mit dem el. Stoff-Affix *-inna* (F. Vallat, RA 1970, 159). Eine Lesung *naučina* (mit W. Belardi, *Ann. Ist. Or. Napoli* 3 [1961] 17) erübrigt sich, da *θrmⁱiš* nicht zu np. *sarv* 'Zypresse' zu stellen, sondern (mit O. Klíma, *Ar. Or.* 1972, 193ff.) als 'Balkenwerk' zu deuten ist.

navama (*nvm*), adj. nom. sg. m., der neunte, aw. *naoma-*, ai. *navamá-*.

nāvyā (*n'viy'*), adj. nom. sg. f., schiffbar, aw. *nāvaya-* 'schiffbar', ai. *navyá-*.

niditbaira (*ndⁱitbir*), nom. sg. m., Nidit-Bēl, Eigenname eines Babyloniers, el. *nu-ti-ut-be-ul*, akk. *ni-din-tú^{ilu}bēl. niditbairahya* (*ndⁱitbirhy'*), gen. sg. m., des Nidit-Bēl. *niditbairam* (*ndⁱitbirm*), acc. sg. m., zu (= *abi*) Nidit-Bēl, den N.

nikantu (*nikt^uuv*), impv. 3. sg., er zerstöre! er reiße nieder!, zu *kan-* 'graben' mit Präverb *ni-* 'nieder'.

nipadi (*nipdⁱiy*), adv., hinterher, auf dem Fuße, zu *pad-* 'Fuß' mit Präfix *ni-* 'nieder, herab'.

nipaištanai (*nipištniy*), inf., zu schreiben, zu *paiθ-* 'bemalen', aw. *paēs-* 'zieren', mit Präverb *ni-* 'nieder'. (R. Schmitt, KZ 1967, 62.)

nipištam (*nipištm*), part. perf. pass. nom. sg. n., geschrieben, zu *paiθ-* 'bemalen'. *nipištām* (*nipišt'm*), acc. sg. f., geschrieben. *nipištā* (*nipišt'*), nom. pl. f., aufgeschrieben, verzeichnet.

nirsāti (*nirs⸱tiy*), subj. praes. 3. sg., er möge (wird) sich herabsenken (auf =
·*abi*), zu *ar-* 'sich bewegen, kommen', praes. *rsa-*, mit Präverb *ni-* 'herab'.
(R. Schmitt, IIJ 1964–65, 277.)

nisāya (*nis⸱y*), nom. sg. m., Nisāya, Name einer Landschaft in Medien, el.
nu-iš-šá-ya, akk. *ni-is-sa-a-a*.

nišādayam (*niš⸱dym*), caus. impf. 1. sg., ich setzte, korrekter *niyašādayam*, zu
had- 'sich setzen', aw. *had-*, *ni-šad-*, ai. *sad-*, *ni-ṣad-*.

ništāya (*ništ⸱y*), impf. 3. sg., er gebot, verfügte, zu *stā-* 'stellen', mit Präverb
ni- 'nieder', korrekter *niyaštāya*.

niyaçārayam (*niyç⸱rym*), impf. 1. sg., ich stellte wieder her, baute wieder auf,
zu *çāray°*, aw. *srāray°*, mit Präverb *ni-* 'herab'.

niyapinθam (*niypi*[θ]*m*), impf. 1. sg., ich habe geschrieben, zu *paiθ-* 'bemalen'
mit Präverb *ni-* 'herab'. (P. Tedesco 1954 nach W. Cowgill, KZ 1968, 266.)

niyapinθya (*niypi*[θ]*i*[*y*] und [*niyp*]*iθi*[*y*]), impf. pass. 3. sg., es wurde geschrieben, zu *paiθ-* 'bemalen'. (R. Schmitt, KZ 1967, 62 erwägt Vollstufe
niyapaiθya.)

niyasaya (*niysy*), impf. 3. sg., er senkte hernieder, ließ herab, zu *sā-* 'legen',
aw. *spā-*, mit Präverb *ni-* 'herab'. (E. Benveniste, BSL 1951, 25.)

niyašādayam (*niyš⸱dym*), impf. 1. sg., ich setzte (führte) zurück, zu *had-* 'sich
setzen', vgl. *nišādayam*.

niyaštāya (*niyšt⸱y*), impf. 3. sg., er gebot, verfügte, stellte auf, zu *stā-* 'stellen'
mit Präverb *ni-* 'nieder'.

niyaštāyam (*niyšt⸱ym*), impf. 1. sg., ich gebot, verfügte, befahl.

nižāyam (*niĵ⸱ym*), impf. 1. sg., ich brach auf, zog fort, zu *ay-* 'gehen' mit
Präverb *niž-* 'fort, weg', ursprünglich **niš-*.

nūram (*n*u*urm*), adv., jetzt, nun, aw. *nūrəm*, ai. *nūnám*, mp. *nūn*, np. *aknūn*.

nyāka ([*ni*]*y⸱k*), nom. sg. m., Großvater, aw. *nyāka-*, mp. *niyāg*, np. *niyā*, el.
(als Eigenname überliefert) *nu-ya-ak-qa*. (E. Benveniste, *Titres* [1966] 90.)

nyākam-mai ([*ny⸱*]*km*, späte, verderbte Schreibung), acc. sg. m., meinen Großvater, el. *nu-ya-ak-kam-mi*.

pādaibya (*p⸱dibiy⸱*), instr. dual. m., mit beiden Füßen, zu aw. *pāδa-* 'Schritt',
ai. *páda-* 'Fuß', np. *pāy*.

pādi (*p⸱d*i*iy*), impv. 2. sg., schütze! behüte!, zu *pā-* 'schützen', aw. *pā-*, ai. *pā-*.

paišyā (*pišiy⸱*), praep., vor [*mām* = mir], aus **patyā* mit *i*-Epenthese, mp.
pēš. (ZDMG 1952, 37.)

paišyāxvādām (*pišiy⸱uv⸱d⸱m*), acc. sg. f., nach Paišyāxvādā, wahrscheinlich die
Gegend von Pasargadai, akk. *pi-ši-i⸱-ḫu-ma-du*, el. abweichend *na-áš-ir-ma*,
aram. *pyšywd⸱*; wohl aus *paišya-* 'vor' und ai. *svadhá-* 'Wohnsitz', also
etwa 'Vorstammsitz'. Die aram. Schreibung *py-* deutet auf eine Aussprache *pai-*. Die von W. Eilers (*Ar. Or.* 1954, 310) erwogene Ableitung
von ai. *pítrya-* 'zu den Vätern gehörig' müßte ap. **piçya-* lauten. —
paišyāxvādāyā (*piš*[*y⸱*]*uv⸱d⸱y⸱*), abl. sg. f., von Paišyāxvādā aus.

para (*pr*), praep. c. acc., jenseits (von), zu aw. *parō* 'außer', ai. *paráḥ* 'über hinaus'.

parābara (*prᵛbr*), impf. 3. sg., er riß hinweg, vertrieb, zu *bar-* 'tragen', mit Präverb *parā-* 'fort', aw. *parǎ-*, ai. *párā*.

parābr̥tam (*prᵛbrtm*), part. perf. pass. nom. sg. n., entrissen, verdrängt, abgesetzt.

paraδrayah (*prdry, prdriy* und *pr dry*), adv., jenseits des Meeres [gemeint ist das Schwarze Meer], aus *para* 'jenseits' und *δrayah-* 'Meer', s. d.

parāgmatā (*prᵛgmtᵛ*), part. perf. pass. nom. sg. f., vorgestoßen, vorgerückt, zu *gam-* 'gehen', aw. und ai. *gam-*, mit Präverb *parā-* 'voran'.

paraidi (*pridⁱiy*), impv. 2. sg., brich auf!, zieh hin!, zu *ay-* 'gehen', mit Präverb *parā-* 'voran'.

paraita (*pritᵛ*), impv. 2. pl., brechet auf!, ziehet hin!

paraitā (*pritᵛ*), part. perf. pass. nom. pl. m., aufgebrochen, losgezogen [= nachdem sie aufgebrochen waren].

paranam (*prnm*), adv., vordem, früher, zu aw. *para* 'zuvor', ai. *purá* 'vormals'. (R. Schmitt, MSS 30 [1972] 144–146.)

parārsa (*prᵛrs*), impf. 3. sg., er gelangte (nach), zu *ar-* 'sich bewegen', mit Präverb *parā-* 'voran'. (R. Schmitt, IIJ 1964–65, 277.)

parārsam (*prᵛrsm*), impf. 1. sg., ich gelangte.

parataram (*prtrm*), acc. sg. m., den Feind, zu ai. *pára-* 'Feind'. (J. Wackernagel, KZ 59 [1932] 29f.)

pari (*pri*), praep., über, betreffs, gegen, aw. *pairi* 'über — hin', ai. *pári* 'herum, umher'.

paribara (*pribrᵛ*), impv. 2. sg., hege! schone! behandle pfleglich!, zu *bar-* 'tragen', mit Präverb *pari-* 'herum'.

paribarāhi (*pribrᵛhy*), subj. praes. 2. sg., du hegest, betreuest.

paribarāhi-diš (*pribrᵛhdⁱiš*), subj. praes. 2. sg. mit pron. pers. acc. 3. pl., du hegest sie.

paribarāmi (*pribrᵛmⁱiy*), praes. 1. sg., ich belohne, hege, betreue.

paridaiδam (*prdydᵛm*, verderbte Schreibung), acc. sg. m., 'Paradies', Wildpark, Domäne, aw. *pairi-daēza-* m. 'Hag', hebr. *pardēs*, el. *bar-te-taš*, akk. *par-de-su*, armen. *partēz* 'Garten', gr. *parádeisos*.

paridi (*pridⁱiy*), impv. 2. sg., 'gehe einher'! [mit dem Gesetz =] befolge! [das Gesetz], zu *ay-* 'gehen' mit Präverb *pari-* 'umher, herum'.

pariaiti (*priyit*, verschrieben statt *priyitiy*), praes. 3. sg., 'er geht umher' [mit dem Gesetz =] er befolgt [das Gesetz], vgl. *paridi*.

pariyanam (*priynm*), nom. sg. n., Überlegenheit, zu *pari* im Sinne von 'darüber hinaus'.

pārsa (*pᵛrs*), adj. nom. sg. m., persisch, Perser; Persis (heute Fārs); Persepolis. *pārsahya* (*pᵛrshyᵛ*), gen. sg. m., eines Persers, des persischen. *pārsam* (*pᵛrsm*), acc. sg. m., die Persis, in die Persis; den persischen. *pārsā* (*pᵛrsᵛ*), abl. sg. m., von (= *hačā*) der Persis her. *pārsai* (*pᵛrsiy*), loc. sg. m., in der Persis. *pārsā* (*pᵛrsᵛ*), instr. sg. m., mit (= *hada*) dem persischen; *ana pārsā* =

über Persepolis hin (XP*a* 14, G. G. Cameron). *pārsā* (*pʾrsʾ*), adj. nom. sg. f., persisch.

pārsam-ča (*pʾrsmčʾ*), acc. sg. m. mit enklit. -*ča*, die Persis sowohl (als auch . . .).

parθava (*prθv*), adj. nom. sg. m., Parther, Parthien, el. *bar-tu-ma*, akk. *pa-ar-tu-ú*. *parθavai* (*prθviy*), loc. sg. m., in Parthien. *parθavaibiš* (*prθvibiš*), instr. pl. m., mit den Parthern.

paru (*prᵘuv*), adj. nom. sg. n., viel, zu viel, viele, aw. *pauru-*, *pouru-*, ai. *purú*. *parūnām* (*prᵘunʾm*, *prᵘuvnʾm*), gen. pl. m./f., der vielen, von vielen.

paru-zanānām (*prᵘuznʾnʾm*, *prᵘuvznʾnʾm*, *prᵘuv znʾnʾm*), adj. gen. pl., von vielen Arten, von vielen Stämmen, aus *paru-* 'viel' und medisch **zana-* 'Art, Stamm', ai. *janá-* 'Volk'; el. *ba-ru-za-na-na-um* und *bar-ru-za-na-na-um*.

parvā (*prᵘuvʾ*), adj. nom. pl. m., die früheren, aw. *paurva-* und ai. *pūrva-* 'vorderer'.

parvam (*prᵘuvm*), adv., früher, ehedem. *parvam-či* (*prᵘuvmčiy*), adv. mit Verstärkungspartikel, [so wie] früher.

parvyata (*prᵘuviyt*), adv., [seit = *hačā*] jeher, von Anbeginn, seit alters, zu aw. *paouruya-* und ai. *pūrvyá-* 'erster, nächster'.

pasā (*psʾ*), praep. c. acc. et gen., nach, hinter, aw. *pasča* und ai. *paścá* 'nach, hinter', np. *pas*.

pasāva (*psʾv* = *pasā* plus *ava*), adv., danach, dann.

pasāva-dim (*psʾvdⁱim*), adv. mit pron. pers. acc. 3. sg. f., danach . . . sie.

pasāva-mai (*psʾvmiy*), daraufhin . . . mir, el. *ba-iš-šá-ma-me*.

pasāva-šai (*psʾvšiy*), danach . . . ihm.

pasāva-šim (*psʾvšim*), danach . . . ihn.

pasāva yaθă (*psʾv yθʾ*), conj. nachdem, daß.

pastiš (*pstiš*), nom. sg. m., (als) Fußkämpfer, zu ai. *patti-* 'Fußgänger'.

pāta (*pʾt*), part. perf. pass. nom. sg. m., beschützt, behütet, betreut, zu *pā-* 'schützen', aw. und ai. ebenso.

pati (*ptiy*), adv. und praep., gegen; auch, dazu; zum (. . .ten Male); im (. . .ten Jahr), aw. *paiti*, ai. *práti*; mp. *pad*.

patigrabanā (*ptigrbnʾ*), nom. sg. f., Patigrabanā, Name einer Stadt in Parthien, wohl eine 'Zolleinnahmestelle', zu *grab-* 'greifen', mit Präverb *pati-*; el. *bat-ti-ik-ráb-ba-na*.

patikarā (*ptikrʾ*), acc. pl. m., Bildwerke, Reliefs, Flachbilder, vgl. ai. *prati-kṛti-* 'Abbild', np. *peikar* 'Bild'; el. *bat-ti-kar-ra-um* und *bat-ti-kur-ráš*.

pati-mai (*ptimiy*), adv. mit pron. pers. dat. 1. sg., auch mein(e), [dies ist] eben meine [Tüchtigkeit].

patipadam (*ptipdm*), adv., an seinen (gehörigen) Platz, zu *pada-* 'Stand, Stelle' und *pati-*.

patipayaxva (*ptipyuvʾ*), impv. med. 2. sg., sei auf der Hut! (vor = *hačā*), nimm dich in acht!, zu *pā-* 'schützen', mit Präverb *pati-*.

patiprsāhi (*ptiprsʾhy*), subj. praes. 2. sg., du mögest (wirst) lesen, zu *fraθ-* 'fragen', mit Präverb *pati-*.

patiprsāti (*ptiprsʾtiy*), subj. praes. 3. sg., er wird lesen.

patiš (*ptiš*), praep. c. acc., gegen.

patišam (*ptišm*), adv., zudem, überdies.

pātišxvariš (*pᵓtišuvriš*), adj. nom. sg. m., ein Pateischorier, ein Perser aus der Volksgruppe der Pateischorier, el. *ba-ut-ti-iš-mar-ri-iš*, akk. *pa-id-di-iš-ḫu-ri-iš*.

patiyābaram (*ptiyᵓbrm*), impf. 1. sg., ich brachte (gab) zurück, setzte wieder ein, zu *bar-* 'tragen', mit Präverb *pati-*.

patiyafrasya (*ptiyfrsiy*), impf. pass. 3. sg., es wurde vorgelesen, zu *fraθ-* 'fragen', mit Präverb *pati-*. (W. Cowgill, KZ 1968, 264.)

patiyaxšayai (*ptiyxšyiy*), impf. med. 1. sg., ich beherrschte, wurde zum Herrscher, zu *xšay-* 'herrschen', aw. *xšā(y)-*, ai. *kṣáyati* 'er besitzt', mit Präverb *pati-*.

patiyāišan (*ptiyᵓiš*), impf. 3. pl., sie kamen [mir] zu, fielen [mir] zu, zu *ay-* 'gehen', mit Präverb *pati-*.

patiyāvahyai (*ptiyᵓvhiy*), impf. med. 1. sg., ich flehte an, betete, zu parth. *pd-vh* 'anflehen'; el. *bat-ti-ya-man-ya-a*.

patiyazbayam (*ptiyzbym*), impf. 1. sg., ich proklamierte, gebot, befahl, zu medisch **zbā-* 'rufen', aw. *zbā-*, ai. praes. *hvaya-*, mit Präverb *pati-*.

patiyažata (*ptiyžtᵓ*), impf. med. 3. sg., er hat zurückgeschlagen, besiegt, zu *ǰan-* 'schlagen', mit Präverb *pati-*.

pātu (*pᵓtᵘuv*), impv. 3. sg., er beschütze! beschirme! (vor = *hačā*), zu *pā-* 'schützen'.

paθim (*pθim*), acc. sg. f., den Pfad, zu aw. *paθ-*, ai. *path-* 'Weg'.

piça (*piç*), gen. sg. m., des Vaters, von dem Vater, zu aw. *pitar-*, ai. *pitár-*, mp. *pidar* 'Vater'.

pirāva (*pirᵓv*), nom. sg. m., der Nil (aus dem Ägyptischen, vgl. kopt. *peiero*, *piaro* 'der große Fluß'). (E. Benveniste, BSL 1951, 40.)

piruš (*pirᵘuš*), nom. sg. m., Elfenbein, el. *pi-hi-ra-um*, vgl. akk. *pīru* 'Elefant', mp. *pīl*, np. *fil*.

pištā ([*p*]*ištᵓ*), part. perf. pass. nom. sg. f., bemalt, verputzt, zu *paiθ-* 'bemalen', aw. *paēsa-* 'Schmuck'.

pitā (*pitᵓ*), nom. sg. m., der Vater, s. o. *piça*.

prga (*prg*), nom. sg. m., Prga, Name eines Berges in der Persis, heute Forg, el. *bar-rák-qa*.

prsa (*prsᵓ*), impv. 2. sg., züchtige!, bestrafe!, zu *fraθ-* 'fragen', aw. *fras-*, ai. *praś-*.

prsāmi (*prsᵓmⁱiy*), praes. 1. sg., ich züchtige, bestrafe.

prtanayā ([*p*]*rtnyᵓ*), loc. sg. n., im Kampf, Widerstreit, zu aw. *pəšana-* n. 'Kampf'.

prtanāyā (*prtnᵓyᵓ*), loc. sg. f., im Kampf, zu aw. *pəšanā-* f. 'Kampf'.

puça (*puç*), nom. sg. m., Sohn, aw. *puθra-*, ai. *putrá-*, mp. *pus*. *puçā* (*puçᵓ*), nom. pl. m., Söhne.

putāya (*putᵓy*), adj. nom. sg. m., der Mann aus Punt (Somaliland?), el. *pu-ud-da-a-ya*, akk. *pu-ṭa-a-a*. *putāyā* (*putᵓyᵓ*), nom. pl. m., die Leute aus Punt, el. *pu-ú-ti-ya-ap*, *pu-ud-da-ya*, akk. *pu-ú-ṭa*.

rādi (*r͐dͥiy*), postpos. c. gen., wegen, halber, parth. *rād*, mp. *rāy*, np. *rā*.

ragā (*rg͐*), nom. sg. f., Rhages, heute Rey, Teherans südliche Vorstadt, el. *rák-qa*, akk. *ra-ga-a͐*. *ragāyā* (*rg͐y͐*), abl. sg. f., von (= *hačā*) Rhages.

raxā (*rx͐*), nom. sg. f., Raxā, Name einer Stadt in der Persis, vielleicht das spätere Arraǧān, el. *rák-qa*.

raxθatu (*rxθtͧuv*), impv. 3. sg., er gedeihe!

rāstam (*r͐stm*), nom./acc. sg. n., Recht, zu aw. *rāšta* 'geordnet', *rāštəm* 'geraden Wegs', mp. *rāst* 'gerade'. *rāstām* (*r͐st͐m*), adj. acc. sg. f., die rechte, gerade.

rauča (*ruč*), nom. sg. n., Tag, zu aw. *raočah-* n. 'Leuchte, Licht', ai. *rócas* 'Licht', mp. *rōz* 'Tag'. *raučabiš* (*ručbiš*), instr. pl. n. (bei Datierungen): x Tage [waren verflossen].

rauča-pati-vā (*ručptiv͐*), acc. sg. n., oder am Tage, oder des Tages, bei Tag [und Nacht].

rauta (*rut*), nom. sg. n., Fluß, Strom, zu aw. *θraotah-* n. 'Fluß', ai. *srótas-* n., mp. *rōd*.

rδatam (*͐rdtm*), nom. sg. n., Silber, zu aw. *ərəzata-*, ai. *rajatá-*.

rstibara (verschrieben *šrstibr*), nom. sg. m., Lanzenträger, wahrscheinlich echt-persisch *rstiš* 'Lanze' enthaltend; das zweite Glied zu *bar-* 'tragen'.

ršādā (*͐rš͐d͐*), nom. sg. f., Ršādā, Name einer Festung in Arachosien, vielleicht das heutige Qandahār, el. *ir-šá-da*.

ršaka (*͐ršk*), nom. sg. m., Ršaka, persischer Eigenname, *ka*-Ableitung zu *ršan-* 'Held'.

ršāma (*͐rš͐m*), nom. sg. m., Arsames, persischer Eigenname, auch des Groß-vaters des Darius, el. *ir-šá-ma, ir-šá-um-ma*, aram. *͐ršm*. *ršāmahya* (*͐rš͐mhy͐*), gen. sg. m., des Arsames.

rštām (*͐ršt͐m*), acc. sg. f., Gerechtigkeit, vgl. aw. *arštāt-* als Name der Göttin der Gerechtigkeit.

rštiš (*͐ršt[i]š*, wohl medisch), nom. sg. f., Lanze, zu aw. *aršti-*, ai. *rṣṭí-*.

rštika (*͐ršt[i]k*), nom. sg. m., Lanzenkämpfer.

rtā-ča (*͐rt͐č͐*), instr. sg. n. mit enklit. Konjunktion, gemäß der Rechten Ordnung und, el. *ir-da-ha-zi*.

rtaxšaça (*͐rtxšç͐*), nom. sg. m., Artaxerxes, persischer Königsname, etwa: 'Reich der Rechten Ordnung', el. *ir-tak-šá-áš-šá*, akk. *ar-ta-a͐-ḫa-šá-is-su* oder *ar-tak-šat-su*, aram. *͐rtẖšš*, *͐rtẖš*, *͐rtẖšt͐* und *͐rtẖšt*, lydisch *artakśassa*. *rtaxšaçahya* (*͐rtxšçhy͐*), gen. sg. m., des Artaxerxes. *rtaxšaçam* (*͐rtxšç͐m*, späte, verderbte Schreibung), acc. sg. m., den Artaxerxes.

rtam ([*͐rt*]*m*), nom. sg. n., die Rechte Ordnung, die Wahrheit, aw. *aša-*, ai. *ṛtá-* 'kosmische Ordnung'. (Ergänzung DB V:35 von I. Gershevitch, *The Avestan Hymn to Mithra* [1959] 251.)

rtāvā (*͐rt͐v͐*), adj. nom. sg. m., der Rechten Ordnung teilhaftig = selig, el. *ir-da-ma*, aw. *ašāvan-* 'rechtgläubig', ai. *ṛtávan-*.

rtavarδya (*͐rtvrdͥiy*), nom. sg. m., Rtavarδya, persischer Eigenname, etwa: 'der die Rechte Ordnung wirkt', aus *rta-* n. 'Rechte Ordnung, Wahrheit' und *varδ-*, aw. *vərəzya-* 'das Wirken', als *ya*-Ableitung; el. *ir-du-mar-ti-ya*, akk. *ar-ta-mar-zi-ya*, aram. *ᵓrtvrzy*. *rtavarδyam* (*ᵓrtvrdⁱiym*), acc. sg. m., den Rtavarδya.

saimam (*siymm*), adj. acc. sg. m., silbern, zu mp. *asēm*, np. *sīm*, aus. gr. *ἄσημον* '(ungeprägtes) Silber'.

saka (*sk*), adj. nom. sg. m., Sake, Skythe; Sakenland, Skythien, el. *šá-ak-qa*, akk. *gi-mi-ri* 'Kimmerier'. *sakā* (*skᵓ*), nom. pl. m., die Saken. *sakān* (*sk'*), acc. pl. m., die Saken. *sakaibiš* (*skibiš*), instr. pl. m., von (= *hačā*) den Saken.

sakā (*skᵓ*), nom. sg. f., Sakenland. *sakām* (*skᵓm*), acc. sg. f., gen (= *abi*) Sakenland.

sikayaxvatiš (*sik[y]uvtiš*), nom. sg. f., Sikayaxvatiš, Name einer Burg in Medien ('Kiesburg'), im ersten Glied zu ap. *θikā-* 'Kies', el. *ši-ik-ki-ú-ma-ti-iš* akk. *sik-kam-ú-ba-at-ti-iᵓ*.

sinkabruš (*sikbrᵘuš*), nom. sg. m., Karneol, el. *ši-in-qa-ab-ru-iš*, akk. *ṣi-in-ga-[ab]-ru-ú*, armen. *sngoyr*.

skauθiš (*skuθiš*), adj. nom. sg. m., der Arme, Schwache, wahrscheinlich medisch, zu parth. *ᶜskwẖ* 'arm'. *skauθaiš* (*skuθiš*), gen. sg. m., des Armen, Schwachen. *skauθim* (*skuθim*), acc. sg. m., den Armen, Schwachen.

skudra (*skᵘudr*, *skᵘudrᵓ*), adj. nom. sg. m., Thraker; Thrakien, el. *iš-ku-ud-ra*, akk. *is-ku-du-ru*.

skunxa (*skᵘux*), nom. sg. m., Skunxa, Eigenname eines Sakenkönigs, el. *iš-ku-in-qa*, osset. *skunxt* 'Held' (nach V. I. Abaev).

sparda (*sprd*), nom. sg. m., Sardes; Lydien, el. *iš-bar-da*, akk. *sa-par-du*, lyd. *śfard*. *spardā* (*sprdᵓ*), abl. sg. m., von (= *hačā*) Lydien aus.

spardiya (*sprdⁱi[y]*), adj. nom. sg. m., der Lyder, Sarder, el. *iš-bar-da*, akk. *sa-par-da-a-a*. *spardiyā* (*sprdⁱiyᵓ*), nom. pl. m., die Lyder, Sarder.

spāθmaidāyā (*spᵓθmidᵓyᵓ*, Lesung nicht ganz sicher, in XDN*b* 34f. verschrieben in *spᵓtiyyᵓ*), loc. sg. f., im Heerlager, im Felde, zusammenhängend mit aw. *hama-spaθmaēdaya-* m. 'Name einer Gottheit und ihres fünftägigen Festes'.

stabava (*stbv*), inj. 2. sg., sei [*mā* = nicht] halsstarrig, widersetzlich!, zu aw. *stəmbya-* 'im Streit', ai. *stambh-* 'festhalten', mp. *stambag* 'halsstarrig'; Lesung *stabava*, nicht *stambava*, nach F. B. J. Kuiper, *Ann. Ist. Or. Napoli* 1960, 164f.

stānam (*stᵓnm*), acc. sg. n., Fläche, Stand, el. *iš-da-na*, ai. *sthā́na-* n. 'Aufenthalt', aw. *-stāna-*, np. *-stān* in Zusammensetzungen.

stūnā (*stᵘunᵓ*), nom. pl. f., Säulen, aw. *stūnā-*, ai. *sthū́ṇā-*, aram. *stwnh*, mp. *stūn*, np. *sotūn*; el. *iš-du-na-um*.

stūnāya (*stᵘunᵓy*), adj. acc. sg. m., 'säulern' = Säulen- (verderbte Sprachform).

sugda (*sugd*, *sugᵘud* und *sugᵘd*), nom. sg. m., Sogd, Sogdiana (Transoxanien), el. *šu-ug-da*, akk. *su-ug-du*. *sugdam* (*sugdm*), acc. sg. m., (jenseits = *para*) von Sogd. *sugdā* (*sugᵘudᵓ*), abl. sg. m., von (= *hačā*) Sogd her.

škauθim (verschrieben *škurim* statt *škuθim*), adj. acc. sg. m., den Armen, Schwachen, s. o. *skauθim*.

šyāta (*šiy⌐t*), adj. nom. sg. m., glücklich, zu aw. *šyāta-* 'froh', np. *šād*; el. *šá-da*, *šá-ud-da*.

šyātiš (*šiy⌐tiš*), nom. sg. f., Glück, zu aw. *šāiti-* f. 'Freude', el. *ši-ya-ti-iš*. *šyātim* (*šiy⌐tim*, verderbt *š⌐yt⌐m*), acc. sg. f., Glück, el. *ši-ya-ti-um*.

tačaram (*tčrm*), acc. sg. m., den Wohnpalast, armen. *tačar* 'Tempel', np. *tazar* 'Sommerhaus'; el. *da-za-ra* und *da-iz-za-ra-um*.

taxmaspāda (*txmsp⌐d*, medisch), nom. sg. m., Taxmaspāda, Eigenname eines Meders (General des Darius), aus *taxma-* 'tapfer' und *spāda-* 'Heer'; el. *tak-maš-ba-da*, *tak-ma-iš-ba-da*.

takabarā (*tkbr⌐*), adj. nom. pl. m., Petasos (schildförmige Kopfbedeckung) tragende [Ionier], el. *da-qa-bar-ra*, *da-ak-qa-bar-ra*. (Gemeint sind vielleicht die Makedonen.)

tanūš (*tn^uuš*), nom. sg. f., Leib, Selbst, Körper, aw. *tanū-*, ai. *tanú-*, np. *tan*. *tanūm* (*tn^uum*), acc. sg. f., nach (= *pasā*) sich selbst.

tara (*t[r]*), praep. c. acc., durch (etwas hindurch), zu aw. *tarō*, *tarə̄* 'über — hin', ai. *tiráḥ* 'durch, über'.

tāravā (*t⌐rv⌐*), nom. sg. f., Tāravā, Name einer Stadt in der Persis, heute Ṭārom, el. *da-ra-ú-ma*, akk. *ta-ar-ma-a⌐*.

tauhmā (*tum⌐*), nom. sg. f., Sippe, Geschlecht, Nachkommenschaft, zu aw. *taoxman-* 'Keim', ai. *tókman-* 'Schößling'; mp. *tōhmag* 'Same, Familie', np. *tohm* 'Same'. *tauhmāyā* (*tum⌐y⌐*), gen. sg. f., des Geschlechts, der Sippe. *tauhmāyā* (*tum⌐y⌐*), abl. sg. f., von (= *hačā*) der Sippe (weg). *tauhmām* (*tum⌐m*), acc. sg. f., die Nachkommenschaft.

taumǎ (*tum⌐*), nom. sg. n., Kraft, Stärke, Vermögen, *man*-Stamm zu *tav-* 'stark sein, vermögen'.

taumanišai (*tumnišiy*), acc. sg. n. mit pron. pers. gen. 3. sg., gemäß (= *anu*) seiner Kraft, nach seinen Kräften, wohl = **tauman-šai* mit euphon. *i*, nicht (mit R. Schmitt, *Kratylos* 1969, 58), *taumani-* als loc. sg. n.

tāvayati (*t⌐vytiy*), praes. 3. sg., er vermag, zu *tav-* 'stark sein, vermögen', aw. *tav-*; vgl. ai. *taviti* 'er hat Macht'.

tavyāh (*tuv^iiy⌐*), adj. comperat. nom. sg. m., stärker, mächtiger, zu ai. *táviyas-* 'stärker'.

taya (*ty*), conj., daß; denn; auf daß.

taya (*ty*), pron. relat. (Artikel), nom./acc. sg. n., das; das, was. *tayam* (*tym*), acc. sg. m., den, welchen. *tayām* (*ty⌐m*), acc. sg. f., die, welche. *tayanā* (*tyn⌐*), instr. sg. n., mit dem. *tayā* (*ty⌐*), nom. dual. m., die (beide). *tayai* (*tyiy*), nom./acc. pl. m., die, welche. *tayā* (*ty⌐*), nom./acc. pl. f./n., die, welche. *tayaišām* (*tyiš⌐m*), gen. pl. f., derer, welcher, von denen.

taya-mai (*tymiy*), pron. rel. nom./acc. sg. n. mit pron. pers. gen. 1. sg., was mein ...; insoweit als mein; das, was ... von mir (von meinem). *taya-šām* (*tyš⌐m*), das, was ... ihnen. *taya-tai* (*tytiy*), das, was ... dir.

tayā-diš (*ty⌐d⌐iš*), pron. rel. acc. pl. n. mit pron. pers. acc. 3. pl. m., die ... sie.

tayai-šai (*tyiyšiy*), pron. rel. nom. pl. m. mit pron. pers. dat. 3. sg. m., die ... ihm.

taya-pati (*typtiy*), pron. rel. nom./acc. sg. n. mit *pati* 'auch', das, was auch (nun).

tigra (*tigr*), nom. sg. m., Tigra, Name einer Burg in Armenien, el. *ti-ik-ra*.

tigraxaudā (*tigrxud⌐*), adj. nom. pl. m., die spitzhelmigen, die mit spitzen Mützen (Bezeichnung eines Sakenvolkes), zu aw. *tiɣra-* 'spitz' und *-xaoδa*-m. 'Helm', mp. *tigr*, np. *tīr* 'Pfeil' und np. *ḫūd* 'Helm'; el. *ti-ik-ra-qa-u-da*.

tigrām (*tigr⌐m*), acc. sg. f., den Tigris; adj. acc. sg. f., spitz.

trsam (*trsm*), inj. 1. sg., [*mā trsam* =] ich will mich [nicht] fürchten, zu *tarsa-* 'fürchten', vgl. aw. *fra-tərəsaiti* 'er hat Angst', np. *tarsīdan*.

trsati (*trstiy*), praes. 3. sg., er fürchtet sich (vor = *hačā*).

trsanti (*trstiy*), praes. 3. pl., sie fürchten sich.

tunvā (*t⌐un⌐uv⌐*), adj. nom. sg. m., der Mächtige, Reiche, zu *tav-* 'stark sein'. *tunvantahya* (*t⌐un⌐uvthy⌐*, in die *a*-Deklination übergeführt), gen. sg. m., des Mächtigen, Reichen. *tunvantam* (*t⌐un⌐uvtm*), acc. sg. m., den Mächtigen, Reichen.

tuvam (*t⌐uvm*), pron. pers. nom. 2. sg., du, aw. *tvə̄m*, ai. *t(u)vám*, np. *tŏ*.

θādi (*θ⌐d⌐iy*, früher irrig *rādi* gelesen), impv. 2. sg., verkünde, mache kund!, zu *θā-* 'verkünden', ai. *śādhi*. (E. Benveniste, BSL 1951, 27.)

θaigračaiš (*θ⌐igrčiš*), gen. sg. m., des Θaigračiš, Name des 3. Monats = babyl. *Simannu*, '[Monat der] Knoblauchlese', aus **θaigra-* 'Knoblauch', np. *sīr*, und zu **či-* 'sammeln', np. *čīdan*; el. *sa-a-kur-ri-zí-iš, sa-a-kur-ra-zí-iš*. (F. Justi, ZDMG 1897, 243.)

θakatam (*θktm*), part. perf. pass. nom. sg. n., verflossen, verstrichen, zu aw. *sak-* 'verstreichen' (von der Zeit), parth. *sak-* 'vorbeigehen'. *θakatā* (*θkt⌐*), nom. pl. n., verflossen.

θandaya (*θdy*), inj. 3. sg., es dünke [nicht = *mā*]!, es erscheine [nicht]!, zu *θand-* 'erscheinen', aw. *sadayeiti* 'wird sichtbar', ai. *chadáy°* 'erscheinen'.

θandayātai (*θdy⌐tiy*), subj. med. 3. sg., es erscheine, dünke, komme vor (als), zu *θand-* 'erscheinen',.

θānhi (*θ⌐hy*), subj. praes. 2. sg., du machest kund, verkündest, zu *θanh-* 'sagen, verkünden', aw. *saṇh-*.

θanhyāmahi (*θhy⌐mhy*), praes. pass. 1. pl., wir werden genannt, wir heißen, zu *θanh-* 'sagen'.

θanstanai (*θstniy*), inf., aussagen, bekunden, zu *θanh-* 'sagen'. (M. Mayrhofer, *Handbuch des Altpersischen* [1964] 146.)

θanvanya (*θn⌐uvniy*), nom. sg. m., Bogenschütze, zu aw. *θanvan-* n. 'Bogen', ai. *dhánvan-*.

θarda (*θrd*), gen. sg. f., des Jahres [*hamahyāyā θarda* = binnen eines und desselben Jahres], zu aw. *sarəd-* f. 'Jahr', np. *sāl. θardam* (*θrdm*), acc. sg. f., das Jahr.

θarmiš (*θrm*ⁱ*iš*), nom. sg. m., Balkerwerk, Gebälk, vielleicht (mit O. Klíma, *Ar. Or.* 1972, 194) medisch *θramiš* zu lesen, in *θ. haya naučaina* = 'Zedern-balken', el. *teten* 'Balken'.

θataguš (*θtgᵘuš*), nom. sg. m., Sattagydien, das heutige Pandjab, zu *θata-*'hundert', aw. *satəm*, ai. *śatám*, und *gav- 'Rind', also 'Land der hundert [= zahllosen] Rinder'; el. *sa-ad-da-ku-iš*, akk. *sa-at-ta-gu-ú*.

θataguvya (*θtgᵘuiy*, späte Schreibung), adj. nom. sg. m., der Sattagyde. (R. Schmitt, ZDMG 1967, 125, Anm. 187b.)

θāti (*θʾtiy*), praes. 3. sg., es kündet, spricht, zu *θā-* 'verkünden'. (M. Mayrhofer, *Handbuch des Altpersischen* [1964] 146.)

θikām (*θikʾm*), acc. sg. f., Schotter, Kies, zu ai. *síkatā-* f. 'Sand, Kies', vgl. *sikayaxvatiš*.

θuxrahya (*θuxrhyʾ*), gen. sg. m., des Θuxra, Eigenname eines Persers, wohl der 'Rote' oder 'Helle', aw. *suxra-* 'rot', ai. *śukrá-* 'hell, licht', np. *sorḫ* 'rot'; el. *du-uk-kur-ra*.

θūravāharahya (*θurvʾhrhy*), gen. sg. m., des Θūravāhara, Name des 2. Monats = babyl. *Ayyāru*, zu *θūra-* = aw. *sūra-*, ai. *śūra-* 'stark' und np. *bahār* 'Frühling', also '[Monat des] starken Frühlings'; el. *tu-ru-ma-ráš* u. ä. (F. Justi, ZDMG 1897, 242.)

θvām (*θuvʾm*), pron. pers. acc. 2. sg., dich (dir), ai. *tvám*.

ubā (*ubʾ*), adj. nom. dual. m., beide, aw. *uba-*, ai. *ubhá-*. *ubānām* (*ubʾnʾm*), gen. pl. m., von beiden.

udapatata (*udpttʾ*), impf. med. 3. sg., er empörte sich, rebellierte, wurde auf-ständisch, zu *pat-* 'fliegen', 'fallen', aw. und ai. *pat-*, mit Präverb *ud-*'hinaus', aw. *us*, ai. *út*.

upa (*upʾ*), praep. c. acc., bei; unter (der Herrschaft von . . .), aw. *upa*, ai. *úpa* 'hinzu, herbei'; bei Titeln bezeichnet *upa-* unser 'Vize-'.

upadramahya (*updrmhyʾ*), gen. sg. m., des Upadrama(?), Eigenname des Vaters eines Elamers, aber iranisch, wohl zu ai. *drámati* 'läuft', also etwa: 'Herläufer' oder 'Beiläufer', el. *uk-ba-[tar]-ra-an-ma*.

upari (*upriy*), adv., oben; praep. c. acc., auf, über, gemäß, zu aw. *upairi*, ai. *upári* 'oben, über', np. *bar* 'auf'.

upariyāyam (*upriyʾ[y]m*), impf. 1. sg., ich habe mich gehalten an, gerichtet nach, zu *ay-* 'gehen', mit Präverb *upari-* 'über'.

upastām (*upstʾm*), acc. sg. f., Beistand, Hilfe, zu aw. *upastā-* f. 'Beistand', aus *upa* 'bei' und *stā-* 'stehen'.

upāyam ([*u*]*pʾym*), impf. 1. sg., ich kam heran, langte an, erreichte, zu *ay-* 'gehen', mit Präverb *upa-* 'bei'.

ustačanam (*ustšnʾm*, [*ust*]*čnʾm*, späte Schreibungen), acc. sg. m., Treppe, wört-lich: 'Hinauflauf', zu *tak-* 'laufen', mit Präfix *ud-* 'hinauf'. (R. Hauschild, *Mitt. Inst. f. Or.forschg.* [1959] 29f.)

uši (*ušiy*), nom. dual. n., Verstand, Urteilskraft, wörtlich: 'beide Ohren' wie aw. *uši-*, np. *hūš* 'Verstand'. *ušiyā* (*ušiyʾ*), instr. dual. n. (singularische

Form), mit dem Verstand. *ušibyā* (*ušibiy⌐*), instr. dual. n., durch Verstand, Urteilskraft, aw. *ušibya* 'mit beiden Ohren'.

uši-ča (*ušič⌐*), acc. dual. n. mit enklit. -*ča*, und Verstand.

uššabārim (*ušb⌐rim*), adj. acc. sg. m., kamelberitten, zu aw. *uštra-* 'Kamel', ai. *úṣṭra-*, das zweite Glied zu *bar-* 'tragen'. Aus *uštra-* wurde ap. **ušça-*, assimiliert zu *ušša-*. (W. Eilers, *Semiramis* [Wien 1971] 44, Anm. 73.)

uta (*ut⌐*), conj., und; *uta . . . uta . . . uta* = sowohl . . . als auch . . . als auch, aw. *uta*, ai. *utá*, mp. *ud*; el. *ud-da*. *uta-mai* (*utmiy*, *ut⌐miy*), und mein, und von mir. *uta-mām* (*utm⌐m*), und . . . mich (mir). *uta-šai* (*ut⌐šiy*), und . . . ihm. *uta-šām* (*ut⌐š⌐m*), und . . . ihnen, und von ihnen. *uta-šim* (*utšim*, *ut⌐šim*), und . . . ihn, und . . . sie (sg.). *uta-tai* (*ut⌐tiy*), und . . . dir.

uzmayā-pati (*uzmy⌐ptiy*), loc. sg. n. mit -*pati*, auf den Pfahl [setzen] (= pfählen), zu ai. *ud-may-* 'hochpflanzen', mit Verb *kar-* 'machen' konstruiert. (M. Mayrhofer, *Handbuch des Altpersischen* [1964] 150.)

vaççabara (*vçbr*), nom. sg. m., Kämmerer, wörtlich: 'Gewandträger', zu aw. und ai. *vastra-* n. 'Gewand', das über **vasça-* ap. zu *vaçça-* wurde, und zu *bar-* 'tragen'.

vahaukahya (*vhu[kh]y[⌐]*), gen. sg. m., des Vahauka, Eigenname eines Persers, gr. Ochos, zu *vahu-* 'gut', el. *ma-u-uk-qa*, akk. *ú-ma-aḫ-ku*.

vahumisa (*vumⁱis*), nom. sg. m., Vahumisa, Eigenname eines Persers, gr. Omises, el. *ma-u-mi-iš-šá*, akk. *ú-mi-is-si*, aram. *whwms*. *vahumisam* (*vumⁱism*), acc. sg. m., den Vahumisa. Bedeutung noch unsicher, vielleicht 'gute Gabe'.

vahyaskrtam ([*vhyskr*]*tm*), part. perf. pass. 3. sg. n., bessergemacht, überlegen, überragend, aus **vahyah-* 'besser', aw. *vaŋhah-*, ai. *vásyas-* und PPP von *kar-* 'machen'. (*Altiranische Funde und Forschungen* [1966] 61.)

vahyasparvahya (*vh?[y]sp[rv]hy⌐*), gen. sg. m., des Vahyasparva, Eigenname eines Persers, aus **vahyah-* 'besser' und **parva-* 'erster', el. *mi-iš-bar-[ma]*, akk. *mi-is-pa-ru-u⌐*.

vahyavišdāpāya (*vhyvⁱšd⌐p⌐y*, verderbt), nom. sg. m., Eigenname eines Persers.

vahyazδāta (*vhyzd⌐t*), nom. sg. m., Vahyazδāta, Eigenname eines Persers, aus **vahyah-* 'besser' und *δāta-* 'geboren', np. *zād*; el. *mi-iš-da-ad-da*, akk. *ú-mi-iz-da-a-tú*. *vahyazδātahya* (*vhyzd⌐thy*), gen. sg. m., des Vahyazδāta. *vahyazδātam* (*vhyzd⌐tm*), acc. sg. m., den Vahyazδāta.

vaināhi (*vin⌐hy*, *vin⌐hiy*), subj. praes. 2. sg., du erblickest, betrachtest, zu aw. *vaēnati* 'er sieht', ai. *vénati*, np. *bīnad*.

vaināmi (*vin⌐mⁱiy*), praes. 1. sg., ich betrachte, sehe an.

vainatai (*vinty*, *vintiy*), praes. med. 3. sg. als pass., es wird gesehen, ist sichtbar, liegt vor Augen.

vasai (*vsiy*), adv., sehr, viel; vieles; mp. *vas*, np. *bas*.

vašdāsaka (*všd⌐sk*, verderbt), nom. sg. m., Eigenname eines Persers.

vašnā (*všn⌐*), instr. sg. m., nach dem Willen, durch den Segen, zu aw. *vasna-* m. 'Wille', ai. *vaś-* 'wollen'.

vašnāpi (*všnˀ[pi]y*), instr. sg. n., ebenfalls durch den Willen, aus *vašnā* und *api* 'desgleichen auch'. (E. Benveniste, BSL 1938, 32ff.)

vayam (*vym*), pron. pers. nom. 1. pl., wir, aw. *vaēm*, ai. *vayám*.

vazrka (*vzrk*, medisch), adj. nom. sg. m., groß, mp. *vazurg*, armen. *vzurk*, np. *bozorg*. *vazrkam* (*vrzkm*), acc. sg. n., das große, groß. *vazrkāyā* (*vrzkˀyˀ*), loc. sg. f., auf der großen.

vidrna (*vⁱidrn*), nom. sg. m., Vidrna, Eigenname eines Persers, gr. Hydarnes, etwa 'Auseinanderreißer', zu *dar-*[1] 'spalten', mit Präverb *vi-* 'auseinander', el. *mi-tar-na* und *mi-tur-na*, akk. *ú-mi-da-ar-na-aˀ*, lykisch *widrñna-*.

vikanāhi (*vⁱiknˀhy*), subj. praes. 2. sg., du zerstörest, zu *kan-*[1] 'graben', mit Präverb *vi-* 'auseinander'.

vikanāhi-diš (*vⁱiknˀhdⁱiš*), subj. praes. 2. sg. und pron. pers. acc. 3. pl. m., du zerstörest sie.

vimrdati (*vⁱimrdtiy*), praes. 3. sg., er unterdrückt, bedrückt, zu ai. *mṛdnáti* 'er preßt, drückt', mit Präverb *vi-* 'auseinander'. (M.Mayrhofer, *Or.* 1964, 82.)

vinastahya (*vⁱinsthyˀ*), part. perf. pass. gen. sg. n., des Schadens, [gemäß] dem Schaden, zu *naθ-* 'zugrundegehen', mit Präverb *vi-* 'auseinander', aw. *nasu-* f. 'Leichnam', ai. *naś-* 'verschwinden'.

vināθayaiš (*vⁱinˀθyiš*), opt. praes. 3. sg., er stifte Schaden, zu *naθ-* 'zugrundegehen', mit Präverb *vi-* 'auseinander', Kausativ.

vināθayati (*vⁱinˀθytiy*), praes. 3. sg., er stiftet Schaden.

vindafarnāh (*vⁱidfrnˀ*), nom. sg. m., Intaphernes, Eigenname eines Persers, etwa: 'Ruhmesglanz-findend', el. *mi-in-da-bar-na*, aram. *wndprn*. (R. Schmitt, ZDMG 1967, 121.)

visadahyum (*vⁱisdhyum*), adj. acc. sg. m., 'All-Land'[-Tor], aus *visa-* 'ganz, all' und *dahyu-* f. 'Land', el. *mi-iš-šá-da-a-hu-iš*.

visahya (*vⁱishyˀ*), adj. dat. sg. m., einem Jeglichen, jedermann, zu aw. *vispa-* und ai. *viśva-* 'ganz, all'. *visam* (*vⁱism*), nom./acc. sg. n., alles. *visaibiš* (*vⁱisibiš*), instr. pl. m., mit allen.

vispā (*vⁱispˀ*, medisch), adj. abl. sg. n., (vor = *hačā*) allem [Unheil], aw. *vispa-*, mp. *visp*.

vispazanānām (*vⁱispznˀnˀm*), adj. gen. pl. f., aller Arten, aus medisch *vispa-* 'alle' und medisch *zana-* 'Art', vgl. ai. *viśva-janá-* 'alles Volk umfassend'; aram. *wspzn*, el. *mi-iš-ba-za-na*; die persische Form **visaδana-* bewahrt el. *mi-iš-šá-da-na*.

vispauzātiš (*vⁱiš[p]uz[ˀ]tiš*), nom. sg. f., Višpauzātiš, Name einer Stadt in Parthien, el. *mi-iš-ba-u-za-ti-iš*.

vistāspa (*vⁱštˀsp*, *vⁱištˀsp*, medisch), nom. sg. m., Hystaspes, Name des Vaters des Darius, wohl: 'mit ungeschirrten Rossen' (O. Szemerényi, *Beitr. z. Namenforschung* 1951, 165ff.), also etwa = 'Wildfang', el. *mi-iš-da-áš-ba*, akk. *uš-ta-as-pa*. *vištāspahya* (*vⁱištˀsphyˀ*, *vⁱštˀsphyˀ*), gen. sg. m., des Hystaspes. *vištāspam* (*vⁱštˀspm*), acc. sg. m., zu (= *abi*) Hystaspes.

viθam (*vⁱθm*, *vⁱiθm*), acc. sg. f., den Königshof, die (königliche) Sippe, zu aw. *vis-* f. 'Herrenhaus', ai. *víś-* f. 'Haus, Sippe'.

viθā-pati (*v^{i}θ^{y}ptiy*), instr. sg. f. mit *-pati*, hofzugehörig, Hof-[Truppen = Garden].

viθbiš-ča (*v^{i}θbišč^y*), instr. pl. m. mit enklit. *-ča*, und (zwar) durch Hofangehörige (= Garden).

viθiyā (*v^{i}θiy^y*, *v^{i}iθiy^y*), loc. sg. f., bei, am Hofe.

vivāna (*v^{i}iv^{y}n*), nom. sg. m., Vivāna, Eigenname eines Persers, el. *mi-ma-na* und *mi-hi-ma-na*. *vivānam* (*v^{i}iv^{y}nm*), acc. sg. m., den Vivāna.

viyaxanahya (*v^{i}iyxnhy*) und **vixanahya*, gen. sg. m., des Vīxana, Name des 12. Monats = babyl. *Addāru*, etwa 'Pflugmonat', zu *kan-*[1] 'graben', ai. *khan-*; aw. *xan-* f. 'Brunnen', mit Präverb *vi-* 'auseinander'; el. *mi-ya-kán-na-iš* und *mi-kán-na-iš* (u. ä.).

viyakan (*v^{i}iyk*), impf. 3. sg., er zerstörte, ließ schleifen, zu *kan-*[1] 'graben', mit Präverb *vi-* 'auseinander'.

viyakanam (*v^{i}iyknm*), impf. 1. sg., ich zerstörte, ließ einreißen.

viyamrda (*v^{i}iymrd*), impf. 3. sg., er rieb auf, zu ai. *mṛd-* 'reiben', mit Präverb *vi-* 'auseinander'.

viyanāθaya (*v^{i}iyn^y[θ]y*), impf. 3. sg., er stiftete Schaden, zu *naθ-* 'zugrunde-gehen', mit Präverb *vi-* 'auseinander', Kausativ.

viyatarayam (*v^{i}iytrym*), impf. 1. sg., ich überquerte, setzte über, zu *tar-* 'über-queren', aw. *tar-* 'über etwas gelangen', ai. *tar-* 'überwinden'.

viyatarayāmā (*v^{i}iytry^{y}m^y*), impf. 1. pl., wir setzten über, überquerten.

vratiyai ([*v*]*rtiyiy*), opt. med. 1. sg., ich möchte beschwören, eidlich bekräftigen, zu **vrat-* 'schwören'. (I. Gershevitch, *The Avestan Hymn to Mithra* [1959] 184.)

vrδanam (*vrdnm*), nom. sg. n., Stadt, Siedlung, zu aw. *vərəzəna-* n. 'Gemeinde', ai. *vṛjána-* n. 'Ortschaft'.

vrkāna (*vrk^{y}n*), nom. sg. m., Hyrkanien, Name einer Landschaft an der Südost-ecke des Kaspischen Meeres, heute Gorgān, zu aw. *vəhrka-* und ai. *vŕka-* 'Wolf', el. *mi-ir-qa-nu-ya-ip* (pl. = 'die Hyrkanier').

vrnavatai (*vrnvtiy*), praes. med. 3. sg., es wird für wahr erachtet, ist glaubhaft, zu *var-* med. 'wählen', aw. *var-*, ai. *vṛnóti* 'er wählt'.

vrnavātai (*vrnv^{y}tiy*), subj. praes. med. 3. sg., es werde geglaubt, für wahr er-achtet, zu *var-* 'wählen'.

vrnavatām (*vrnvt^{y}m*), impv. med. 3. sg., es werde geglaubt!, es überzeuge (dich = *θvām*)!

yačči (*yčiy*), pron. relat. mit enklit. *či* zur Verstärkung, ob, wenn auch immer, zu aw. *yaṭ-čiṭ* 'auch wenn', ai. *yác-cit* 'wenn auch'.

yačči-mai (*yčmiy*), pron. rel. mit pron. pers. gen. 1. sg., wann immer ... von mir.

yadā-taya (*yd^{y}ty*), conj., wo, allwo, zu aw. *yadā* 'wann, wenn', ai. *yadā́*.

yadāyā (*yd^{y}y^y*), conj., da, wo; *hačā yadāyā* 'von wo' = von dort her.

yadi (*yd^{i}iy*), conj., wenn, als, zu aw. *yəδi*, ai. *yádi* 'wenn'.

yadi-pati (*yd^{i}iptiy*), conj. wenn nun.

yadi-vā (*yd*ⁱ*iv*ˋ), conj. oder wenn.

yadimanyāhai (*yd*ⁱ*imniy*ˋ*iy*) = *yadi manyāhai*, wenn du denken solltest, s. o. *manyāhai*.

yaδaiša (*ydiš*ˋ), opt. med. 2. sg., du mögest verehren, du sollst anbeten!, zu *yaδ-* 'verehren', aw. *yaz-*, ai. *vaj-*.

yaδatai (*ydtiy*), praes. med. 3. sg., er verehrt, betet an, zu *yaδ-* 'verehren'.

yaδātai (*yd*ˋ*tiy*), subj. praes. med. 3. sg., er verehre, bete an, zu *yaδ-* 'verehren'.

yaδyaišan (*yd*ⁱ*iyiš*), opt. pass. 3. pl., sie sollen verehrt, angebetet werden, zu *yaδ-* 'verehren'.

yakā (*yk*ˋ), nom. sg. f., *Yakā*-Holz, botanisch Dalbergia Sissoo Rxb., el. *ya-qa-um*, np. *ğag*. (I. Gershevitch, BSOAS 1957, 317ff.)

yanai (*yniy*), conj. aber, indes, el. *ya-na-a*.

yānam (*y*ˋ*nm*), acc. sg. m., (als) Gunst, Gnade, zu aw. *yāna-* m. 'Gunst'.

yātā (*y*ˋ*t*ˋ), conj., bis, bis daß, zu parth. *yd*ˋ 'bis'.

yaθă (*yθ*ˋ), conj., wie, als, so wie, weil, damit, zu aw. *yaθa*, ai. *yáthā* 'als, wie'.

yaθă taya (*yθ*ˋ *ty*), conj., nachdem, als dann.

yaθă-mai (*yθ*ˋ*miy*), conj. mit pron. pers. gen. 1. sg., wann (immer) . . . mein, als . . . mein.

yaθă-šām (*yθ*ˋ*š*ˋ*m*), conj. mit pron. pers. dat. 3. pl., so wie . . . ihnen.

yauδantim (*yu*[*dtim*]), part. praes. act. acc. sg. f., unruhig, rebellisch, in Aufruhr befindlich, zu *yauδ-*, aw. *yaoz-* 'in Wallung geraten'. (R. G. Kent, *Old Persian* [1953] 66.)

yauxmaniš (*y*ˋ*uminiš*), *yumniš*) adj. nom. sg., geübt, trainiert, zur awestischen Wurzel *yaog-* 'anspannen', vgl. aw. *yaoxštivant-* 'geschickt, gewandt', und zu sogd. *ywk, ywč-* 'lernen'. (H. W. Bailey, JRAS 1951, 194.)

yauna (*yun*), adj. nom. sg. m., Ionien, el. *ya-u-na*, akk. *ya-ma-nu*. *yaunā* (*yun*ˋ), nom. pl. m., die Ionier, das Land der Ionier. *yaunā* (*yun*ˋ), abl. sg. m., von (= *hačā*) Ionien her.

yāvā (*y*ˋ*v*ˋ), conj., so lange als, zu aw. *yavaṭ* 'so weit als', ai. *yávat* 'wie groß'.

yāvai-šai (*y*ˋ[*višiy*]), adv. mit pron. pers. dat. 3. sg., immer ihm, zu aw. *yavōi* 'für alle Zeit'. (Ergänzungsvorschlag von I. Gershevitch, *The Avestan Hymn to Mithra* [1959] 251.)

yavyā (*yuv*ⁱ*iy*'), nom. sg. f., der Kanal, zu ai. *yavyá-bhiḥ* 'durch Kanäle', np. *ğūy* 'Wassergraben'. *yavyām* (*yuv*ⁱ*iy*ˋ*m*), acc. sg. f., den Kanal.

yutiyā (*yutiy*ˋ), nom. sg. f., Yutiyā, Name einer Landschaft in der östlichen Persis, vgl. die *Utioi* Herodots, el. *ya-ú-ti-ya-iš*, akk. *i-ú-ti-ya*.

zāzāna (*z*ˋ*z*ˋ*n*), nom. sg. m., Zāzāna, Name einer Stadt am Euphrat oberhalb Babylons, el. *za-iz-za-an*, akk. *za-za-an-nu*.

zranka (*zrk*), nom. sg. m., Drangiana, Name der Landschaft um den Hāmūn-See in Ostiran, el. *sir-ra-an-qa*, akk. *za-ra-an-ga*. *zrankā* (*zrk*ˋ), nom. pl. m., die Zranker, Drangianer.

zūra (*zur*, medisch), nom./acc. sg. n., Unbill, Böses, zu aw. *zūrah-* n. 'Unrecht',
ai. *hváras-* n. 'Frevel', mp. *zūr* 'falsch'.

zūrakara (*zurkr*), adj. nom. sg. m., Unrechttuer, Übeltäter, aus *zūrah-* 'Unbill'
und zur Wurzel *kar-* 'machen'.

ANHANG

Altpersische Wörter in elamischen Inschriften

(nicht in Tontäfelchen)

*agurum, el. [*ha-ku-r*]*u-i*[*š*], acc. sg. m., Backstein, nach akk. *agurru*, np.
āg̱ur.

*aryānām, el. *har-ri-ya-na-um*, adj. gen. pl. m., der Arier.

*astu, el. *áš-du*, impv. 3. sg., (er, sie) sei!

*drnabāžiš, el. *tur-na-ba-zí-iš*, nom. sg. m., '[Monat der] Erntesteuer', zu aw.
dar-[1] 'spalten', np. *derou* 'Ernte', und *bāži-* m. 'Steuer'.

*δyāntu, el. *ti?-ya-du*, impv. 3. pl., sie sollen [nicht] schädigen, zu aw. *zyā-*
'schädigen'.

*frāmfram(?), el. *pír-ra-um-pi-ram*(EL), chaotisch. (G. Hüsing, *Die einheim.*
Quellen zur Gesch. Elams [1916] 93, E. Herzfeld, *ApI* [1938] 148, 341, 363.)

*grδya (oder *grδa), el. *kur-taš*, nom. sg. m., Gesinde, Arbeiter (kollektiv), zu
ai. *gr̥há-* 'Haus'.

*haθramanya, el. *ha-tar-ri-man-nu*, nom. sg. m., Anhänger, Gefolgsmann,
wörtlich: 'vereinten Sinnes'.

*hučāram-mai, el. *ú-za-ra-um-mi*, adj. nom. sg. n., mir wohlgelungen, geglückt,
zu *hučāram* auf S. 138 mit enklitischem pron. pers. *-mai* 'mir'.

*xārapašya, el. *qa-ra-ba-ši-ya*, nom. sg. m., '[Monat des] Dornenbündelns,
zu np. *ẖār* 'Dorn[gestrüpp]' und einer Ableitung der awestischen Wurzel
pas- 'zusammenbinden'.

*xšaçapāvana, el. *šá-ak-šá-ba-ma-na-me*, wobei *-me* elamische Abstraktbildung
ist, nom. sg. m., Satrapie, zu ap. *xšaçapāva-* 'Satrap'.

*kayada, el. *ki-ya-da*, adv., irgend.

*patijananta, el. *bat-ti-za-na-in-da*, nom. sg. m., ein Zurückschlagender, zu
jan- 'schlagen' mit adv. *pati* 'gegen', in die *a*-Deklination übergeführt.

*rmātam(?), el. *ir-ma-tam$_6$* oder *ir-ma-ut-tam$_6$*, nom. sg. n., Landgut, Landsitz,
Lehensgut.

*taižaxvanta, el. [*te*]-*iz-za-ma-in-da*, adj. nom. sg. m., jähzornig, unbeherrscht,
wörtlich: 'mit Schärfe versehen', zu mp. *tēz* 'rasch, scharf'. (Dieter Weber
apud W. Hinz, *Altiranische Funde und Forschungen* [1969] 61; R. Schmitt,
Kratylos 1969, 57.)

*tapuška-, el. *da-pu-iš-qa-um*, nom. sg. m., Backstein, gebrannter Ziegel. (Nach M. Mayrhofer, *Die Sprache* 1972, 54, wörtlich 'Brennling, Heißling' als -*ka*-Erweiterung der iranischen Entsprechung von ved. *tápuṣ-* 'Glut, glühend'.)

*θvayaxvā, el. *sa-mi-ya-maš*, und *θvayaxvanta, el. *sa-mi-ya-man-taš*, nom. sg. m., 'der schreckliche [Monat]'. (G. G. Cameron, PTT [1948] 45, Anm. 14.)

*vrkažana, el. *mi-ir-qa-šá-na* und *mar-qa-šá-na-iš*, nom. sg. m., '[Monat der] Wolfsjagd', zu aw. *vəhrka-* m. 'Wolf', ai. *vŕka-*, und *jan-* 'schlagen'.

INDICES

Vorbemerkung: Seitenzahlen ohne Verweisung beziehen sich auf das vorliegende Buch. Nur solche Stichwörter wurden aufgenommen, die erörtert worden sind. Ich habe außerdem den sprachlichen Ertrag einiger früherer Beiträge mitaufgenommen; auf sie wird in runden Klammern näher verwiesen. Jedoch habe ich aus jenen Beiträgen all das fortgelassen, was sich mir heute als nicht mehr zutreffend darstellt. Stichwörter ohne Seitenzahl oder Quellenhinweis stellen unveröffentlichte Vorschläge dar.

Altpersische Wörter

abičarīš (acc. pl.) Felder 53

*abišavana- Stößel 45

*abištāfta- [Ortsname] 80

*abištāvana- (medisch) oder **abistāvana-* (persisch) Gau, Großlehen [nach I. Gershevitch] 61

*abrača- [Eigenname] ʿWölkchenʾ (?) 50

*abravă- [Ortsname] ʿwolkigʾ 80

*āčarna- Möbel, Ausstattung 41 f.

*āçiyāδiš, āçiyāδiya- Ofenhege[monat] 68 f.

ādukaniš, *ādukana, *ādukanya- Kanalgrab[monat] 65

*āδātiš Weizen (oder Emmer?) (*Or.* 1970, 436)

*āδusta- [Eigenname] ʿbeliebtʾ 36

*āfkāna- [Ortsname] ʿWassergrabenʾ 78

*āgrδya- [Ortsname] ʿHausenʾ 79

*āgrya- Lobgesang[sopfer(?)] (*Or.* 1970, 425)

*axšaina-faina- türkisfarben (medisch) 34

*axšaina-xvaina- türkisfarben (persisch) 34

*āxvara- Gerstenmalz 82

*āxvarna-patiš Hofstallmeister [nach I. Gershevitch] 93 und ZA 1971, 282

*aivuθa- [Eigenname] ʿeines wollendʾ 106

*aizaka- (medisch oder ostiranisch) [Eigenname] ʿverlangendʾ 107

*āla- rot 85

*ama-čū-čakuš (?) [Eigenname] ʿstark wie ein Hammerʾ 106

*amadāta- [Eigenname] ʿstarkgeschaffenʾ 46 f.

*āmigdya- Obstwart (ZA 1971, 294)

ānāmaka- namhafter [Monat] 69

*antaka- [Eigenname] ʿwenigʾ 75

*antar-āpiyā [Ortsname] ʿzwischen den beiden Wassernʾ 79

*apahaičya- Bewässerer (?) 98

*apakāna- Schwund 91

*apakanya- Entbinder[-Wein] (?) 91

*apakava- [Eigenname] ʿder hinten einen Höcker hatʾ 106

*apinapā Urenkel 35

*āprna- Faß 94

*āprnabara- Kellermeister 94

*āprsva- ʿFruchtzinsʾ, Abgabe bei Obst und Wein (*Or.* 1970, 437; ZA 1971, 292)

*arbāna- [Eigenname], Patronymicon zu ʿKind, Jungeʾ 49

*arba-upama- [Eigenname] ʿals Junge der obersteʾ 109

*ārtakana- ʿMehlschauflerʾ, Müller (*Or.* 1970, 436)

*arvanta- [Eigenname], gr. Orontes, ʿflink, tapferʾ 100

*aryavahuš [Eigenname] ʿals Iraner gutʾ 48

asagrta- Sagartien 78

*asa-patiš Hofgestütsmeister 93

*asašūtika- [Eigenname] ʿRossebeweger', doch wohl besser mit M. Mayrhofer *asa-çuta-ka- ʿdurch Rosse berühmt' 106

aspačanah- [Eigenname], gr. Aspathines (Or. 1970, 430)

*aspastāna- [Eigenname] 51

*aspaušta- [Eigenname, el. áš-bu-iš-da] ʿPferdeglück', zu aw. ušta- ʿHeil, Glück, Wohl'

*aspavasta- [Eigenname] ʿmit gelobten Rossen' 106

*astanijan- [Ortsname] ʿknochenbrechend' (?) 79

*astiya- [Eigenname] ʿknochig' 107

*aštaxva- Achtel 71

*ātika- Ente [nach R. E. Emmerick] 89

*ātrṛrata- [Eigenname] ʿdurch Feuer prima' 43

*ātrvaxša- ʿFeuerschürer', Zweitpriester 102, 109 und Or. 1970, 429

*āθavāna- [Eigenname], Patronymicon zu ʿbrennend' (?) 47

*āθrava- Priester (Or. 1970, 429)

*āθrava-patiš Hohepriester (ebenda)

*āθuxranθāna- [Ortsname] ʿrötlich' o.ä. 79

*āθvya- zum Braten 88

*auĵyaka- [Eigenname] ʿrühmenswert' 117

*b[ādiš]tapāta- [Eigenname] ʿder am sichersten Geschützte' 50

*bāδučarma- [Eigenname], ʿArmleder' (?) 49

*bāδuvasta- [Eigenname] ʿdessen Arm gelobt wird' (?) 107

*bagabāδuš [Eigenname] ʿGottes-Arm' (Or. 1970, 430)

*bagabanδa- [Eigenname] 51

*bagabauxša- [Eigenname] ʿGottesdiener' 110

*bagaδauçyā Gottesopferspenden 84

*bagafarnah- [Eigenname] ʿGottes-Ruhmesglanz' 34, 103

*bagafravartiš [Eigenname] ʿGottes-Erwählter' (?) 107

*bagapāna- [Eigenname] (Or. 1970, 430)

*bagaspāta- [Eigenname] ʿmit Gott verbunden' [nach A. Perikhanian] 48

*bagasravah- [Eigenname] ʿGottesruhm' (ZA 1971, 310 Anm. 103)

*bagă-upama- [Eigenname] ʿdurch Gott der Oberste' 107

*bagaya- [Eigenname] (Or. 1970, 434)

bāgayāδiš, *bāgayāδiya- Gartenhege-[monat] 67 f.

*bānūkā- Herrin, Großkönigin (Or. 1970, 423), 113

*bārāspa- [Ortsname] ʿLastpferd' 78

*bārišā [Eigenname, unsicher] (ZA 1971, 264)

*bārya- edel, rassig, superfein 41

*bārya-kara- Künstler, Kunsthandwerker 41

*bātadāta- [Eigenname] ʿweingezeugt' 50

*bātaka- [Eigenname, Sohn des *māhīdātā], zu ap. *bāta- ʿWein' 50

*bātiyaka- Phiale [nach E. Herzfeld] 49

*baudaina- [Eigenname] ʿduftig' 108

*bauxša-vīra- [Eigenname] ʿDienst-Mann' (?) 108

*bāžikara- Steuereinnehmer (ZA 1971, 289); kann auch Töpfer bedeuten.

*bāžiš Krug 101

*brtakāmya- [Gottesname] ʿWunscherfüller' 114

*bunăsti- [Ortsname] ʿGrundfutter' (?) 80

*čaçušva- Viertel 71

*čaçušvaka- Viertel-Krša-Stück (Geld) 71

*čakauka- Lerche 89

*čaišpišya- [Eigenname] ʿzu Teispes gehörig' 25

*čarpāspa- [Ortsname] ʿFettroß' 78

*čiça-upama- [Eigenname] ʿvon Geblüt der Oberste' 118

*čišna- (?) Hühner (?) (ZA 1971, 297)

çauraθya- [Eigenname] ʿmit tüchtigen Wagen versehen' 48

*çībara- [Eigenname] ʿSchönheitsträger' 51

*çīra- [Eigenname] ʿschön' 49

*çistaxvya- Dreißigstel-*Krša*-Münze 72

*çišva- Drittel 71

*dabraka- Zwerghühner (?) [nach M. Mayrhofer] (ZA 1971, 297)

*dahyu-patiš Landvogt 92

*daiθaka- [Eigenname] ʿvon gutem Vorzeichen' (?) 91

*dargamanah- [Eigenname] ʿschwerfällig' (?) 43

*dargāyuš [Eigenname] ʿlanglebig' 47, 116 und ZA 1971, 306

*dasakanta- [Ortsname] (medisch) ʿZehndorf' 78

*dātabara- Richter (*Or.* 1970, 425)

*dātama- [Eigenname] (*Or.* 1970, 434)

*dātamiça- [Eigenname] ʿgeschaffen von Mithra' 47

*dātamiθra- derselbe Eigenname auf medisch 47

*daθačiya- Zehnten-Einheber 96

*daθaxva- Zehntel 71

*daθaxvaka- Zehntel-*Krša*-Stück (Silberschekel) 71

*dāθva- Nachwuchs, Wurf 87

*daθvya- Zehntel-[*bar*], Hohlmaß, 0,97 Liter 101

*didiyaka- (*didīka-) ʿSpäher', Aufseher, ʿAuge des Königs' 99f.

*didā-patiš Festungskommandant 99

*dipibara- Sekretär, Schreiber 26 und ZA 1971, 268

*drnabāžiš, *drnabāžiya- Erntesteuer-[monat] 66

*drva-vistāxva- [Eigenname] ʿurkühn' 116

*dušharta- [Eigenname] ʿmißachtet' (?) 109

*dvitiyaxšaya- Zweitherrscher, Vizekönig 98 und *AiFF* 153

*δakkaka- [Eigenname] ʿSchreihals' (?) 108

*δakka-vahvī-[weibl.Eigenname]ʿSchön-Stimme' (?) 108

*δambara- Wespe [nach I. Gershevitch] 89

*δantaustā- [Eigenname] ʿauf dem Stamm stehend' 115

*δantubrδāna- [Eigenname] Patronymicon zu ʿder den Stamm hochbringt' 32

δātuvahyah- [Eigenname] ʿvon Geburt besser' 31

*δauça- und *δauçya- Opferspende 84

*δauçaka- Opfertrankspende 108f.

*δirāčiš [Ortsname] Schiras (ZA 1971, 265)

*δyāntu sie sollen schädigen! 64

*faβrīra- (medisch) Ernte, Speicher 35

*faβrīra-patiš Speicherchef 35

*fačiça- [Eigenname] ʿvon gutem Geblüt' (?) 113f.

*fanika- (medisch) [Eigenname] ʿwohlgefällig' 113

*farašyāna- [Eigenname], Patronymicon zu ʿguter Sache dienend' 43

*fardāta- [Eigenname] ʿSonnengeschaffen' (?) 35

*farnadāta- [Eigenname] ʿRuhmesglanzgeschaffen' 35

*farnaxvatīš [Ortsname] ʿreich an Ruhmesglanz' 78

*farsaina- [Eigenname, el. *pa-ir-še-na*], medisch ʿSonnenadler', zu aw. *hvar*- und *saēna*-.

*fasāta [Ortsname] Fasā (?) 80

*fatigra- (medisch) [Eigenname] ʿschönschlank' 116f.

*faθāna-patiš (medisch) ʿChef der Striegler', Oberpferdepfleger 35

*fāθraka- (medisch) Mundschenk (?) 35

*fraistaka- Sendbote 36

*fraištaka- (medisch) Sendbote 36

*frasaita- [Ortsname] ʿurweiß' (?) 79

*frasaka- Untersuchungsrichter [nach W. Eilers] 93

*frasakara- Untersuchungsrichter (*Or.* 1970, 434), 93

*fratafarnah- [Eigenname] ʿPrima-Ruhmesglanz' 43

*frataka- [Eigenname] ʿErstling', ʿVorwärtsläufer' 84

*fraθāna- Schleifer, Polierer [nach E. Benveniste] 35

*ɟravānpā- [Eigenname] ʽhäufig trin-
kend' (?) 114

*ɟritivatīš [Ortsname] ʽgebetsreich' 78

*ɟšu-dāyuš [Eigenname, el. ap-šu-da-a-
hu-iš] ʽVieh-hegend'

*gadă-kara- [Eigenname] ʽKeulenma-
cher' 114

*gadavara- [Eigenname] ʽder die Wurf-
keule führt' 114

*gaiθă-patiš Hofherdenmeister (ZA
1971, 284), 93

*gaiθăstāna- Viehfarm 87

*ganδabara- Schatzmeister 31

*ganzabara- (medisch) Hofschatzwart
(ZA 1971, 261), 31

*ganzam-*nidānya- Schatzhaus-Niederlage 86

*ganzapā- Schatzhüter (ZA 1971, 266)

*gāθuka-bara- Stuhlträger 95

*gaubyavahu- [Eigenname] ʽGut-Spre-
cher' 110

*gauɟrya- [Ortsname] ʽrinderlieb' 78

*gauka- Bulle [nach I. Gershevitch] 89

*gaukaθyah- ʽCowboy' (medisch) 75

*gauraka- Wildesel [nach I. Gershevitch]
89

*gaušaka- Lauscher, Informant, ʽOhr
des Königs' 98, 100

*gāvrθa- Hirse 85

*grδa-kara- Baumeister 94

*grδa-patiš Haushofmeister, Intendant
54

*grδya- Gesinde, Arbeiter 53

*grδya-pāna- [Eigenname] ʽGesinde-
Schützer' 111

*grīva- Hohlmaß von 9,7 Litern 101

*gunda- [Eigenname] ʽDickerchen' 111

*hadaǰanam Zuschlag, Dreingabe, Ex-
traportion 90

*haδahra- [Ortsname] ʽtausend' (?) 33

*haɟtaxva- Siebentel 29

*haɟtaxva-pātā ʽSchützer eines Sieben-
tels' (einer Satrapie) [nach W. B.
Henning und M. N. Bogoljubov] 46

*haɟti- Stute [nach I. Gershevitch] 89

*haxazušta- [Eigenname] (medisch) ʽver-
eint-geliebt' 106

*hamači genau gleichviel, dasselbe 88

*hamavarta- [Eigenname] ʽgleichwen-
dend' 106

*hambāra- Speicher 86

*hambāra-bara- Hofspeicherwart (ZA
1971, 286, wo ich noch *hampāra-
bara umschrieb)

*hambārya- Speicher 86

*hambauža- [Eigenname] ʽTeilhaber' 47

*hančuka- [Eigenname] (ZA 1971, 288)

*hankraka- oder *hankrka- [Ortsname]
ʽKelterei' 77

*haprθa- Wacholder [nach I. Gershe-
vitch] 109

*harvyam Befehl, Anordnung (Or. 1970,
437)

*haθramanya- ʽvereinten Sinnes' = An-
hänger 55

*haθrava- zu deckendes [Tier] 87

*haθya- (medisch) wahr, richtig, „o. k.“
92

*haumakă- [Eigenname beiderlei Ge-
schlechts] (Or. 1970, 424 Anm. 3),
117

*havana- Mörser 45

*hišku-čū-aiva- (?) [Eigenname] ʽtrok-
ken, wie (nur je) einer' (?) 110

*hmāra-kara- Rechnungsführer, Finanz-
rat 42

*huβrīra- [Eigenname] ʽGut-Ernte'
[nach I. Gershevitch] 33

*hubrtāna- [Eigenname] Patronymicon
zu ʽwohlgehalten' 50

*hučamana- [Ortsname] ʽSchön-Au' 78

*humānam Raststätte, Weiler 55

*humāyača- [Eigenname] ʽPhoenixchen'
117

*humiça- [Eigenname] ʽGutfreund' 113

*humiθra- dasselbe medisch 113

*hunabanuš [Eigenname] ʽgute Quelle'
117

*hunāɟa- [Eigenname] ʽvon guter Sippe'
47

*hunāɟaka- [Eigenname] ʽvon guter
Sippe' 47

*hurāstaka- [Eigenname] ʽgut und
recht' (?) 117

*husāraka- [Eigenname] ʽSchönkopf' 50

*hutauθā- [Eigenname] Atossa (Or. 1970, 423)

*huvistāxva- [Eigenname] ʽtollkühnʼ 117

*xārapašya- Dornenbündel[monat] 67

*xrǎpāda- (?) [Eigenname] ʽWander-fußʼ (?) 111

*xraθuvanya- [Eigenname] ʽdurch Weis-heit siegendʼ [nach R. Schmitt] 111

*xrūtaiča- [Eigenname] ʽkleiner Wüte-richʼ (?) 111

*xšaçahmāra- Reichsfinanzkammer 42

*xšaçapāvana- Satrapie 55

*xšaitaka- [Eigenname] ʽlicht, strah-lendʼ 115

*xšaθrabrzāna- [Eigenname] (medisch), Patronymicon zu ʽder das Reich hochbringtʼ 43

*xumbyaka- [Eigenname] zu *xumba- ʽTopfʼ 50

*xvāδaičaya- [Ortsname] 75

*xvāδai-vaiθa- [Eigenname] 112

*xvaiahvaš [Ortsname] ʽEigenbetriebʼ (?) 80

*xvaičanah- [Eigenname] ʽselbstgefälligʼ 111

*xvaidāta- [Eigenname] ʽunvergänglichʼ 111

*xvaidātika- [Eigenname] 111

*xvaigrδya- im eigenen Haus [aufgezo-genes Tier] 103

*xvamanuš- [Eigenname] ʽGut-Mannʼ 112

*xvanvanta- [Eigenname] ʽlicht, herrlichʼ 112

*xvaraiča- [Eigenname] ʽgut freima-chendʼ 111

*xvaraivǎ- [Eigenname] ʽgutreichʼ 111

*xvara-kāra- Brotbacken 82

*xvarašyāna- [Eigenname] Patronymi-con zu ʽguter Sache dienendʼ 43

*xvarašyaka- [Eigenname] ʽder guter Sache dientʼ 48

*xvarašya-pātā [Eigenname] ʽBeschützer dessen, der guter Sache dientʼ 48

*xvaraθyaka- [Eigenname] (ostiranisch) ʽder guter Sache dientʼ 48

*xvardāta- [Eigenname] ʽSonnengeschaf-fenʼ 100

*xvarša-bara- Speisewart, Fourier 42, 94

*xvarθam Gerste 82

*xvarθaška- [Ortsname] 75

*xvaryam Warmkost, Brei 73, 81

*xvatǎraka- [Ortsname] 79

*xvavaka- [Eigenname, nach I. Gershe-vitch] 99

*īra-kara- ʽEnergiemacherʼ = Kom-missar 94

isvām (acc. sg. f.) den Bogenköcher 59

*jīvaka- [Eigenname] ʽder Lebendigeʼ 97

*ka-frya- [Eigenname] ʽwie lieb!ʼ 114

*kafya- Saatgut 85

*kahrkāsa- (medisch) Geier [nach E. Benveniste] 89

*kahrkiš (?) [Eigenname] (Or. 1970, 430)

*kahrpuna- Eidechse [nach E. Benve-niste] 89

*kaika- Floh 89

*kakata- Hühner unbestimmter Art (ZA 1971, 297)

*kāmaka- Wunschkost, Dessert (Or. 1970, 436), 82

*kanatigra- Köcher (konstruiert) 59

*kančuka- Umhang, Überwurf, Kandys 93

*kapa- Fisch [nach I. Gershevitch] 89

*kapa-saka- [Eigenname] ʽFischotterʼ 114

*kapauta- Taube [nach I. Gershevitch] 89

*kāra- Getreide, Korn 85

*kārahmāra- Musterung, Inspektion 91

*kāra-patiš Karawanenführer, Vorläu-fer [nach I. Gershevitch] 74

*kārapaθya- [Eigenname] (medisch) ʽvolkhaftʼ 67

*kāravaθah- [Eigenname] ʽkampfwilligʼ 48

*karma- [Eigenname] 94

*kāθrupā [Eigenname] 'Bernstein' [nach
I. Gershevitch] 115
*kaufaka- [Eigenname] 'Gebirgler' 110
*kaufya- dasselbe 110
*kaufyača- [Eigenname] 'Gebirglerchen'
110
*kayada irgend 64
*krka- Hahn [nach I. Gershevitch] 89
*krkāθa- Geier [nach I. Gershevitch] 89
*krmāna- [Ortsname] Kermān 78
*krθa- mager 88
*kufrya- 'Pechler' [nach I. Gershevitch]
98

*maduka- Honig (ZA 1971, 293), 83
*madvābā- Honigwabe [nach I. Gershe-
vitch] 83
*māhīdāta- [Eigenname] 'mondgeschaf-
fen' 47
*maiša- Schaf [nach I. Gershevitch] 89
*māna-pāna- Riegel, Schnalle, Fibel 75
*mandra-patiš Stallmeister (Or. 1970,
437)
mānyam Gesinde 53
*maθištaka- Vorgesetzter, leitender Be-
amter 115
*māθiyaka- Fisch [nach I. Gershevitch]
89
*miçabāda- [Eigenname] 'Mithra-Hag'
(?) 51
*miçabāδuš [Eigenname] 'Mithra-Arm'
(Or. 1970, 434)
*miçanāfa- [Eigenname] 'Freund der
Sippe' [nach I. Gershevitch] 113
*miçapāta- [Eigenname] 'von Mithra
geschützt' 51
*migda-bara- Obstwart (ZA 1971, 294,
halb konstruiert)
*mrvaka- Ameise [nach I. Gershevitch]
89
*mrzvanta- [Eigenname] 'vergebend,
verzeihend' 112
*mūška- Maus [nach I. Gershevitch] 89

*nabāka- [Eigenname] 113
*nāfabrδāna- [Eigenname], Patronymi-
con, zu 'der die Sippe hochbringt' 113
*nāfaka- [Eigenname] 113
*nāfa-šai seine Familie 35

*nāfyabiš- [Eigenname] 'Verwandten-
heilend' (?) 113
*naxvaka- Garnspinner (?) 95
*naiδārma- [Eigenname] 'Speer-Arm' (?)
113
*napišta-kara- Inschriften-Verfertiger,
Epigraphiker 95
*naryasa- [Eigenname, verkürzt aus
*naryasanga-] 51
*navaxva- Neuntel 71
*navakāniš [Ortsname] 'Neugrube' (oder
'Neungrube'?) 78
*nidāna- Schwertscheide [nach W. B.
Henning] 87
*nidānya- Depot, Niederlage 87
*nipišta- [Ortsname, wohl = Naqš-e
Rostam] (Or. 1970, 425)
*niša-kavaka- mit niedrigen Höckern
[nach I. Gershevitch] 89
*ništāvana- Verfügung, Anordnung
*nitanya- Viehhof 87

*paisaskara- Zieratmacher, Stukkateur,
Dekorateur 73
*paišya- [Ortsname] 80
*pančaxva- Fünftel 71
*pančuka- 'Fünfer' = Silberschekel 71
*panīra- Käse [nach G. Korbel] 82
*paradāta- [Eigenname] 'vergeben' 35
*pardaka- [Eigenname] 'Furzer' (?) 107
*paribāda- Hürde, Pferch [nach I. Ger-
shevitch] 51
*paribāra- Umwallung, Zitadelle (nicht
Silo, wie in Or. 1970, 436) 86
*paridaiδa- 'Paradies', Domäne 72f.
*parikāna- [Ortsname] 'Wallgraben' 78
*paristāvā Gastwart, Reisebegleiter 94
*paristāvana- Begleitung, Betreuung 95
*pariθaika- Provision [nach D.Weber] 90
*partubāra- [Ortsname] 'Lastenfurt' (?)
79
*parθauka- [Eigenname], el. bar-sa-u-qa,
vgl. *aryauka- [nach D. Weber]
*parvadāna- [Ortsname] 'Vorderbehäl-
ter' 79
*parvaspa- [Ortsname] 'rossereich' [nach
M. Mayrhofer] 78
*pasā- — siehe unter elamisch pa-šá-be

*pātagastā [Eigenname] ʿgeschützt vor Unheil' 108

*patigāna- ʿ-fach' 102

*pātigauka- [Eigenname] ʿRinderhirt' (?) 108

*pātigāvya- [Eigenname] ʿRinderhirt' (?) 108

*patijananta- ein Zurückschlagender 63f.

*pātimānya- Wächter 72–74

*patirafă- [Eigenname] 112

*patiramfa- [Eigenname] 35, 112

*patišxvarna-bara- Mundtuchträger, Leibkammerherr 96

*patištāna- [Eigenname] (medisch) 37

*patiθaika- Vergütung, Zahlung 90

*pativahyah- allerbest 81

*pāθrakata- [Ortsname] Pasargadai (Or. 1970, 425), 80

*paθurāda- [Eigenname] ʿViehbetreuer' (?) 49

*paθvaka- [Eigenname], etwa ʿSchafhirte' (?) 107

*păvya- (oder *păxvya-?) Hohlmaß von 2,91 Liter 101

*pāyavahu- [Eigenname] ʿdas Gute beschützend' 108

*pistaka- Pistazien (ZA 1971, 295), 84

*pourubāta- [Eigenname] ʿviel Wein' 49

*prkšāspa- [Eigenname] (medisch) Prexaspes = ʿStarkroß' (ZA 1971, 270 Anm. 37)

*prna- voll 44

*prtiš Kämpfer 114

*prtišpā- [Eigenname] ʿKampfbeschützer' 114

*prθva- [Eigenname] ʿbreit' 114

*pūtimanta- [Ortsname] etwa ʿStinkhausen' 79

*raiva-naxva- [Ortsname] ʿreich-erster' 78

*rāmanya- [Eigenname] ʿder Ruhevolle' (Or. 1970, 423)

*ramya- fein 40

*ramya-kara- Feinarbeiter 41

*rapiθβāyana- [Eigenname], Patronymicon zu *rapiθβina- ʿsüdlich' 33

*raupāθa- Fuchs [nach I. Gershevitch] 89

*rautaxvatīš [Ortsname] ʿflußreich' 74

*raza-kara- Weingärtner [nach I. Gershevitch] 74

*rāznavatīš [Ortsname] ʿsatzungsreich' (?) 78

*rdβam Artabe 33, 101

*rδasti- Pflaume (?) 85

*rδataiča- [Eigenname] ʿSilberchen' (?) 52

*rmātam Landgut, Lehenssitz 60–62

*rmātiš [Eigenname] ʿdie Andächtige' 61

*rštibara- (medisch) Lanzenträger 36

*rtabānuš [Eigenname] ʿStrahl der Rechten Ordnung' (Or. 1970, 430)

*rtabauxša- [Eigenname] ʿDiener der Rechten Ordnung' 110

*rtafarnah- [Eigenname] ʿRuhmesglanz der Rechten Ordnung' (Or. 1970, 430)

*rtāma- [Eigenname] ʿstark durch die Rechte Ordnung' 49

*rtāmaka- [Eigenname], ka-Ableitung zum vorigen 49

*rtamanaxviš [Eigenname] ʿder für die Rechte Ordnung Begeisterte' (Or. 1970, 425)

*rtamyasta- [Eigenname] ʿmit der Rechten Ordnung vereint' 109

*rtāupama- [Eigenname] ʿdurch die Rechte Ordnung der Oberste' 109

*rtasūra- [Eigenname] ʿdurch die Rechte Ordnung stark' 100

*rtāvāna- [Eigenname], Patronymicon zu ʿglückselig' 49

*rtavarmă [Eigenname] ʿAuslese der Rechten Ordnung' 50

*rtavazda- [Eigenname] (Or. 1970, 430)

*rusta-bāžiya- Grundsteuerbeamter (ZA 1971, 289f.), 96

*rvata- [Eigenname] (ʿeine gute Eigenschaft des Kamels') 62

*rzabara- und *rzabarā- [Eigenname] (medisch oder ostiran.) ʿdas Wahre tragend' 110

*rziraθyāna- [Eigenname] (medisch oder ostiran.), Patronymicon zu ʿder den geraden Weg geht' 50

*saxvara- Schale (??), auch Wertbe-
zeichnung = 0,2 Schekel 46, 102–104

*saita- weiß 94

*saka- [Eigenname], wohl 'Hund' (ZA
1971, 264), aber auch 'Skythe' denkbar; 89

*samītā-kara- Kuchenbäcker (Or. 1970,
437)

*sausuka- Rebhuhn [nach I. Gershe-
vitch] 89

*savanta- [Eigenname] 'Nutzenbringer'
115

*sāyača-pā- Schafhirte (ZA 1971, 283
las ich noch *šǎ-, aber das Wort bedeutet eher 'Hüter von lagerndem
[Kleinvieh]', zur aw. Wurzel sāy-
'liegen')

*spa-kaθyaka- [Eigenname] 'dogboy' (?)
110

*sparavistāxva- [Eigenname] 'schild-
kühn' 110

*spǎvya- Hohlmaß bei Flüssigkeiten,
0,97 Liter, 101

*spirahūka- [Eigenname] 'Fettschwein'
[nach I. Gershevitch] 89

*srauša- [Ortsname] 'Gehorsam' (me-
disch oder ostiran.) 79

*srīra-miθra- [Eigenname] 'schön-
Freund' (?) (ostiranisch) 49

*srubya- [Eigenname] (medisch) 'der
Bleierne' (?) 51

*sūkakara- [Eigenname] (medisch oder
ostiranisch) 'Glanzmacher' 85

*sukurna- Stachelschwein [nach E. Ben-
veniste] 89

*syaina- Adler [nach I. Gershevitch] 89

*šargu- Löwe [nach I. Gershevitch] 89

*šūtavāta- [Eigenname] 'windbewegt'
115

*tačaraka- [Ortsname] zu tačara- 'Palast'
80

*tahmagaiθā [Eigenname] 'dessen Vieh
stark ist' 115

*tahmāma- [Eigenname] 'stark-kräftig'
115

*taxmaθriš [Eigenname] 'stark: drei-
mal!' (?) 115

*takavahuka- [Eigenname] 'tüchtiger
Läufer' 108

*tašakaufa- [Ortsname] 'Axtberg' 79

*tigrakǎ- [Eigenname] 'schlank' 116

*tigraka- [Ortsname] (Or. 1970, 428)

*tīrīspāta- [Eigenname] 'mit (Gott) Tīrī
verbunden' 48

*tršta- [Würdetitel] 'Seine Gestrengen'
45

*tūta- Maulbeeren (ZA 1971, 295), 84

*θanga- Gewicht 44

*θata-patiš Hauptmann, Hundert-
schaftsführer (ZA 1971, 294)

*θavar bitter, herb (ZA 1971, 293 Anm.
68), 83 — oder sauer?

*θrūgrδya- (?) [Ortsname] 80

*θūčača- [Eigenname] 'kleiner Lichter,
Heller' 116

*θūka-kāra- Grannengetreide (?) 85

*θūθikǎ- Käfer [nach I. Gershevitch] 89

*θvayaxvā, *θvayaxvanta- der schreck-
liche [Monat] 69

*umrūta- Birnen (Or. 1970, 426), 84

*upa-āmigdya- Vize-Obstwart (ZA 1971,
295)

*upačǎra- Hilfsmittel, Gerät 52

*upa-gaiθǎ-patiš Vize-Herdenmeister
(ZA 1971, 289, konstruiert)

*upa-ganza-bara- Vizeschatzwart (ZA
1971, 265, nach W. Eilers)

*upa-grδa-patiš Vize-Intendant (ZA
1971, 283, konstruiert)

*upa-hambāra-bara- Vize-Speicherwart
(ZA 1971, 286, konstruiert)

*upajanya- 'Dreinhauer', Polizist, Peit-
schenträger 94

*upānja-kara- Salbenmacher 97

*upāsa- Roßknecht 93

*upa-saita- fast-weiß 81

*upa-tigra- [Eigenname] 'fast schlank'
117

*upa-viθa-patiš Vizemarschall (ZA 1971,
303, konstruiert)

*upayāta- festlicher Empfang, Gast-
mahl 88

*usxana- [Ortsname] 'Ausgrabung' 78

*uššakaufa- [Ortsname] 'Kamelberg' 79

*uššapā- [Eigenname] 'Kamelhüter' 116

vaççabara- Gewandträger, Kämmerer 57

*vaδāspa- [Eigenname] 'Zugpferd' 112

*vahištaka- [Ortsname] (unsicher) 47

*vahubara- [Eigenname] 'Gutes-Träger', Oibares 56

*vahuδāta- [Eigenname] 'wohlgeboren' 55

*vahuka- [Eigenname], zu vahu- 'gut' 70

*vahumanah- [Eigenname] 'Guter Sinn' 117

*vahuš gut (Or. 1970, 437)

*vahyah- besser 81

*vahyaskara- [Eigenname] 'Besser-macher' 32

*vahyaspaiθa- [Eigenname] 'besser schmückend' 112

*vahyaspāna- [Eigenname] 'besser schützend' 35

*vahyasparva- [Eigenname] (nicht ganz gesichert), 'besser-erster' 56

*vahyazbara- [Eigenname] 'das Bessere tragend' 56

*vanantāniš [Ortsname] 'Siegenau' o.ä. (?) 79

*vanhuka- [Eigenname] (ostiranisch) zu 'gut' 70

*vanhyaskara- [Eigenname] (ostiranisch) 'Bessermacher' 32

*vantagrδa- [Ortsname] 'Lobhausen' (?) 79

*vantavatiš [Ortsname] 'lobreich' 78

*varāza- Eber (medisch) [nach E. Benveniste] 89

*varda- Saatgut 85

*varda-varδa- Sämann 86

*varδa- Arbeiter, Werkmann 85 f.

*varya- gut 81

*varyaδāta- [Eigenname] 'gutgeboren' 32

*vastrabara- (medisch) Gewandträger, Kämmerer 57

*vida-bāga- Verpflegungsempfänger, ('der Ration teilhaftig', el. mi-da-ba-kaš)

*vida-čanah- [Ortsname] 'gefällig' 80

*vidāθa- [Eigenname] 'überklug' 112

*viδranga- [Eigenname], etwa 'urver-wegen' (Or. 1970, 437)

*vīxana-, viyaxana- Pflug[monat] 70

*vimāna- Schätzung, Bestandsauf-nahme, Bilanz 91

*vimānya- dasselbe 91

*viramfå- [Eigenname] 112

*visai bagā alle Götter (Or. 1970, 428)

*vispašyātiš [Domänen-Benennung] 'Allglück' 73

*vistāxva- kühn 110

*vīstaxvaka- Zwanzigstel-Krša-Stück (halber Silberschekel) 71

*vīstaxvya- dasselbe 72

*vištāna- [Eigenname], Hystanes 47

*viθa-patiš Hofmarschall (ZA 1971, 303, konstruiert)

*viθa-puça- Prinz (Or. 1970, 423)

viθbiš durch Hofleute 54

*viyātika- Geleitbrief, Paß (Or. 1970, 430), 40

*vraganta- [Eigenname] 'Wandler' (?) 114

*vrantuš [Ortsname] (ZA 1971, 265)

*vrās-tauka- [Eigenname] 'erfreulicher Nachwuchs' (?) 114

*vrata- [Eigenname] 62, 115

*vratayanta- [Eigenname] (ZA 1971, 263), 62

*vrdaraiča- [Ortsname] 73

*vrdāta- [Eigenname] 'aus der Fülle ge-schaffen' (?) 116

*vrδanaka- [Ortsname] 80

*vrkažana- Wolfsjagd[monat] 68

*yauxdra- [Eigenname] 'Angriff' 109

*yauxmaniča- [Eigenname] 'der kleine Trainierte' 118

*yavya- Gerste [nach I. Gershevitch] 85

*zaina- (medisch) Prämie 90

*zarniča- Küken (?) (ZA 1971, 297)

*zātuvahyah- (medisch) [Eigenname] 'von Geburt besser' 31

*zūra-xumba- [Eigenname] 115

*zyānā- [Eigenname] (medisch oder ostiranisch) 'Schaden' (?) 118

Elamische Wörter

a-a-ni-i[*b-be*?] Hausangehörige (*Or.* 1970, 439)

ab?-ba-ir.ku-ti-ip Staudammwärter, Wehrhüter (?), pl., 74

ab-be-ab-be (*ha-be-ha-be*) Essen, Speise 81

ab-be-ab-be.hu-ut-ti-ra Koch 81

ab-be.hu-ut-ti-ra dasselbe (ZA 1971, 282)

a-hi-in Haus — siehe *ha-a-in*

am-ma-lu-ip Hebammen (?), Ammen (?) (ZA 1971, 268)

GIŠ.*an-na-na* Fruchtsaft, Most (ZA 1971, 295)

an-nu-uk-ir Zinn (?) Glas (?) 76

ap-pi Kaufpreis

ap-te-e seine Bogenhülle 58

a-ráš-šá-ip Vorgesetzte, Intendanten, hohe Beamte 76

a-ráš-šá-ra Intendant, Intendantin (ZA 1971, 267), 76

áš Teil (?); Vieh (*Or.* 1970, 438)

áš.gi-ti-iš-be Viehveredler, Tierzüchter, pl. (*Or.* 1970, 435)

áš-šá-qa = **hašya-ka* (ap. ʿwahr, richtigʾ im elam. Passiv) 92 (auch *ha-šá-qa* gechrieben)

at-na.hu-u-iš-ti-ra Schmuck(?)-Hüter (ZA 1971, 267)

at-tuk es wurde ausgeschachtet (von Erde gesagt) [nach F. Vallat, RA 1970, 158]

a-tu₄-ik [Ortsname] = alt Ayahitek 91

ba-ba.KI.MIN Kleinvieh

ba-ha-ú.lg. Blei (?) (*Fs.Eilers* [1967] 97)

ba-is-ba-is Pfau? Fasan? (wohl nicht ʾTruthühnerʾ wie in *Or.* 1970, 438)

ba-li-ik-me Mühe, Anstrengung, Fleiß (*Or.* 1967, 331)

ba-lu-um Kornspeicher (ZA 1971, 280 Anm. 47)

ba-lu-um.nu-iš-ki-ra Speicherwart (ZA 1971, 286)

bar-te-taš-nu-iš-[*ki-ip*] Domänenhüter, Parkwächter, pl. 73

GIŠ.*ba-šu-ur* Weizen (?)

be-el-qa es wurde gelegt (ZA 1967, 89 ist zu berichtigen)

da-bar-ri-um Filz (?) (*Fs.Eilers* [1967] 97)

da-la Opfer, Abgabe, Steuer 96

da-la.la-ki-ip Steuereintreiber, pl. 96

da-mi vorder, ober, erst 55

dè-pi-ir Schreiber, Kanzler 26

du-me, du-um-me Auftrag, Anweisung (ZA 1971, 310)

du-šá-ra.ma in der Tiefe (*Acta Ant. Hung.* 1971, 21)

e-el Tor, Pforte [nach R. T. Hallock] (*Or.* 1970, 433)

el-ma-man-ra (wohl *lmamanra* gesprochen), ein im Sinne hegender, ins Auge fassender [Mann] (*Or.* 1967, 327)

e-ul Horn (*Or.* 1970, 433)

[*e*]-*ul.áš-sìp* Horntiere (?) 92

e-ti-ra, pl. *e-ti-ip* Speicherwart, Lagerverwalter (*Or.* 1970, 429; ZA 1971, 267), 41

gal.hu-ut-ti-ip Köche, Köchinnen (ZA 1971, 268)

GIŠ.*gal-la-tam₆* Leim (?) 92

gal.nu-iš-ki-ip Verpflegungshüter, Proviantwächter, pl. 73

gi-iš-šu-ur Wein (?)

GIŠ.GIR = *in-na-in* oder *an-na-an* Most

GIŠ.IN = *ki-bat* Viehweide 52

gi-um ʾHaufenʾ, Habe, Vorrat, Vermögen, Konto (*Or.* 1967, 332)

ha (früher *a-ha* geschrieben) hier (*Or.* 1967, 330)

ha-a-in.ku-ši-ra ʾHausbauerʾ, Baumeister (*Or.* 1967, 328)

ha-du-iš Ernte (*Or.* 1967, 332)

ha-du-qa geerntet, vereinnahmt (*Or.* 1967, 332), 102

HAL.A.lg bewässertes Land 102

hal-ki süß (ZA 1971, 293), 83

hal-la-ki Honig (ZA 1971, 293), 83

hal-mar-ráš.nu-iš-ki-ip Festungskommandanten 99

hal-nu-ti anscheinend = *hal-la-at-ti* Tontafel (anders *Or.* 1967, 330)

hal-nu-ut.ha-iš-ši-ra = *hal-la-at.ha-ši-ra* Tontafelprüfer, Buchprüfer, Revisor

hal-sa-ak auf die Weide getrieben; auch verbannt, vertrieben (ZA 1971, 296)

ha-rák — 'belastet' (in der Buchhaltung) 103

ha-ri-qa krank, elend (*Or.* 1970, 439)

har.máš-zí-ip Steinhauer (pl.) (*Or.* 1970, 439)

har-rák-kaš-be Steuereintreiber (wörtlich 'Aufdrücker, Presser') (*Or.* 1970, 439)

ha-su-ra, pl. *ha-su-ip* Salber 97 und ZA 1971, 295

GIŠ.*ha-su-ur* Oliven (?) 97 und ZA 1971, 295

ha-te-en, *ha-tin* Haut, Balg, Schlauch (ZA 1967, 72)

ha-tin Morgen, Osten (?) (ZA 1967, 73)

ha-za-tap Rinderheger

hi-el = *e-el* Tor, Pforte

[*h*]*i-in-*[*ku*]*r-mu* so beschaffen, so geartet (*AiFF* [1969] 56)

hi-iš-ki Pfeil, Pfeilschaft (*AiFF* [1969] 21)

hi-ya-ma-zí-qa Palast-Aushub (? beim Bau)

hu-ban-na-na [Eigenname] 117

hu-el = *e-el* Tor, Pforte

hu-el-ip Rock (?) (*Fs.Eilers* [1967] 97)

hu-la-ap-na und *hu-ra-ap-na* von gelber (?) Farbe (*Fs.Eilers* [1967] 97)

hu-pa-ip-pi Gefolgsleute [nach R. T. Hallock] 55

hu-sa Baum, Wald [nach R. T. Hallock] (*Or.* 1970, 433)

hu-sa.hi-te-ik-ip-pa Waldkrieger (pl.) (*Or.* 1970, 433)

hu-šu- vergeltend (*AiFF* [1969] 22)

hu-šu-ni-en er soll vergelten

hu-šu-uk der Rache unterworfen, bestraft (*AiFF* [1969] 22)

in-da-na aus Brokat (?) (*Fs.Eilers* [1967 [1967] 97)

GIŠ.*in-na-in* Fruchtsaft, Most (ZA 1971, 295)

i-ip-ik-ra, *ib-ba-ak-ra* der Starke, Reiche (*AiFF* [1969] 56)

iš-tuk-ra der Schwache, Arme (*AiFF* [1969] 56)

i-ti-in Ofen (?) (*Or.* 1970, 434)

i-tur Sesam (?)

iz-zí-ma-ak herauszugeben von, zu Lasten von (ZA 1971, 280 Anm. 47)

ka-ak-pa-h ich ließ einschließen (*Or.* 1967, 326; so auch M. Lambert, *IrAnt* 1965, 26)

kak-la-qa bestickt (?) (*Fs.Eilers* [1967] 97)

kán-ti Speicher (ZA 1971, 280 Anm. 47)

kán-ti-ra Speicherwart (ZA 1971, 286)

kap-pa-ak gänzlich 97

kap-pa-qa allesamt, allzumal (*Or.* 1967, 327)

GIŠ.*kap-pi* Schnalle, Fibel, Schließe (*Or.* 1967, 325)

kar-su-ip Maler, Anstreicher (pl.) 32

kar-su-qa bemalt; mit farbigen (figürlichen) Mustern versehen (*Fs.Eilers* [1967] 97)

kas-la Nüsse (?) (ZA 1971, 293 Anm. 71)

ki-bat Weide (für Vieh, nach R. T. Hallock; ZA 1971, 296), 52

ki-du-ú-ya inner (?) (*Or.* 1967, 326)

kin-ni-en es geschehe, treffe ein (*Or.* 1967, 327)

kin-nu-qa eingetroffen

ki-ri-ma Palmengarten (??)

ki-ti Stall (ZA 1971, 296 Anm. 74)

ki-ti-sa-an — im Stall gehalten (ebenda)

ki-ti-iš sie verbrauchten (*Or.* 1970, 438), schenkten aus 103

ki-ut-qa verbraucht, im besonderen 'ausgeschenkt' (ZA 1971, 293)

kur-min Verfügung (*Or.* 1970, 422).

kur-su-ib-ba Maler, Anstreicher, siehe *kar-su-ip*

GIŠ.*ku-te-h* Truhe, Behälter (?) (ZA 1967, 89 Anm. 67)

ku-uk-tu₄ Obergewand, Überrock (*Fs. Eilers* [1967] 97)

ku-um-pu-um Gemach (?) (*Or.* 1967, 326)

ku-uš.hu-hu-un Nachkommenschaft, wörtlich 'Zeugungs-Wall' (*Or.* 1967, 324)

k[u-u]t-kal-rák-qa verbannt (*AiFF* [1969] 62)

la-an-ku-el Kultstätte, Kapelle (*Or.* 1970, 439)

la-an-si-ti-ip-pa, wahrscheinlich = *lanst.tippa*, Goldschrift 27

la-iš-da, wahrscheinlich = *lansta*, er hat geopfert (*Or.* 1970, 427)

lak-ki gewalkt, *lak-ki-ik* es wurde gewalkt, *lak-ki-ra* Walker (*Fs.Eilers* [1967] 97)

lak-ki-ik es wurde vorgedrungen, vorgestoßen (bis)

la-ud-du Bäckerei (?) (*Or.* 1967, 332)

li-ba-ip Diener, Sklaven 99

li-ip-te Kleidungsstück(e) 57

li-ip-te.ku-uk-ti-ra — Gewandträger, Kämmerer 57, 91

lik-ki-na Hemd, Untergewand (*Fs. Eilers* [1967] 97)

li-man-na aus Leinen (?) (*Fs.Eilers* [1967] 97)

li-na-a[k-k]án sich widersetzend (?) (*AiFF* [1969] 62)

lu-hal-pi Silber (?) (*Or.* 1967, 325f.)

lu-ip-lak Mantel (?)

lu-lu-ki bitter, herb (ZA 1971, 293)

lu-ri-qa Stück um Stück, einzeln 53

lu-ur (statt bisher *lu-taš*) 'Parzelle', Feld, Grundstück 52, 53

ma-ak-qa es wurde verzehrt (*Or.* 1967, 332)

ma-lu.ku-ti-ip Holzwarte (ZA 1971, 266), 42

mar-ri-ip Handwerker (pl.) [nach G. G. Cameron]

ma-še-iš-šá-um-me Kontrolle (*Or.* 1967, 332)

máš-tuk-li Decke, Kleidungsstück (*Fs. Eilers* [1967] 97)

máš-zik-qa verausgabt, in Abgang gestellt 102

ma-ti-ra Mäster (ZA 1971, 283)

ma-ul-la Kind (*AiFF* [1969] 62 ist zu berichtigen, = *ma-ul-li*)

me-en Gewalt (?) (*Or.* 1970, 435)

me-iš-ra-ti Schal, Schleiertuch (*Fs. Eilers* [1967] 97)

me-ul-qa-in er soll [nicht] abändern, verändern!

mi-it-ú-mi mein [sieghaftes] Vordringen, mein Gedeihen (*Or.* 1967, 331)

mi-ši-na Restbestand (?)

mi-ul ha-pi- 'Leib schlagen', bestrafen (*Or.* 1970, 434)

mi-ul-lu mein Selbst, mein Wesen (*AiFF* [1969] 56)

mi-ut-li Gerste (*Or.* 1970, 438)

mi-ut-ru-šá Röstgerste (??)

mu-du-ra, *mu-du-un-ra* Reitknecht, Husar 82

mu-la-tap Hofwart (?), Gärtner (?) (ZA 1971, 266)

mu-šá-ip verbucht, eingetragen (pl.) 72, 74

muš-ši-na — siehe *mi-ši-na* Restbestand (?)

muš-zí Bottich, Amphore, Pithos

muš-zí-ir-ri Böttcher, Küfer

mu-ut-li = *mi-ut-li* Gerste

d.*na-an.hh.nu-iš-ki-ra* 'Tagwächter', Scharfrichter = ap. *raučapāna-* (ZA 1971, 301)

na-iz-be Gürtelschärpe (?) (*Fs.Eilers* [1967] 97)

pa-ir-pa-ir Ersatz (? Vorschlag Dieter Weber)

pa-man Kleidfutter

pa-man-qa-na gefüttert (*Fs.Eilers* [1967] 97)

pa-šá-be Teppichknüpferinnen (?) (ZA 1971, 287 Anm. 58; ich halte das Wort jetzt für eine Ableitung von der aw. Wurzel *pas-* 'knüpfen, binden')

pi-ir alt (*Or.* 1970, 439)

pi-lu Keller 94

GIŠ.*pi-ri-pi-ri* Datteln (?) (ZA 1971, 275)

pi-ši-ir-na aus Fell (vielleicht sogar: aus Gazellenfell?) (*Fs.Eilers* [1967] 97)

pi-tu₄-uk-qa verloren, wörtlich vielleicht 'ver-äußert' (*Or.* 1967, 326)

pu-hi jung (*Or.* 1970, 439)

pu-hu dè-pi 'Schriftbuben' 26

pu-pu-man-ra einer, der einfüllt (ZA 1967, 72)

pu-ti-qa vertrieben (*AiFF* [1969] 62)

pu-un-qa-aq es wurde eingefüllt (ZA 1967, 73)

pu-ur-na von brauner (?) Farbe (*Fs. Eilers* [1967] 97)

qa-ab-be sein Rand, seine Einfassung (*Or.* 1967, 326; ähnlich Ju. B. Jusifov, VDI 85, S. 246)

qa-ap.nu-iš-ki-ra Hofschatzwart (ZA 1971, 261), 41

qa-ap-pa-áš er schloß ein (*Or.* 1967, 326)

qa-ik-qa-da-ap sie waren am Leben, lebten

qa-ni ich mag (*AiFF* [1969] 56)

qa-za-ul-la = *kas-la* Nüsse (?)

ráb-ban-ma (Pferde-)Gespann (*Or.* 1967, 333)

ra-gi-pal Hofmarschall (ZA 1971, 303)

ra-ti-ip nährende, stillende [Frauen] (ZA 1971, 86)

ri-ut.hu-el-ip Frauenrock (*Fs.Eilers* [1967] 97)

sa-ap-sa-ap Abschrift [nach R. T. Hallock]

sa-h-nu-qa, *sa-nu-qa* gerieben (?) (*Fs. Eilers* [1967] 97)

sa-h-pi, *sah-pi* Hülle, Überzug (?) (*Fs. Eilers* [1967] 97)

sa-pi-iš sie schrieben ab, erlernten [Schrift]

sa-pi-man-ba sie schrieben ab, erlernen [Schrift] 22

sa-ti- verteilen, austeilen (*Or.* 1967, 330)

si Großvater [nach R. T. Hallock, JNES 1962, 54 Anm. 9]

sib-ba-man-ra ein Nähender

sib-ba-qa es wurde genäht (*Or.* 1970, 434)

sip-pi Schlüpfer, Slip, ursprünglich zur Wurzel *sib-ba-* 'nähen' gehörig (*Fs. Eilers* [1967] 97 mit Ergänzungen); übertragene Bedeutung 'Douceur' oder 'Leckerbissen', kann daher auch 'Obst' bedeuten

GIŠ.*sip-pi-iš.nu-iš-ki-ip* Obsthüter (pl.)

si-ut-ma-qa genesen, geheilt 97

su-ku-ib-ba [von der Liste] gestrichene [Leute] (*Or.* 1970, 439)

su-ku-qa-na nachdem gestrichen worden war (ebenda)

su-man-ra arbeitend[er Mensch] 92

su-rák bedrückt, unterjocht (*AiFF* [1969] 56) [Lehnwort aus dem Iranischen, vgl. *zūra-*?]

su-un-pa-lak-ki in Falten, plissiert (?) (*Fs.Eilers* [1967] 98)

su-ur-ma-ra ein Bedrückender (*Or.* 1970, 435)

su-ut Kauf(? oder Verkauf?) (*Or.* 1970, 438), 103

šá-ag-gi-ma als Ersatz dafür (ZA 1971, 275)

šá-am-ir-tuk, *šá-mar-tuk* Schleuder (?) (*Fs.Eilers* [1967] 98)

šá-ap-pan-na aus Weintrauben (ZA 1971, 293).

šá-gi sein Ersatz (ZA 1971, 277)

šá-lu-ip Herren 99

šap, *šap-pi* Trauben (ZA 1971, 295)

šap zí-ti-qa Rosinen (= getrocknete Trauben, ebenda)

šá-ra-ma 'zuständig', unterstellt dem X. (ZA 1971, 282)

šá-ra-man-na dasselbe

šar-ra-qa es wurde ausgebessert, geflickt (*Fs.Eilers* [1967] 98)

šá-u-lu-be Erntearbeiter (?)

šil-la-qa gewachsener Boden, fester Untergrund

ši-man, *ši-man-na* fein (als Qualitätsbezeichnung)
ši-ri = mittelelamisch *šu-ru* 'Glück,
Heil, Freude' (nicht = medisch *srī-*)
šu-da-ba Enten (*Or.* 1970, 438)
šu-kur-rum Wurfspeer [nach R. T. Hallock, PFT S. V, als Logogramm
ŠI.ΚΛΚ, akk. *šukurrum*; nicht 'Streit-
axt', wie ich in *Fs.Eilers* [1967] 98
angenommen hatte]
šu-lu-um Getreidebestand (?) 91
šu-ra-iš-da er hat eingetauscht
šu-tin Abend, Westen (?) (ZA 1967, 73)
šu-tur tatsächlich, richtig
šu-un-ti-na von grüner (?) Farbe (*Fs.*
Eilers [1967] 98)
šu-ur-ra-qa es wurde umgetauscht

ta-in ungefärbt, naturwollfarben, hell-
grau (*Fs.Eilers* [1967] 98)
tam₆-ši-um Tuch, Coupon(?) (*Fs. Eilers*
[1967] 98)
tar-ma-ak gründlich, vollständig
GIŠ.*tar-mu* Getreide, Korn (*Or.* 1967,
333), 85
te-en-ta-ar wollig (?) 95
te-la- siehe *da-la* Opfer, Abgabe, Steuer
te-nu-um Gebot = akk. *dēnum* 60
te-pu-h ich formte 27
te-ri-qa es wurde verbraucht
te-um-be = *te-um-ip-te* sein Fundament
te-um-be-ik es wurde ausgehändigt
te-um-pi-tin-na-at?-*tin*?   Fundament-
Ausschachtung (?)
[*ti*]-*ik-qa-áš-da* sie hatten gewollt 60
ti-ip-pi = *tup-pi* Inschrift 16
GIŠ.*tin-tar*.lg Baumwolle (?) 95
ti-pi-ra Sekretär, Schreiber (ZA 1971,
268), 41
tu-ba-qa im Hinblick auf, wörtlich: 'ge-
öffnet' (*Or.* 1967, 325)
tu₄-ip-te Hosen (?)
tuk Wolle; 'Garnitur', bestehend aus
tuk-li und *ku-uk-tu₄* (*Fs.Eilers* [1967]
98)
tuk.du-hi-e.hu-ut-ti-ip   Leibgarnituren-
Schneider (pl.) (ZA 1971, 266, unsicher)

tuk-li Gewand, einfaches Kleid (*Fs.*
Eilers [1967] 98)
tuk-li.hu-ut-ti-ip Gewandmacher,Schnei-
der (pl.)
tu-ma-ra Kornkommissar (ZA 1971, 287)
tup-pi-me Schrift 15, 22
tu₄-um-pa Gnade, wörtlich: 'Öffnung'
(*Or.* 1967, 325)
tu₄-um-pa-an-ra (wer) öffnet, wörtlich:
'ein Öffnender' (*Or.* 1967, 324)

ú-el-man-nu (vielleicht *ülmanni* gesprochen) zum Königspalast (wörtlich:
'Tor') gehörig (*Or.* 1967, 328)
GIŠ.*ú-hi* [Kalk-]Stein (*Fs.Eilers* [1967]
98)
uk-ku-lak-ki Überwurf, Cape (ebenda)
ul-hi.mar-ri-ip-ma durch Königshofleute, Gardetruppen 54
ul-li-ra Beschaffungsbeamter, Lieferant
(ZA 1971, 269)
u-ma-ma Mehl (*Or.* 1970, 436)
u-mi-iš-šá er hat gemahlen (*Or.* 1967,
333; so jetzt auch R. T. Hallock)
um-ma- an sich nehmen, alt-el. *huma-*
(*Or.* 1967, 333)
un-sa-ak 'Zahlmeister', Vizeschatzwart
(ZA 1971, 264)
ú-pa-at Ziegel 27
GIŠ.*ú-sa.nu-iš-ki-ip* Baumhüter, Wald-
hüter (pl.) (*Or.* 1970, 433)

za-am schwere Arbeit, Mühsal (*Or.* 1967,
331)
za-am-mín-be Arbeiter (pl.) (ebenda)
za-am.muš-nu-qa-ra Übeltäter ('ein
Werk-übles-Macher') (*Or.* 1967, 331)
za-ik Wert, Zahlung (ZA 1971, 279)
GIŠ.*za-li* Hirse (?) 85
za-mi-ip, *za-am-mi-ip* Arbeiter (pl.)
(*Or.* 1967, 331)
za-u-mi-in Werk, Mühewaltung (*Or.*
1967, 331)
za-um-ma ich betätigte, arbeitete (*Or.*
1967, 331)
zi-ip-pi siehe *sìp-pi* Slip
zi-la-hu-ban, *zi-la-um-ban* 'Humban-
Relief', Ortsbezeichnung, heute Kū-
rangān (*Or.* 1970, 426)